重庆工商大学"资本市场财务与会计研究"科研团队建设项目资助

本专著为国家社科基金"食品企业社会责任评价与协同治理机制研究"
（批准号：14XSH014）的最终成果

食品企业社会责任评价
与协同治理机制研究

陈煦江 焦佳 唐嘉忆 ◎ 著

中国财经出版传媒集团
经济科学出版社
Economic Science Press

图书在版编目（CIP）数据

食品企业社会责任评价与协同治理机制研究/陈煦江，焦佳，唐嘉忆著．—北京：经济科学出版社，2020.11

（资本市场会计研究丛书）

ISBN 978 - 7 - 5218 - 2046 - 1

Ⅰ.①食…　Ⅱ.①陈…②焦…③唐…　Ⅲ.①食品企业 -企业责任 - 社会责任 - 研究 - 中国　Ⅳ.①F426.82

中国版本图书馆 CIP 数据核字（2020）第 216785 号

责任编辑：孙丽丽　何　宁
责任校对：齐　杰
版式设计：陈宇琰
责任印制：李　鹏　范　艳

食品企业社会责任评价与协同治理机制研究
陈煦江　焦　佳　唐嘉忆　著
经济科学出版社出版、发行　新华书店经销
社址：北京市海淀区阜成路甲 28 号　邮编：100142
总编部电话：010 - 88191217　发行部电话：010 - 88191522
网址：www. esp. com. cn
电子邮箱：esp@ esp. com. cn
天猫网店：经济科学出版社旗舰店
网址：http：//jjkxcbs. tmall. com
北京季蜂印刷有限公司印装
710 × 1000　16 开　15 印张　225000 字
2020 年 12 月第 1 版　2020 年 12 月第 1 次印刷
ISBN 978 - 7 - 5218 - 2046 - 1　定价：60.00 元
（图书出现印装问题，本社负责调换。电话：010 - 88191510）
（版权所有　侵权必究　打击盗版　举报热线：010 - 88191661
QQ：2242791300　营销中心电话：010 - 88191537
电子邮箱：dbts@ esp. com. cn）

前 言

一、研究目的和意义

本书的目的为从理论与实践上探究我国食品企业社会责任的评价、协同治理机制及其实施路径三个问题。研究的理论意义在于：本书结合"金字塔"理论、利益相关者理论与"三重底线"理论等经典企业社会责任理论，并针对我国食品企业社会责任治理的特色引入食品安全理论，整合构建了一个五维度食品企业社会责任评价模型。在此基础上，本书构建了一个包括利益机制、评价机制、信息机制、市场机制、法制机制和声誉机制六个子机制的协同治理机制系统，并进行了实证检验。这些研究成果在拓展本领域的研究视角、理论基础与假说发展等方面具有一定的理论意义。研究的现实意义在于：本书对我国食品行业上市公司和小微型食品企业履行社会责任的现状进行了大样本调研和多维度评价，为实业界掌握该现状提供了一手资料；并探究了食品企业、政府职能部门、社会组织等多元化治理主体立足于新时代，结合新经济模式、新商业模式与新企业发展战略以实施社会责任协同治理的新路径，从分类型、差异化与长效性视角为我国食品企业社会责任"社会共治模式"的有效推行提供了一系列对策建议。

二、主要内容与观点

1. 主要内容

（1）企业社会责任评价与治理研究综述。本部分对 20 世纪 50 年代以来企业社会责任研究的四个历史阶段做了较全面系统的梳理，对利益相关者理论、"金字塔"理论、"三重底线"理论进行了比较分析，对层次分析法等六种企业社会责任评价方法及评价指标体系等进行了优劣势分析，并从我国食品安全治理的制度环境、治理模式、治理机制、治理工具等方面对食品企业履行社会责任的制度与技术问题进行了梳理分析。

（2）食品企业社会责任评价研究。本部分在整合利益相关者理论、"金字塔"理论与食品安全理论的基础上，构建了一个以责任治理维度为中心，包括食品安全责任、法律责任、经济责任和环境责任四个维度的食品企业社会责任评价模型。基于该评价模型，分别对食品行业上市公司和小微型食品企业履行社会责任的现状进行了评价。其中，对前者结合扎根理论与结构方程模型进行了评价研究，发现整个食品行业上市公司在责任战略、质量责任、研发责任、食品安全管理、合法经营、违法违规、环境管理、节能降耗八个二级责任维度方面表现较好，但在责任管理、责任考评、责任报告、减排降污、社会公益、股东与债权人责任、供应商与客户责任、政府与职工责任八个二级维度方面表现较差。对后者采用大样本实地调研数据（发放2000份测量量表有效回收1798份），运用结构方程模型进行了评价研究，发现重庆、四川、山东、湖南、贵州等省区市的小微型食品企业履行社会责任的均值无显著差异，表明目前地域因素不是敏感的影响因素；在各个样本区域的五个企业社会责任维度中，履行状况的优劣顺序为责任治理、经济责任、食品安全责任、环境责任、法律责任，表明小微型食品企业开始注重社会责任治理，并将经济责任置于首要地位，以盈利作为企业生存和发展的前提，食品安全问题作为困扰小微型企业发展的难题也日益受到重视，但大多数小微型食品企业缺乏"绿水青山就是金山银山"等环境保护意识与行动，对法律法规的认知也处于较低水平。

（3）食品企业社会责任协同治理机制的研究。首先，本部分基于对我国食品企业社会责任的五个维度（责任治理、食品安全责任、法律责任、环境责任、经济责任）评价的基础上，从食品企业与消费者、竞争者、政府、社区、投资者和供应链等治理主体的关系方面进行了理论分析和实证检验，探究了食品行业上市公司和小微型食品企业在处理与其他治理主体的关系中的优势与不足。其次，本部分基于该实证结论，结合协同治理理论与方法，构建了一个包括利益机制、评价机制、信息机制、市场机制、法制机制和声誉机制六个子机制的食品企业社会责任协同治理构架，并对六个子机制之间的作用机理、各个治理主体的职能与前提条件等进行了探究。最后，以手工收集的 77 家公司共 147 次被媒体报道的重大食品安全事件（事件窗口为 2004 年 5 月~2019 年 1 月）为样本进行了实证检验，发现信息机制对市场机制具有显著影响，信息机制、法制机制及两者的协同作用对市场机制也存在显著影响，食品安全事件信息很可能对涉事公司所处子行业产生竞争效应和传染效应这两种反向的溢出效应，信息机制、市场机制与法制机制对声誉机制具有显著的协同治理作用。该实证研究从总体上印证了六个子机制的协同运行是保障我国食品企业持续有效履行社会责任的必备前提。

（4）食品企业社会责任协同治理机制的实施路径研究。本部分基于协同学理论视角研究了我国食品企业履行社会责任的维度及现状，探索了提升企业社会责任水平的自组织实施路径，建议各个治理主体应当立足于新时代、新经济背景、新商业模式和新企业战略，大力探索推进企业社会责任协同治理机制实施的新路径，并具体基于食品供应链、食品产业集群、跨区域食品经营、平台型食品企业经营和境外食品企业经营五种商业模式探索了利益机制、评价机制、信息机制、声誉机制、市场机制和法制机制六个子机制的差异化协同治理实施路径。

2. 主要观点

（1）履行合格尤其是优良的食品安全责任是评价我国食品企业社会责任的首要维度。在市场竞争环境下，食品企业作为理性经济人履行经济责任、追求经济利益是理所当然的，但作为保障公民"舌尖上的安全"、与公众生命与健康息息相关的民生类企业，食品企业将保障食品安全置于首位是其作为企业公民最起码、最基本的责任，是实现经济利益与社会福祉"共赢"发展的应有之义。

（2）实施由食品企业、政府与社会第三方等多元主体参与的协同治理机制是推进我国食品企业全面履行社会责任的有效途径。以政府为单一主体的"大包大揽"机制、以食品企业"放任自流"的市场化机制、"割裂式"社会共治机制等的治理效果是低效甚至是失灵的，因此，实施"多元协同共治"机制有助于发挥社会各方的监督作用，节省政府的监管成本和治理成本，促进我国食品企业全面长效履行社会责任。

（3）食品企业社会责任的治理应当与相关法律法规和政策措施紧密结合、协同联动。政府在制定和实施相关法律法规和政策时，应当充分顾及食品安全、环境保护、职工权益保障、社区和谐等问题的严峻性与食品产业本身的弱质性，配套实施监管政策与扶持政策，避免重走"放任自流"或"管死企业"的弯路。

三、学术价值、应用价值及社会影响

（1）学术价值。本书构建的食品企业社会责任"五维度评价模型"与"六机制协同治理构架"及其实证研究结论为后续学术研究提供了部分理论重构参考和经验证据。

（2）应用价值。本书探索的食品企业社会责任协同治理实施路径有助于食品企业贯彻执行党的十九大提出的"企业应当承担社会责任，尤其是加强企业对消费者的社会责任，从根本上解决'消费外流'现象，切实增强消费者对企业及其产品或服务的信心和信任，以至对整个消费品市场的信心和信任"等方针政策。

（3）社会影响和效益。本书在对我国东部、中部、西部地区小微型食品企业履行社会责任的现状进行实地调研的过程，同时也是向企业主和消费者广泛宣传食品企业社会责任、食品安全等方面的理念意识及法律法规的过程，产生了积极的社会影响。

第一章

绪 论

　　21 世纪以来，大型食品安全事件频繁发生已经成为一个世界性难题。在众多成因中，作为食品生产、加工与销售主体的食品企业（本书所指的"食品企业"从行业上看包括食品饮料业企业和生产食用农产品的农林牧渔业企业；从规模上看包括食品行业上市公司等大中型食品企业和小微型食品企业）发生违法违规添加、制假售假、环境污染等社会责任缺失是最重要、最直接的内因。我国现行《中华人民共和国食品安全法》几经修订，堪称"史上最严的食品安全法"。党的十九大报告强调，推进诚信建设和志愿服务制度化，强化社会责任意识、规则意识、奉献意识，鼓励企业承担社会责任，尤其是加强企业对消费者的社会责任，从根本上解决"消费外流"的现象；企业在追求经济利益的同时，必须关注生态环境利益，将环境利益作为企业经营决策的考量标准。可见，现行的法律法规、政策制度主要是从食品企业外部的宏观层面，采取强制性手段治理食品安全事件，促使食品企业持续履行社会责任，以期实现对食品安全等社会责任的"社会共治"。然而，立足于食品企业自身，客观评价其履行社会责任的现状，据以探索适合食品企业所采用的商业模式与发展战略相适应的社会责任行为已成为一个不可或缺的现实问题；此外，在政府强制监管与食品企业高度自律的同时，引入媒体、行业协会等社会力量对食品企业社会责任进行有效督导，是实现"社会协同共治"的必然要求。因此，本书在对我国食品企业履行社会责任的现状进行评价的基础上，研究由政府、食品企业和第三方共同参与的食品企业社会责任协同治理机制，并探索基于食品供应链、食品产业集群、食品跨区域生产经营、食品网络平台经营与境外食品经营等多元化现代商业模式下的具体实施路径。

第一节　问题的提出

一、研究背景

　　民以食为天，食品是人类赖以生存的物质基础。随着经济能力、消费水

平与生活质量的日益提高，人们更加关注食品安全、生态环境与身体健康等与民生息息相关的社会问题。2008 年发生的"三鹿奶粉事件"引发了国际国内社会对我国乳制品安全问题的空前关注，对我国整个乳制品产业及相关食品企业的社会责任问题失去信心。随后，中华人民共和国国家质量监督检验检疫总局（以下简称国家质检总局）对多个品牌的婴幼儿奶粉进行质检并发布报告，确认多家乳制品企业生产的奶粉使用了三聚氰胺。这无疑使得事件急剧恶化，这些食品企业的社会责任问题遭到了国民的严肃拷问。更为严重的是，"三鹿奶粉"事件后，食品安全问题层出不穷，瘦肉精、毒生姜、镉大米、染色馒头、地沟油等食品安全事件问题将食品企业社会责任推向了舆论的风口浪尖，整个食品行业陷入了前所未有的信任危机。2018 年 8 月，媒体报道某知名火锅店存在多项食品卫生安全问题，北京市食品药品监督管理局对该火锅店立案调查后，强制其在一个月之内按照承诺对北京市各门店实现后厨公开化、信息化、可视化停业整改。该事件折射出我国部分食品企业的社会责任问题已经由单一的产品质量问题恶化为包括以基本良知为基础的社会责任理念与行为的沦丧，其社会责任的缺失是全方位的，亟待治理。2018 年以来，四川、上海、贵州、山东、海南等地校园群体性食品安全事件频繁发生，对青少年的生命安全与身心健康造成一定程度的伤害，为此，教育部办公厅与国家市场监督管理总局办公厅联合印发《关于积极引导多方协作以落实校园食品安全保障工作的提案》和《关于开展 2019 年春季开学学校食品安全风险隐患排查工作的通知》等文件，采用"强监督""零容忍"方式进行管制。校园食品安全事件频发背后反映的是我国食品供应链、食品网络平台与外卖平台的食品安全不合格，社会责任缺失等问题，这为我国针对不断涌现的新兴食品商业模式制定长效的社会责任治理机制提出了挑战。此外，近年来我国不少农村地区、城乡接合部成了制售"三无"食品、假冒食品、劣质食品、过期食品等"黑工厂""黑窝点""黑作坊"等违法违规行为的避难所，严重威胁着食品安全知识水平相对落后的农村居民的生命安全，破坏了农村的原生环境。目前，主要由辖区政府采取运动式专项排查整治方案对农村城乡食品安全问题进行治理，缺少长效治理机制。

　　为了治理食品安全、保障环境卫生等食品企业的社会责任问题，我国政府已出台并持续修订了《中华人民共和国食品安全法》（以下简称《食品安全法》）、《中华人民共和国农产品质量安全法》《国务院关于加强食品安全工作的决定》等系列法律法规，设立了国务院食品安全委员会作为国务院食品安全工作的最高层次议事协调机构，各省区市也下设了地方食品安全委员会对口办理相应事务，对我国食品企业社会责任的法制化治理发挥着重要作用。从现实情况来看，根据《中国食品安全发展报告》等公布的数据显示，自 2009 年实施《食品安全法》（2009 年版）以来，我国的食品安全事件的发生数仍呈上升趋势，表明在如此严格的法律法规体系下我国食品企业的社会责任履行情况仍然十分严峻。可见，长期以来我国以政府监管为主体（在实践中往往表现为单一的政策监管）的治理模式与片面的强制性监管机制已经无法长效治理食品安全问题，持续保障食品企业积极履行社会责任。食品安全问题的背后原因是多方面的，除了外部监管缝隙中存在的机会主义空间外，更受到食品企业自身社会责任的严重缺失的直接影响。因此，探索一套科学的评价理论与方法，对我国食品企业履行社会责任的现状做出客观评价，有针对地制定相关政策措施，形成企业主动承担、政府强制监管与社会协同督导的多元化协同治理机制，充分发挥宏微观治理的协同作用，是当前学术界与实业界需要研究解决的重要问题，是有效治理我国食品安全不断滋生新问题、监管法规多但效果不理想等"老大难"问题的关键所在，是今后从根本上改变我国食品安全问题严峻形势的必经之路。

二、研究意义

（一）理论意义

　　本书的任务在于探索我国食品企业社会责任的评价、协同治理机制及其实施路径三个相互依存的问题，力求针对食品企业社会责任的特殊性，整合经典企业社会责任理论与方法对这三个问题进行研究。

1. 本书构建的食品企业社会责任五维度评价模型与测量量表等为进一步研究食品企业社会责任提供了一定意义上的理论参考

在评价研究中，本书主要结合了"金字塔"理论、利益相关者理论、"三重底线"理论等企业社会责任经典理论，并针对我国食品企业社会责任治理的特色引入了食品安全理论，整合构建了一个五维度食品企业社会责任评价框架，其中责任治理维度居于中心地位，食品安全责任、法律责任、经济责任和环境责任四个维度居于责任治理的四方，责任治理维度对其余四个维度进行适时的管理和监督；并采用扎根理论、大样本问卷调研（测量量表）、结构方程模型等方法对我国食品行业上市公司和小微型食品企业的社会责任履行情况进行了定性与定量评价。

2. 本书构建的食品企业社会责任六机制协同治理框架及发现的实证结论为今后的进一步研究提供了部分理论假设

在协同治理研究中，本书构建了一个包括利益机制、评价机制、信息机制、市场机制、法制机制和声誉机制六个子机制的食品企业社会责任协同治理机制系统，并以手工收集的 77 家公司发生的 147 次被不同媒体报道的食品安全事件（时间窗口为 2004 年 5 月~2019 年 1 月）为样本观测值进行了实证检验，发现信息机制对市场机制具有显著影响，信息机制、法制机制及两者协同作用对市场机制也具有显著影响，食品安全事件信息很可能对涉事公司所处子行业产生竞争效应与传染效应两种溢出效应（有约 2/3 的食品安全事件导致了两种效应，但有 1/3 的食品安全事件产生的效应不确定），信息机制、市场机制和法制机制对食品企业的声誉机制具有显著的协同治理作用，表明六个子机制的有序协同运行是保障食品企业持续履行良好社会责任的长效治理路径。

（二）现实意义

1. 本书为实业界全面了解我国食品企业社会责任提供了第一手资料

本书对我国食品行业上市公司和小微型食品企业履行社会责任的现状进行了大样本与多维度评价，并基于我国食品企业履行社会责任的现状，从协同理论的自组织视角探索了目前我国食品企业全面强化履行企业社会责任、提升企业社会责任水平的实施路径，有助于企业贯彻党的十九大提出的"企业应当承担社会责任，尤其是加强企业对消费者的社会责任，能够从根本上解决'消费外流'现象，切实增强消费者对企业及其产品或服务的信心和信任，以致对整个消费品市场的信心和信任"。

2. 本书探索了食品企业、政府职能部门、社会组织等多元主体参与协同治理的新路径

本书立足于当前的新时代，结合新经济模式与企业的发展战略及商业模式，大力探索食品企业社会责任协同治理机制实施的新路径，充分发挥我国食品企业社会责任协同治理机制的系统性功能。具体而言，本书基于食品供应链、食品产业集群、跨区域食品企业、平台型食品企业与境外经营食品企业五种商业模式探索了利益机制、评价机制、信息机制、声誉机制、市场机制、法制机制六个食品企业社会责任子机制的协同实施路径，可为改进当前我国分类型、差异化、长效性实施食品企业社会责任的"社会协同共治"模式提供某些参考建议。

第二节　技术路线、研究方法与研究内容

一、技术路线与研究方法

（一）技术路线

本书采用的技术路线如图 1－1 所示。其内容主要包括以下五个模块：

1. 理论研究

首先，本部分在吸收企业社会责任理论、企业绩效评价理论、食品安全管理理论等多种国内外代表性理论优势的基础上，探索适应我国食品企业社会责任评价特殊性的整合型理论依据；其次，本模块在借鉴协同理论、公司治理理论、社会共治理论、食品企业社会责任评价理论等相关理论特色的基础上整合出适应我国新时代发展需求的食品企业社会责任协同治理理论依据。

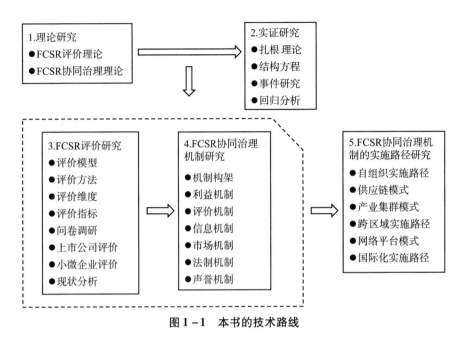

图 1-1 本书的技术路线

注：图中将食品企业社会责任简称为 FCSR。

2. 实证研究

本部分的任务是在前述理论研究的基础上，在食品企业社会责任评价研究与食品企业社会责任协同治理机制研究过程中，采用食品行业上市公司披露的公开信息、档案调查数据、小微型食品企业的问卷调研（测量量表）数据等多种一手和二手资料，主要采用扎根理论进行质性规律探索，采用结构方程模型进行量化程度检验，并对我国史上发生的典型食品安全事件的影响与成因等进行案例剖析、事件研究与多元回归分析等实证研究。

3. 食品企业社会责任评价研究

本部分在前述理论研究的基础上对我国食品企业社会责任评价模型构建、评价方法选用、评价维度与指标构建等进行定性的规范研究；同时在问卷调研与档案调查的基础上进行定量的现状分析实证研究。

4. 食品企业社会责任协同治理机制研究

本部分基于前述对我国食品企业社会责任评价的结论，结合协同理论、公司治理理论、社会共治理论等相关理论构建一个食品企业社会责任协同治理机制构架，其中包括利益机制、评价机制、信息机制、市场机制、法制机制与声誉机制六个互动共生的子机制，并对这六个子机制的作用机理进行了理论分析与实证研究。

5. 食品企业社会责任协同治理机制的实施路径研究

本部分根据前述对我国食品企业社会责任评价和协同治理机制研究两个模块取得的结论，基于当前我国食品企业面临的新时代与新经济背景，分别从食品企业等重要协同治理主体的自组织行动、食品供应链、产业集群、跨行政区域、网络平台、国际化经营等商业模式探究提升食品企业社会责任水平与食品企业社会责任协同治理的分类型、差异化实施路径。

（二）研究方法

1. 比较分析法

根据本书的研究目的和研究内容，本书在查阅国内外相关研究文献、专业数据库、纸质图书、官方网站等文献、资料与数据的基础上，对各个重要的研究节点进行较为全面系统的比较分析，力求使研究成果达到重要性、全面性、规律性、实效性等质量要求，并尝试在对现有研究进行比较的基础上发现新问题，探索新方法。

2. 内容分析法

在对食品行业上市公司履行社会责任进行评价过程中，本书主要收集了各个样本公司的财务报表、公司官网、公司公告、主流媒体报道等信息，采用内容分析法对关键词出现的频次进行统计和对问题选项的表现程度进行李克特五点打分测度，并对食品安全事件的数量和程度进行量化统计；在对小微型食品企业履行社会责任情况进行评价的过程中，本书对重庆、四川、山东等地的数个食品加工企业集群及其社会责任治理主体进行了实地访谈，并采用内容分析法对访谈"故事线"进行了归纳整理。

3. 问卷调查法（测量量表法）

我国食品类上市公司与数量庞大的小微型食品企业履行社会责任的现状与目标存在显著差异，因此，食品企业社会责任协同治理机制及其实施路径应当是差异化的。本书对前者主要采用档案数据、网络信息和访谈资料，对后者主要采用大样本调研数据（主要以重庆市、四川省代表西部地区样本，以湖北省、河南省等代表中部地区样本，以山东省、浙江省代表东部地区样本，以实地面对面引导填写方式总计发放 2000 份调研问卷，回收有效问卷1978 份），根据社会责任评价理论评价我国食品企业社会责任的现状，包括对责任治理意识、食品安全责任、环境保护责任、职工权益保障等维度及指标体系的定量评价与分析，分析食品企业社会责任履行的成效与不足，从实地调查中去寻找现实成因，明确亟待解决的主要问题。

4. 扎根理论

扎根理论来自社会学，是一种不受理论假设限制的质性研究方法。本书主要在以下两处采用了扎根理论：一是选取食品饮料上市公司为样本，以各个公司网站披露的有关企业社会责任的文本、图表及数据描述为资料来源；二是对代表性的非上市食品企业（主要是中小食品企业）涉及的重要利益相关者进行深度访谈，从而针对不同规模和性质的食品企业社会责任议题进行定性归纳分析，探索其解构范畴、构成维度等关键节点间的作用机制，最终构建出食品企业社会责任的评价与协同治理机制模型。

5. 结构方程模型

结构方程模型综合了因素分析与路径分析两种统计技术的优势，具体包括以可观测变量测量潜在变量的测量模型与反映潜在变量之间相关关系的结构模型两大部分，其测量模型部分具有定量评价潜在变量的客观性，其结构模型部分能够定量反映潜在变量之间影响关系的系统性。本书在实证研究中运用结构方程模型对食品企业履行社会责任的现状进行了评价，以及对食品企业与其利益相关者（协同治理主体）之间的相关关系进行了实证检验。

6. 层次分析法

层次分析法的特点是在对复杂的决策问题的本质、影响因素及其内在关系等进行深入分析的基础上，利用较少的定量信息使决策的思维过程数学化，为多目标、多准则或无结构特性的复杂决策问题提供简便的决策方法，尤其适合于对决策结果难于直接准确计量的场合。本书在对食品企业社会责任协同治理的绩效评价研究中运用了改进的平衡计分卡模型，在该模型中采用层次分析法对五个维度下划分的三个层级指标进行了专家赋值赋权评价。

二、研究内容

本书基于图 1 - 1 所示的技术路线，采用上述研究方法，从以下五章对我国食品企业社会责任评价、协同治理机制及其实施路径进行了研究：

（一）绪论（第一章）

本章主要阐述了本书开展的背景、理论意义与现实意义、技术路线、研究方法、研究内容、主要观点、创新之处与存在的不足。

（二）企业社会责任评价与治理的研究进展（第二章）

第一，本章对 20 世纪 50 年代企业社会责任概念提出以来的四个典型历史研究阶段及其代表性研究成果进行了较系统的梳理；第二，对学术界对企业社会责任进行评价研究应用较多的利益相关者理论、"金字塔"理论、"三重底线"理论的产生、拓展与最新研究趋势进行了概述；第三，对层次分析法等六类企业社会责任评价方法，以及基于利益相关者理论等四种理论和不同行业特征构建的食品企业社会责任评价指标体系进行较为系统完整的梳理比较；第四，从我国食品安全治理的制度环境、治理模式、治理机制、治理工具等方面对我国食品企业履行社会责任的制度与技术框架进行梳理分析；第五，对前述综述进行简评与启示分析。

（三）食品企业社会责任评价研究（第三章）

首先，本章分析了利益相关者理论、"金字塔"理论、"三重底线"理论等主流企业社会责任理论的优势与不足，选用利益相关者理论和"金字塔"理论并引入食品安全治理理论，基于我国食品企业社会责任治理的特色构建了一个"食品企业社会责任评价框架"。其次，本章在比较现有企业社会责任评价研究方法的优劣势的前提下，结合运用具有质性研究优势的扎

根理论、具有量化分析系统性、复杂性关系优势的测量量表和结构方程模型分析方法。最后，本章对我国包括食品制造业、农副食品加工业、农林牧渔业、住宿和餐饮业与酒、饮料及精制茶制造业五个子行业的 194 家食品饮料业上市公司进行档案数据分析，以及对重庆、四川、山东、河南、湖南、湖北、贵州等省区市的 1978 家小微型食品企业进行实地量表调研的基础进行了企业社会责任评价研究，评价结果包括责任治理、法律责任、食品安全责任、环境责任与经济责任五个企业社会责任维度的单独表现，以及处于中心指导地位的责任治理对其他四个维度的作用程度。

（四）食品企业社会责任的协同治理机制研究（第四章）

本章的目的在于探索我国食品企业（包括食品行业上市公司和非上市的小微型食品企业，下同）社会责任的协同治理机制。首先，本章在前述第三章对我国食品企业从责任治理、法律责任、食品安全责任、环境责任与经济责任五个维度进行系统评价的基础上，从食品企业与消费者、竞争者、政府、社区、投资者和供应链等治理主体的关系方面进行了理论分析与实证检验，找出了目前我国食品行业上市公司和小微型食品企业在处理与其他治理主体的关系方面存在的优势与不足之处。其次，本章基于前述实证结论，结合协同治理理论与方法，构建了一个包括利益机制、信息机制、市场机制、法制机制、声誉机制和评价机制六个子机制的食品企业社会责任协同治理机制系统，并对各个机制之间的作用机理、各个治理主体的职能与前提条件等进行了探索。最后，本章以手工收集的 77 家公司共 147 次被媒体报道的食品安全事件（时间窗口为 2004 年 5 月~2019 年 1 月）为样本观测值进行了实证检验，发现信息机制对市场机制具有显著影响，信息机制、法制机制及两者的协同作用对市场机制也具有显著影响，食品安全事件信息很可能对涉事公司所处子行业产生竞争效应和传染效应两种作用相反的溢出效应（有约 2/3 的食品安全事件导致了两种效应，但有 1/3 的食品安全事件产生的效应不确定），信息机制、市场机制和法制机制对食品企业的声誉机制具有显著的协同治理作用，实证研究总体上印证了上述六个子机制的有序协同运行是保障食品企业持续履行良好社会责任的长效治理路径。

（五）食品企业社会责任协同治理机制实施路径研究（第五章）

首先，本章根据第三章对我国食品行业上市公司和小微型食品企业履行社会责任的概况进行简要总结；其次，本章基于上述现状分析，从协同理论的自组织视角探索了目前我国食品企业全面强化履行企业社会责任、提升企业社会责任水平的实施路径；最后，本章探索了食品企业等各个社会责任协同治理主体应当立足于新时代背景、结合新经济模式与公司的发展战略及采用的商业模式，大力探索企业社会责任协同治理机制实施的新路径，充分发挥我国食品企业社会责任协同治理机制的系统性功能，并分别基于食品供应链、食品产业集群、跨区域食品企业、平台型食品企业与境外经营食品企业五种商业模式探索了利益机制、评价机制、信息机制、声誉机制、市场机制、法制机制六个食品企业社会责任子机制的协同实施路径。

第三节　主要观点、创新与不足之处

一、主要观点

1. 履行合格尤其是优良的食品安全责任是评价我国食品企业社会责任的首要维度

在市场竞争环境下，食品企业作为理性经济人履行经济责任、追求经济利益是理所当然，但作为保障公民"舌尖上的安全"、与公众生命与健康状况息息相关的民生类企业，食品企业将保障食品安全放在首要地位是其作为企业公民嵌入社会网络理应兼顾经济利益与社会福祉的应有之义。

2. 实施由食品企业、政府和社会第三方等多元主体积极参与的协同治理机制是推进我国食品企业全面履行良好社会责任的有效途径

过去的经验和教训表明，以政府为单一主体的"大包大揽"机制、完全以食品企业"放任自流"的市场化机制等对食品企业保障食品安全、保护生态环境、遵守法律法规等社会责任的治理是低效甚至是失灵的。因此，实施"多元协同共治"机制有助于引导社会各方发挥监督作用，帮助政府

节省监管成本，促进我国食品企业从多维度全面履行社会责任。

3. 食品企业社会责任的治理应当与相关法律法规和政策措施紧密结合、协同联动

政府在制定和实施相关法律法规和政策时，应当充分顾及食品安全、环境保护、职工权益保障、社区和谐等社会责任问题的严峻性与食品产业本身的弱质性，配套实施监管政策与扶持政策，避免我国食品企业在社会责任问题方面重走"放任自流"和"管死企业"的弯路。

二、创新之处

（一）研究视角

我国对食品安全等食品企业社会责任的治理经历了政府多部门分段治理和社会主体多元化治理阶段，再到最新《食品安全法》提出的社会共治理模式，在这一变迁过程中有两大问题一直被忽视：一是对我国食品企业履行社会责任的现状不清，采用了不分时空及食品企业的异质性而进行"一刀切"式的单一化监管，治理效果不理想，甚至损害了部分食品企业的正当利益；二是当前正大力推行社会共治模式，但对参与治理主体的地位、利益、分工、责任等具体协同机制的研究与实践尚处于起步阶段。因此，本书在对我国食品企业社会责任进行较为全面系统的评价的基础上，探究多主体治理中的协同机制问题，目前这是一个新的研究视角。

（二）研究内容

传统上，国内外对食品企业社会责任问题的关注与研究局限于食品安全责任或慈善责任等传统维度，对食品企业社会责任的研究与实践也主要立于大中型企业、上市公司等主体，对小微型企业的社会责任的认识尚停留在"能赚钱活下去就是履行社会责任"等层面上。此外，现有文献在对食品企业社会责任的社会共治机制的研究方面也不够全面系统，在治理实施路径方面也缺乏"因地制宜"的差异化研究。为此，本书构建了以责任治理为中心、包括食品安全责任、法律责任、环境责任与经济责任在内的"五维一体"食品社会责任评价模型，设计了包括利益机制、评价机制、信息机制、

市场机制、法制机制和声誉机制的"六机制"食品企业社会责任协同治理机制构架，并基于供应链、产业集群、跨区域经营、平台经营与国际化经营等商业模式分别探讨了食品企业社会责任协同治理机制的实施路径，其中部分内容具有一定的探索性。

（三）理论与方法的整合运用

理论的整合运用体现在：在构建食品企业社会责任评价模型的过程中，本书在现有相关研究大多采用的利益相关者理论、"金字塔"理论等经典企业社会责任理论的基础上，根据食品产业的特点，吸收整合应用食品安全管理理论；在探索食品企业社会责任协同治理机制构架的过程中，本书整合应用了协同理论、系统理论与公司治理理论，对利益机制、评价机制、信息机制、市场机制、法制机制和声誉机制六个子机制的作用路径进行了动力学探索。方法的整合运用主要体现在：采用扎根理论、内容分析法这类扎根于实践的质性方法归纳出现实中食品企业履行或违背社会责任行为的"故事线"模型；进一步结合测量量表数据和档案数据，采用量化的结构方程模型、多元回归分析等量化方法进行相关性检验，这是现有文献较少尝试的将质性与量化方法、归纳与演绎推理有机结合的新探索。

三、不足之处

（一）问卷调查的地域范围有限

本书对我国小微型食品企业履行社会责任的现状进行问卷调研的地域主要包括西南地区的重庆市、四川省和贵州省，中部地区的河南省、湖南省和湖北省，东部地区的山东省和浙江省，调研地域范围的全面性不足。这主要是受调研成本预算和课题组成员的社会网络资源的限制造成的，以及调研问题的专业性要求在调研方式上须由调研人员（主要为重庆工商大学、西南大学、贵州商学院、中南财经政法大学、山东农业大学、浙江工商大学的在校学生）面对面引导小微型食品企业主进行填写的限制，其时间与经济成本均较高。后续研究将创造条件对其余省区市进行实地调研予以补充。

（二）构建的食品企业社会责任协同治理机制缺少实验研究与试点机会

本书构建的食品企业社会协同治理机制包括利益机制、评价机制、信息机制、市场机制、法制机制和声誉机制六个子机制的协同作用流程，其涉及食品企业、政府职能部门、行业协会、媒体、社会公众、供应商、消费者等众多利益相关者，并且不同食品企业可能处于供应链、产业集群、网络平台、境外经营等一种或多种商业模式中，这些复杂的现实因素导致本书尚未找到对这些现实约束条件进行科学简化以进行实验研究的理解方案，也不具备在现实中进行试点推广的条件，这是后续研究在应用环节需要解决的重要问题。

（三）文献、理论与方法等诸多细节需要完善

介于本书是一项涉及社会学、管理学、经济学等多科学领域的交互研究，受课题负责人的能力及团队成员的知识结构等因素的限制，本书在文献梳理、理论整合、方法运用、内容组织等方面存在不少缺陷，尚需在后续研究中持续改进和完善。

第二章

企业社会责任评价与治理的研究进展

　　自从被誉为"企业社会责任之父"的鲍恩（Bowen，1953）在名著《商人的社会责任》中首次提出企业社会责任（corporate social responsibility，CSR）① 概念以来，国内外学者围绕 CSR 的概念、构成维度与影响因素、CSR 与经济绩效的关系、CSR 与企业战略的关系和 CSR 绩效评价等方面展开了广泛深入的研究，其中对 CSR 的评价研究是该领域开展相关研究的基础，目前国内外学者主要在 CSR 评价的理论依据、评价方法与评价指标等方面取得了丰富的成果；对 CSR 治理问题进行研究是近来学术界研究该领域的重点，目前主要集中于对食品安全问题的治理研究。

第一节　关于企业社会责任内涵与外延的研究

　　目前，企业社会责任（CSR）存在多元化概念。CSR 一词对不同的人意味着不同的事情，它已经成为一个广泛的、包罗万象的概念，从企业慈善到企业公民再到企业社会绩效（Feil，2012）②。卡罗（Carroll，1999）认为，对一些人来说，CSR 传达了法律责任的概念③，对其他人来说，CSR 意味着道德意义上的社会责任行为，还有人认为 CSR 传递的意义是一种因果模式的"负责"，不少人把 CSR 等同于慈善捐助，也有人认为 CSR 意味着社会意识，或将 CSR 仅仅看作是企业的社会归属或正当地位的"合法性"，还有人认为 CSR 是一种约束商人而非普通公民的高标准行为准则的受托责任。为了对 CSR 概念演进有一个较清晰的回顾，本书根据 CSR 定义发展的时间阶段特征对代表性文献进行概要性梳理。

---

　　① Archie B. Carroll. Stakeholder Thinking in Three Models of Management Morality：A Perspective with Strategic Implications ［M］//The Corporation and Its Stakeholders：Classie and Contemporary Readings. University of Toronto Press，1998：139 – 170.

　　② Feil R，Fraga M F. Epigenetics and the Environment：Emerging Patterns and Implications ［J］. Nature Reviews Genetics，2012（13）：97 – 109.

　　③ Carroll M A，Martín – Santamaría S，Pike V W，et al. An ab initio and MNDO – d SCF – MO Computational Study of Stereoelectronic Control in Extrusion Reactions of $R_2 I – F$ Iodine（Ⅲ）intermediates ［J］. Journal of the Chemical Society Perkin Transactions，1999，12（12）：2707 – 2714.

一、基于社会需求与企业伦理视角的研究阶段（20 世纪 50 ~ 60 年代）

20 世纪 50 年代，CSR 被提出并赋予伦理含义。1953 年，鲍恩首次提出了 CSR 概念，他的主要观点为：公司是重要的权力中心，其行为以各种方式影响着公众的生活，CSR 并不是解决所有企业社会问题的灵丹妙药，但它包含了一个重要的真理，即必须在未来指导企业并试图回答企业是否具有社会责任。德鲁克（Drucker，1954）界定了 CSR 的八个关键领域的业务目标，CSR 的目标必须根据管理层所感知的当前政治和社会条件来设定；他遵循了鲍恩（1953）提出的道德义务，要求公司管理层为公众利益承担责任，并强调："CSR 必须考虑企业行为是否可能促进公共利益，促进社会持续发展的基本信念，促进社会的稳定与和谐发展"[①]。弗雷德里克（Frederick，2006）[②] 将 20 世纪 50 年代 CSR 的含义归纳为三个核心思想：企业是公共责任的受托人；企业管理层应当平衡对企业资源的竞争性要求；接受慈善事业是企业支持公益事业的重要表现。卡罗（2008）发现，除了慈善事业，在 50 年代很少有现代意义上的 CSR 行为，将 CSR 与商业利益联系起来的讨论很少，因为该阶段主要关注的是企业应当"为社会做好事"[③]。当然，该时期也有少数学者认为企业不应当承担超出经济义务范畴的 CSR。例如，莱维特（Leavitt，1958）认为，如果企业福利在经济上有良好的意义，那么它就具有良好的意义；如果某些东西在经济上没有意义，情感或理想主义就不应该让它进来，当然就不应当从事 CSR 活动[④]。

---

① Drucker D C, Woodward W B. Interpretation of Photoelastic Transmission Patterns for a Three – Dimensional Model [J]. Journal of Applied Physics, 1954, 25 (4): 510 – 512.

② Mcfrederick Q S, Lebuhn G. Are Urban Parks Refuges for Bumble Bees Bombus Spp. (Hymenoptera: Apidae)? [J]. Biological Conservation, 2006, 129 (3): 372 – 382.

③ Carroll L J, Drmedsc L W H, Hogg – Johnson S, et al. Course and Prognostic Factors for Neck Pain in Whiplash – Associated Disorders (WAD) [J]. Journal of Manipulative & Physiological Therapeutics, 2008, 17 (1): 75 – 82.

④ Depalma A T, Leavitt L A, Hardy S B. Electromyography in full thickness flaps rotated between upper and lower lips [J]. Plastic & Reconstructive Surgery & the Transplantation Bulletin, 1958, 21 (6): 448 – 452.

CSR 概念在 20 世纪 60 年代得到了拓展研究。该阶段学术界关注的焦点是 CSR 到底意味着什么以及它对企业和社会的重要性（Carroll，1999）①。在 1960 年，弗雷德里克（1960）强调人们对 CSR 问题的兴趣源于当时自由放任的经济秩序开始崩溃，CSR 意味着公众对社会经济和人力资源的态度，以及愿意看到这些资源被用于广泛的社会目的，而不仅仅是为了狭隘的个人和公司利益②。伊尔斯和沃尔顿（Eells and Walton，1962）认为，当人们谈论 CSR 时，他们考虑的是企业在社会舞台上投下阴影时产生的问题，以及企业与社会关系的伦理原则③。麦圭尔（McGuire，1963）提出 CSR 是促使企业承担一定的社会公共责任，属于超越企业的经济义务和法律义务的范畴；弗里德曼（Friedman，1962）提出与麦圭尔（1963）相反的观点，认为当 CSR 否认资本主义制度追求的利润最大化目标时，就会颠覆自身的秩序，很少有趋势会如此彻底地破坏资本主义社会的根本基础，如果企业管理层接受了某种 CSR，就不可能尽力地为股东多赚钱④⑤。戴维斯（Davis，1967）认为一个健康的企业不可能存在于一个病态的社会中，因为企业和社会之间是相互依赖、互动共生的，CSR 就是一种企业与社会的良性互动行为⑥。沃尔顿（1967）主张 CSR 是一个以道德为导向的概念，强调 CSR 的意愿应当是自愿性的而非强制性的重要性，承担 CSR 行为所涉及的成本可能无法用

---

① Carroll S M. Quintessence and the rest of the world: Suppressing Long – Range Interactions [J]. Ph Rvl, 1998: 81.

② Frederick W C. The Growing Concern Over Business Responsibility [J]. California Management Review, 1960, 2 (4): 54 – 61.

③ Petit T A. Conceptual Foundations of Business by Richard Eels; Clarence Walton [J]. Journal of Finance, 1962, 17 (1): 53 – 60.

④ Mcguire J W. Business and society [J]. Encyclopedia of Corporate Social Responsibility, 1963, 4 (3): 59 – 80 (22).

⑤ Friedman M. The Interpolation of Time Series by Related Series [J]. Journal of the American Statistical Association, 1962, 57 (300): 729 – 757.

⑥ Davis D R. revision of the moths of the subfamily Prodoxinae (Lepidoptera: Incurvariidae) [J]. Journal of Zoology, 1967.

直接的经济回报来衡量[①]。总体上讲,在20世纪50~60年代,对CSR概念的研究是立足于宏观社会需求下企业做出伦理性回应视角展开的。

二、构建模型进行多维度研究阶段(20世纪70~80年代)

20世纪70年代是企业管理者应用传统管理理念处理CSR问题的10年。在该阶段,学术界开始探索定义CSR的新理论基础,其中最具代表性的是采用"开明利己主义模型"(Carroll,2008)拓展CSR的含义,在研究方法上也逐渐从规范研究转向实证研究与实践检验;同时,学者们开始将CSR的核心问题转化为不同的概念、理论或模型,发现组织内部的经济和社会利益变得更加紧密和更加敏感,但尚未紧密地联系在一起[②]。弗里德曼(1970)在其著作《企业社会责任》的修订版中加入了对自由市场规则、法律和道德习俗的接受,也整合了一些能够促进企业长期盈利的社会需求;因此,如果社会行为完全符合企业自身利益,那么CSR行为是可以接受的[③]。戴维斯(1973)倡导公司开展与其社会权力相容的CSR行为,这意味着如果公司不使用其社会权力,将失去在社会中的地位,因为其他群体将取代企业占据该地位,从长远来看,那些不以社会认为负责任的方式使用权力的公司往往会失去权力,因为其他群体最终会介入,承担这些责任[④]。卡罗(1979)回应了普雷斯顿(Preston,1975)关于加强CSR概念化、理论研究与政策发展的呼吁,提出了企业社会绩效的概念模型(CSP),该模型被沃提克和科克伦(Wartick and Cochran,1985)、伍德(Wood,1991)等接受

① Walton J N. Control and innervation of skeletal muscle:By B. L. Andrew(ed.),203 pages,E. and S. Livingstone Ltd. Edinburgh and London,1966,30s[J]. Journal of the Neurological Sciences,1967,5(2):396-396.

② Carroll,Matthew. Student Pieces:Idealist,crazy,selfless,naive,self-righteous,and…[J]. Conversations on Jesuit Higher Education,2008,15(11):3746.

③ Friedman M,Krull L H,Cavins J F. The Chromatographic Determination of Cystine and Cysteine Residues in Proteins as s-beta-(4-pyridylethyl)Cysteine[J]. Journal of Biological Chemistry,1970,245(15):3868.

④ Fuhrhop J H,Kadish K M,Davis D G. The Redox Behavior of Metallo Octaethylporphyrins[J]. Journal of the American Chemical Society,1973,95(16):5140-5147.

并进一步拓展；卡罗（1979）认为，企业社会绩效（CSP）是 CSR、企业社会反应和社会问题的三维整合，这种统一性澄清并整合了文献中出现的与 CSR 相关的多种定义链；卡罗（1979）以 CSP 为基础，开发了一个全面的框架来理解 CSR，提出了 CSR 的四维度定义，并将其嵌入到 CSP 概念模型中；其 CSR 四维度定义为：企业的社会责任包括社会在特定时间点对组织的经济、法律、道德和自由裁量的期望，该定义的经济维度表明，社会期望企业生产商品和服务，并以利润出售，同时遵守法律①②③④。

在 20 世纪 80 年代，研究人员专注于开发新的 CSR 定义以及替代或补充 CSR 的多元化概念和主题。在该阶段，随着商业和社会利益越来越紧密，公司对利益相关者的反应也越来越积极，开发新的 CSR 定义及其替代、补充概念和主题成为研究热点，其中包括企业社会回应、企业社会绩效、企业公民、公共政策、商业道德和利益相关者理论及管理等（Waddock，2004）⑤。普雷斯顿和波斯特（Preston and Post，1981）提出了"公共责任"一词⑥，他们认为 CSR 是公共生活背景下公司治理的一个角色，而非出于自身或作为一个利益集团定义其责任范围，因此应当选择"公共责任"而非"社会责任"来强调其重要性。唐纳森（Donaldson，1982）从传统的社会契约视角探究了企业与社会的关系，提出了一个"整合社会契约理论"，认为企业与社会之间存在某种隐性社会契约，应当在考虑社会文化背景的前提下

①　Carroll A R, Wagner R R. Role of the Membrane (M) Protein in Endogenous Inhibition of in Vitro Transcription by Vesicular Stomatitis Virus [J]. Journal of Virology, 1979, 29 (1): 134 – 142.

②　Prestonwhyte R A. A Note on Some Bioclimatic Consequences of Coastal Lows [J]. South African Geographical Journal Being A Record of the Proceedings of the South African Geographical Society, 1975, 57 (1): 17 – 25.

③　Wartick S L, Cochran P L. The Evolution of the Corporate Social Performance Model [J]. Academy of Management Review, 1985, 10 (4): 758 – 769.

④　Wood D J. Corporate Social Performance Revisited [J]. Academy of Management Review, 1991, 16 (4): 691 – 718.

⑤　Waddock S, Bodwell C. Managing Responsibility: What Can Be Learned from The Quality Movement? [J]. California Management Review, 2004, 47 (1): 25 – 37.

⑥　Preston L E, Post J E. Private Management and Public Policy [J]. California Management Review, 1981, 23 (3): 56 – 62.

将企业 CSR 管理实践整合起来①。德鲁克（1984）回顾了他在 1954 年开始的 CSR 相关研究，认为 CSR 可以成为企业的一个商业机会，因为 CSR 可以提高企业的财务盈利能力②。科克伦和伍德（1984）对 CSR 与财务盈利能力的关系进行了理论分析与实证研究，发现两者之间存在积极的正向促进关系③。沃提克和科克伦（1985）将卡罗的企业社会绩效模型扩展为包括企业社会责任、社会反应和社会问题三维整合而成的综合模型④。其中，他们认为卡罗（1979）的 CSR 伦理部分应该被看作一个原则，社会反应应该被看作一个过程，社会问题管理应该被看作一种政策，并强调企业的社会绩效可以将商业和社会领域的哲学取向、体制取向、组织导向这三大主导取向统一协调起来⑤。爱泼斯坦（Epstein，1987）在将 CSR、响应性和商业道德联系起来的探索中给出了 CSR 的定义，称为"企业社会政策过程"⑥。

三、企业社会责任与企业战略整合研究阶段（20 世纪 90 年代至今）

1990 年至今，CSR 概念几乎得到了公司、股东、政府、消费者、非政府组织等社会成员的普遍认可和广泛实践。联合国、世界银行、经济合作与发展组织、国际劳工组织等国际组织也大力支持并积极制定了持续开展 CSR 运动的指引。CSR 的概念是在 20 世纪 90 年代末引入到我国。在该阶段，一方面，由于互联网和信息技术为利益相关者维护其权益提供了便利并可能发

---

① Donaldson W A, Hughes R P. Mechanism of formation of (. eta. 3 – oxocyclobutenyl) cobalt compounds from ［Co（CO）4］ – and cyclopropenium cations［J］. J. am. chem. soc, 1982, 104（18）: 4846 – 4859.

② Drucker P F. Converting Social Problems into Business Opportunities: The New Meaning of Corporate Social Responsibility ［J］. California Management Review, 1984, 26（2）: 53 – 63.

③ Cochran P L, Wartick S L, Wood R A. The Average Age of Boards and Financial Performance, Revisited ［J］. Quarterly Journal of Business & Economics, 1984, 23（4）: 57 – 63.

④ Wartick S L, Cochran P L. The Evolution of the Corporate Social Performance Model ［J］. Academy of Management Review, 1985, 10（4）: 758 – 769.

⑤ Carroll A R, Wagner R R. Role of the membrane（M）protein in endogenous inhibition of in vitro transcription by vesicular stomatitis virus ［J］. Journal of Virology, 1979, 29（1）: 134 – 142.

⑥ Epstein A J, Chittipeddi S, Miller J S. Ferromagnetism in Molecular Decamethylferrocenium Tetracyandethanide（DMeFc）（TCNE）［J］. Le Journal De Physique Colloques, 1987, 49（C8）: 811 – 812.

生强大的网络监督，从而给企业带来了新的压力，促使它们加强研究并推进CSR；另一方面，企业的资产结构已经由有形资产为主转向无形资产为主，包括特许权、商誉、声誉和人力资本（Waddock，2008）等，这又增加了企业推行CSR的重要性，学术界与实业界开始研究和推广CSR与公司战略管理的关系及其整合问题①。

　　卡罗（1979）的企业社会绩效模型在沃提克和科克伦（1985）的拓展下被转化为一般原则、过程和政策。伍德（1991）对卡罗（1979）建立的企业社会绩效模型进行了更进一步的拓展，她将企业社会绩效与组织行为相关理论联系起来，主要包括组织制度主义理论、利益相关者管理理论和社会问题管理理论等，并尝试将这些理论纳入企业社会绩效框架的范畴。伍德（1991）提出了实施CSR的三个基本原则：一是企业社会责任的层次协调原则（经济、法律、伦理和自由裁量权），并指出了这些原则与社会合法性（制度层面）、公共责任（组织层面）和管理自由裁量权（个人层面）之间的关系；二是社会反应性的过程原则，更新了卡罗对反应性的四分类（反应性、防御性、适应性、前瞻性）的表述，采用环境评估、利益相关者管理和问题管理三分类；三是问题导向与行为过程相结合的原则，她结合了沃提克和科克伦（1985）的政策和卡罗（1979）的社会问题分类的优势，将两者重新组织到一个新的主题——企业行为的结果或产出②③④。伍德的模型比早期的模型更加全面，因为企业社会绩效的描述将企业视为对利益相关者、社会及企业自身都有影响的行为中心。卡罗和霍（Hoy，1984）、波特和克雷默（Porter and Kramer，2011）认为CSR应当嵌入公司战略中去并有

---

①　Waddock S. Building a New Institutional Infrastructure for Corporate Responsibility [J]. Academy of Management Perspectives，2008，22（3）：87-108.

②　Wood D M. Soil Behaviour and Critical State Soil Mechanics [J]. Soil Behaviour & Critical State Soil Mechanics，1991.

③　Wartick S L，Cochran P L. The Evolution of the Corporate Social Performance Model [J]. Academy of Management Review，1985，10（4）：758-769.

④　Carroll A R，Wagner R R. Role of the Membrane（M）Protein in Endogenous Inhibition of in Vitro Transcription by Vesicular Stomatitis Virus [J]. Journal of Virology，1979，29（1）：134-142.

助于形成核心竞争优势①②。卡恩（Khan，2013）认为，与发达国家的情况类似，新兴经济体的管理者也应将 CSR 行为的披露作为一种信息化战略工具，以维护企业对利益相关者行为的合法化，其中在寻求合法性的过程中，消费者是至关重要的③。为了研究企业与社会关系的动态变化，1995 年以来许多研究者开始基于利益相关者理论研究 CSR 的战略化问题。唐纳森和普勒斯顿（Donaldson and Preston，1995）区分了利益相关者理论的描述性、工具性和规范性问题，通过实证研究发现公司经常使用工具性方法对 CSR 进行战略管理，由此提出了一个"工具利益相关者 CSR 理论"④。后来，学者们开始将该 CSR 利益相关者模型与委托代理理论、团队生产理论、交易成本等经济理论联系起来，研究公司的战略整合管理问题。此外，史密斯（Smith，2011）将 CSR 看作是一种经济安排，通过执行和整合道德实践与可持续管理，促进财富的生产和分配；欧盟委员会（2011）将 CSR 定义为"企业对社会影响的责任"，认为 CSR 是一种理念，要求企业在与利益相关者合作的过程中，将社会、环境、道德、人权与消费者等纳入企业运营和核心战略之中⑤。

可见，自 20 世纪 90 年代以来，CSR 概念的重点范畴已经从伦理导向转向绩效导向，分析视角也从宏观社会视角转向企业组织与利益相关者的行为互动视角。此外，随着时间的推移，CSR 与企业财务绩效之间的关系也从孤立、矛盾转变为紧密联系。例如，沃格尔（Vogel，2005）发现近年来的文献强调 CSR 与企业财务成功之间的联系，表明 CSR 正在演变为一项核心业

---

① Carroll A B, Hoy F. Integrating Corporate Social Policy Into Strategic Management [J]. Journal of Business Strategy, 1984, 4 (3): 48 – 57.

② Porter M E. Creating Shared Value: Redefining Capitalism and the Role of the Corporation in Society [J]. Journal of Consumer Studies, 2011, 25 (3).

③ Khan M A, Nichols T A. Hounsfield Unit (HU) [M]. Springer Berlin Heidelbery, 2013.

④ Donaldson T, Preston L. Dialogue: Reply to Jacobs and Getz [J]. Academy of Management Review, 1995 (4): 795 – 796.

⑤ Smith, Jay E. Cullmann, Oscar (1902 – 1999) [M]. The Encyclopedia of Christian Civilization, 2011.

务职能，与企业的总体战略密切相关，对企业的成功至关重要①。根据沃多克（Waddock，2008）的研究，自 2000 年以来，新兴的 CSR 制度基础设施带来了新的行为准则，尤其是对大型跨国公司，这些新准则超越了股东价值最大化的范畴，使公司在环境、社会和治理问题上承担更全面的 CSR 责任，当然并非所有 CSR 行为都具有同等的潜在盈利能力或市场需求，也导致了一些企业更多地关注某些成本较低和可能有利可图的 CSR 需求，而忽略其他成本较高的真正需要解决的 CSR 痛点问题，但目前学术界对这类公司履行 CSR 的选择行为和结构合理化问题缺乏研究②。梅森和西蒙斯（Mason and Simmons，2014）指出当前存在一些学者和公司将 CSR 视为一种"做好事的生意"，即将 CSR 行为作为企业战略的简化和次要的外围部分③。

第二节　企业社会责任评价的研究进展

一、企业社会责任评价的理论依据

很多学者认为 CSR 不应局限于传统的经济目标范畴，而应超越经济目标以增进社会的整体福利（Frederiek，1960；Davis，1960；McGuire，1963）④⑤⑥，因此如何评价 CSR 产生的绩效就成了学术界研究的热点问题。总体而言，目前学术界主要基于利益相关者理论、"金字塔" CSR 理论、

---

① Brown D W, Agnew S R, Bourke M A M, et al. Internal Strain and Texture Evolution During Deformation Twinning in Magnesium [J]. Materials Science & Engineering A, 2005, 399 (1): 1 – 12.

② Waddock S. Building a New Institutional Infrastructure for Corporate Responsibility [J]. Academy of Management Perspectives, 2008, 22 (3): 87 – 108.

③ Mason C, Simmons J. Embedding Corporate Social Responsibility in Corporate Governance: A Stakeholder Systems Approach [J]. Journal of Business Ethics, 2014, 119 (1): 77 – 86.

④ Frederiek. The Growing Concern over Business Responsibility [J]. California Management Review, 1960, 2 (4): 54 – 61.

⑤ Davis M. A Computing Procedure for Quantification Theory [J]. Journal of the Acm, 1960, 7 (3): 201 – 215.

⑥ McGuire J W. Business and Society [J]. Encyclopedia of Corporate Social Responsibility, 1963, 4 (3): 59 – 80 (22).

"三重底线" CSR 理论这三种理论对 CSR 进行了评价研究。

（一）利益相关者理论

根据弗里曼（Freeman，1984）的代表性观点，利益相关者包括企业的股东、债权人、雇员、消费者、供应商等交易伙伴，也包括政府部门、本地居民、社区、媒体、环保主义团体等压力集团，还包括自然环境、人类后代等受到企业经营活动直接或间接影响的客体①。这些利益相关者与企业的生存和发展密切相关。对 CSR 及其评价的研究与企业利益相关者的利益紧密相关，利益相关者理论成为目前学术界评价 CSR 的最流行的理论依据。不少国内学者也基于利益相关者理论对 CSR 评价进行了研究。例如，李珂（2014）基于利益相关者理论②，针对企业承担 CSR 的内在动力不足、外部监督评价不力的问题，考虑将外部监督评价对企业的影响力与企业履行 CSR 的内生动力结合起来，探究一种能够激发企业主动履行 CSR 的利益相关者评价机制；以此为基点来探寻 CSR 的有效实现途径，以消费者参与企业品牌的监督和评价为突破口，探究有效激励企业产生承担 CSR 之内生动力的外部监督评价机制。杨春方（2013）认为，评价企业是否承担了 CSR 不能仅从慈善捐赠、CSR 排行榜等进行判断，应从社会视角出发，看企业是否增进了社会的整体价值和福利，是否促进了生产力的良性发展③；对企业来说，评价其是否承担了社会责任应该主要以其经济功能的实现为依据，而不能将其对社会问题与政治问题的解决作为标准；就中小企业经济功能的实现及其对经济发展的贡献来看，大多数中小企业已经承担了最基本的社会责任，特别是在就业方面，中小企业以其更低的资本有机构成提供了大部分的就业岗位，但由于经济能力的限制，其在道德责任或自愿性社会责任方面与大企业存在一定的差距，不能因此断定其社会责任缺失。此外，赵杨、孔祥纬（2010）构建了一套基于利益相关者理论的 CSR 理论框架与评价模型，

---

① Freeman R B. Longitudinal Analyses of the Effects of Trade Unions [J]. Journal of Labor Economics, 1984, 2 (1): 1 – 26.

② 李珂. 消费者参与企业品牌监督评价问题研究——以建立企业社会责任利益相关者评价机制为研究视角 [J]. 理论月刊, 2014 (1).

③ 杨春方. 中小企业社会责任的评价模式及其影响测度 [J]. 改革, 2013 (10): 135 – 141.

得出了以"分项评价"替代"总体评价"才能使评价结果更科学和客观的结论，并设计了一个"三位一体"的 CSR 评价指标体系①。

（二）"金字塔" CSR 理论

"金字塔" CSR 理论是由卡罗（1991）提出的，他将 CSR 的层级结构视同一个"金字塔"，从下至上分别代表经济责任、法律责任、伦理责任和慈善责任；其中，经济责任位于金字塔的底层，印证了获利是所有企业开展 CSR 行动的基础；法律责任位于第二层，表明企业需要遵守法律这一强制性的"游戏规则"，才谈得上具备重要性社会责任；伦理责任位于第三层，要求企业讲公德，有义务做正确、公正、平等的事情，避免对他方造成伤害；慈善责任位于顶层，表明企业在履行前三层 CSR 的基础上，还应力争做一个优秀的社会公民，向社会贡献资源，提高公众的生活质量②。"金字塔" CSR 理论已得到广泛认同，是学术界研究 CSR 评价的重要理论基础。在国内，《WTO 经济导刊》杂志社自 2007 年以来结合"金字塔" CSR 理论与战略管理理论研发了"金蜜蜂企业社会责任·中国榜"，每年公布 CSR 履行优秀的中国企业榜单。该榜单主要以调研问卷取得的信息，反映企业的经济责任、法律责任、伦理责任和慈善责任四个维度的履行情况。买生等（2012）基于科学发展观构建了一个 CSR 评价模型，该模型以现有的 CSR 研究框架为基础，从经济、社会和环境的全面协调与可持续发展角度引入了基于科学发展观的 CSR 分析框架（包括社会责任、环境责任和市场责任三个维度），构建了一个 CSR 客观评价方法和评价指标体系③。王露璐（2011）针对近年来 CSR 实践中出现的两种怪象：一是一些企业因 CSR 评价标准的"道德绑架"陷入"被慈善"；二是一些企业将捐赠作为掩盖其非法经营行为、猎取媒体和公众信任的粉饰手段而从事"伪慈善"，提出应当构建一个"经

---

①　赵杨，孔祥纬. 我国企业社会责任履行绩效评价体系构建研究——基于利益相关者理论及分项评价模式 [J]. 北京工商大学学报（社会科学版），2010，25（6）：48 –55.

②　Carroll K R. Small-signal analysis for dc SQUID amplifiers [J]. Journal of Low Temperature Physics，1991，82（5 –6）：257 –277.

③　买生. 企业社会责任绩效评价研究 [D]. 大连：大连理工大学，2012.

济—伦理"CSR 评价体系①。徐泓和朱秀霞（2012）结合利益相关者理论、企业竞争力理论和可持续发展理论，采用卡罗提出的"金字塔"CSR 理论所含的经济责任、法律责任、伦理责任和慈善责任四个维度构建了 CSR 评价指标体系②。此外，宋建波和盛春艳（2009）③、王竹泉和王风华（2011）④ 以利益相关者理论所涉及的投资者、员工、客户、商业合作伙伴、政府、社区和自然环境为横向维度，以卡罗提出的企业社会责任"金字塔"理论所含的经济责任、法律责任、伦理责任和慈善责任为纵向维度构建了一个二维网格 CSR 评价模型。

（三）"三重底线"CSR 理论

约翰·艾尔金顿（John Elkington，1994）提出了"三重底线"CSR 理论，即企业履行 CSR 至少应当守住经济责任、环境责任和社会责任这三条底线⑤。其中，经济责任体现为提高利润、依法纳税和对投资者的分红；环境责任体现为保护好生态环境和自然资源的责任；社会责任（狭义）体现在为社会上其他利益相关者承担应尽的责任，如开始社区就业、慈善捐助等公益活动。

北京大学民营经济研究院（2006）发布了《中国企业社会责任调查评价体系与标准》，这是国内首个由研究机构发布的 CSR 绩效评价指引。该体系以"三重底线"CSR 理论和可持续发展理论为基础，涉及经济、社会、环境三个方面，包括股东权益责任、社会经济责任、员工权益责任、法律责任、诚信经营责任、公益责任和环境保护责任 7 项一级指标及 19 项二级指

---

① 王露璐. 经济伦理视野中的企业社会责任及其担当与评价次序 [J]. 伦理学研究，2011（3）：91 - 94.

② 徐泓，朱秀霞. 低碳经济视角下企业社会责任评价指标分析 [J]. 中国软科学，2012（1）：153 - 159.

③ 宋建波，盛春艳. 基于利益相关者的企业社会责任评价研究——以制造业上市公司为例 [J]. 中国软科学，2009（10）：153 - 163.

④ 王竹泉，王风华. 利益相关者视角下的企业社会责任绩效模糊综合评价 [J]. 公司治理评论，2011（2）：152 - 163.

⑤ Elkington J. Towards the Sustainable Corporation：Win - Win - Win Business Strategies for Sustainable Development [J]. California Management Review，1994，36（2）：90 - 100.

标。此外，由第一财经传媒有限公司、兴业全球基金和巨潮指数有限公司三方联合推出的"CBN–兴业全球基金社会责任指数"是首个跨沪深股市的CSR指数。该指数是整合"三重底线"CSR理论和公司治理理论构建的，主要从经济、社会、环保、公益和公司治理五个维度构建了系列CSR指标来考察上市公司的投资价值，但其评价范围仅限于已经披露社会责任报告、可持续发展报告等CSR信息的上市公司。中国社会科学院企业社会责任研究中心以"三重底线"CSR理论为基础，结合利益相关者理论构建了一个由责任管理、市场责任、社会责任、环境责任构成的"四位一体"CSR模型，与国际主流的CSR指数、国内社会责任倡议文件和世界500强CSR报告进行对标分析，构建了一个分行业的CSR评价指标体系。该体系以CSR报告、企业年报、企业官方网站为信息来源，评价了我国100强企业的CSR履行状况（黄群慧等，2009）①。王璇和辛春林（2013）结合利益相关者理论细分了"三重底线"CSR理论所涉及的责任内容，构建了一个以"三重底线"理论为核心、以利益相关者为导向的CSR评价模型，并以我国石化行业企业为样本进行了案例分析②。

二、企业社会责任的评价方法

CSR的测度是CSR评价的难题，根据雷德（Reed，1990）的统计，CSR的测度方法至少出现了14种以上，但尚无公认的某一种方法③。目前，国内外常用的方法主要有声誉指数法、内容分析法（Anderson and FranLkle，

---

① 佚名. 中国100强企业社会责任发展状况评价 [J]. 中国工业经济，2009（10）：23 – 35.

② 王璇，辛春林. 基于结构方程模型的企业社会责任评价——以石化行业为例 [J]. 中国流通经济，2013，27（6）：74 – 79.

③ Reed I S, Yin X, Truong T K. Algebraic Decoding of the（32，16，8）Quadratic Residue Code [J]. IEEE Transactions on Information Theory，1990，36（4）：876 – 880.

1980；李正，2006；沈洪涛，2007；宋献中，2008）①②③、指数法（Booth et al.，1987；汤亚莉等，2006）和层次分析法（中国社会科学院经济学部企业社会责任研究中心，2009）④⑤。CSR 指标体系的构建是测度 CSR 的关键，较有影响力的指标体系有：KLD 公司构建的 KLD 指标体系，润灵环球（RKS）开发的 RKS 社会责任报告评级系统（包含 MCT 社会责任报告评价体系和评级转换体系两个工具）、中国社会科学院经济学部企业社会责任研究中心构建的"中国 100 强 CSR 指标体系"。基于不同的测度方法，学术界采用的 CSR 评价方法也较多，主要有层次分析法、模糊评价法、结构方程模型法、熵权法等多种方法，少数文献结合采用了两种及以上的方法。

（一）层次分析法

层次分析法是将评价内容分解成目标、准则、方案等层次，从而进行定性和定量分析的决策方法，具有系统性、简洁性与主客观相结合的特点。张立军等（2013）基于低碳经济背景对 CSR 的构成因素进行分析，构建了一个由资源利用、环境保护、基础设施、社区贡献四个层次构成的 CSR 评价指标体系，采用了层次分析法确定各层次的权重⑥。贺正楚、张训（2011）基于低碳经济形势，结合电力企业的特点，采用层次分析法建立了 CSR 评价模型和指标体系，分析了电力企业的社会责任绩效，并对广东电力发展股份有限公司进行了案例分析⑦。董淑兰、严秀丽（2013）选取 2012 年中国

① Anderson L K. Functional Literacy：The Definition，Need for Measurement and Local Efforts. Occasional Paper ［J］. Competency Based Education，1980：25.

② 李正. 企业社会责任与企业价值的相关性研究——来自沪市上市公司的经验证据 ［J］. 中国工业经济，2006（2）：77 - 83.

③ 沈洪涛. 国外公司社会责任报告主要模式述评 ［J］. 证券市场导报，2007（8）：7 - 13.

④ Booth N E. Quasiparticle trapping and the quasiparticle multiplier ［J］. Applied Physics Letters，1987，50（5）：293 - 295.

⑤ 汤亚莉，陈自力，刘星，等. 我国上市公司环境信息披露状况及影响因素的实证研究 ［J］. 管理世界，2006（1）：158 - 159.

⑥ 张立军，马霄，李敏. 低碳经济背景下企业社会责任评价体系研究 ［J］. 科技管理研究，2013，33（5）：67 - 70.

⑦ 周红英，贺正楚，张训. 战略性新兴产业与我国产业结构优化升级 ［J］. 经济地理，2011，31（12）：2060 - 2064.

500 强企业为样本，基于利益相关者理论构建了包括初级、中级、高级三个层次和投资者、员工、消费者、供应商、政府、环境、弱势与公益群体七个方面的 CSR 评价指标体系，运用层次分析法对国有企业和民营企业的 CSR 履行情况进行了评价①。周兰、肖琼宇（2012）运用层次分析法构建了一个包括 4 个定性指标和 23 个定量指标的 CSR 评价指标体系，并选取 50 家上市公司发布的社会责任报告作为研究样本检验了该评价体系的全面性、可行性与可比性②。刘淑华、孙志梅（2013）基于利益相关者理论，从股东、员工、消费者、供应商、债权人、社区、政府、社会公众和环境资源九个维度构建了一个 CSR 绩效评价指标体系，评价方法为专家访谈、问卷调查与层次分析法的结合③。赵越春、王怀明（2013）根据《社会责任指南》（ISO 26000）并结合食品企业的特点，从股东、债权人、消费者、员工、供应商、政府及社区等利益相关者维度构建了 CSR 评价指标体系，应用层次分析方法确定各指标权重，对我国沪深股市食品上市公司的 CSR 表现进行评价④。

（二）模糊评价法

模糊评价法根据模糊数学的隶属度理论把定性评价转化为定量评价，能较好地解决模糊难以量化的问题，具有结果清晰、系统性强的特点。张彩庆等（2011）根据《国家电网公司 2009 社会责任报告》发布的 12 项 CSR 指标，在运用专家估计法确定各项指标权重的基础上，提出了电网企业 CSR 的模糊综合评价模型，并应用实例验证了该模型的可行性⑤。朱永明、许锦

---

① 董淑兰，严秀丽. 国有企业与民营企业社会责任评价比较——来自中国 500 强企业的经验数据 [J]. 财会月刊，2013（24）：22 - 24.

② 周兰，肖琼宇. 基于信息披露视角的企业社会责任评价体系设计 [J]. 北京工商大学学报（社会科学版），2012（3）：10 - 16.

③ 刘淑华，孙志梅. 企业社会责任绩效评价模型构建 [J]. 统计与决策，2013（12）：182 - 185.

④ 赵越春，王怀明. 食品企业社会责任评价指标体系的构建及其应用——基于层次分析法 [J]. 青海社会科学，2013（6）：47 - 53.

⑤ 张彩庆，曹萌萌，谢萍. 电网企业社会责任的模糊综合评价 [J]. 中国电业（技术版），2011（8）：68 - 70.

锦（2013）结合模糊综合评价方法和二元对比层次分析法，从九个方面对我国国有大中型企业的 CSR 评价体系进行了设计，并对 38 个二级指标进行了定量和定性分析①。王竹泉、王凤华（2011）根据 CSR 绩效评价的特点，构建了一个六步骤 CSR 绩效模糊综合评价模型，并通过案例分析验证了其有效性②。陈永清（2009）基于利益相关者视角分析了 CSR 的内容，运用灰色模糊理论与方法，建立了一个 CSR 灰色模糊综合评价模型，并通过实例验证了该模型的可行性和实用性③。那保国（2012）根据 CSR 评价的特点，采用粗糙集理论中的属性重要度方法设定指标权重，采用模糊积分方法计算评价综合得分，最终归纳出一个"粗糙集——模糊积分 CSR 评价模型"④。

（三）结构方程模型法

结构方程模型法在处理多原因、多结果关系，或不可直接观测的变量等方面具有优势。齐丽云、魏婷婷（2013）以《社会责任指南》（ISO 26000）为基础，界定了 CSR 绩效评价的八个社会期望主题：责任治理、经济发展、人权、劳动实践、环境、公平运营、消费者问题和社区发展；再通过访谈和问卷调查收集数据，采用结构方程模型构建了一个 CSR 绩效评价模型⑤。王璇、辛春林（2013）结合三重底线理论和利益相关者理论建立了一个 CSR 综合评价模型，运用结构方程模型方法，验证了该理论模型与石化行业数据结构的适配度和合理性，并采用验证性因素分析方法对评价模型各层次指标的因子载荷量进行估计检验，通过归一化确定了评价体系的权重。廖建军（2014）从垄断企业竞争力视角，对我国烟草行业进行实地调研的基础上采

---

① 朱永明，许锦锦．国有大中型企业社会责任评价体系研究——以中国银行为例［J］．工业技术经济，2013（2）：27 – 32.

② 王竹泉，王凤华．利益相关者视角下的企业社会责任绩效模糊综合评价［J］．公司治理评论，2011（2）：152 – 163.

③ 陈永清．基于胜任力的企业绩效管理系统的构建［J］．企业经济，2009（5）：24 – 26.

④ 那保国．粗糙集——模糊积分模型：一种评价企业社会责任的新方法［J］．统计与决策，2012（3）：103 – 106.

⑤ 齐丽云，魏婷婷．基于 ISO 26000 的企业社会责任绩效评价模型研究［J］．科研管理，2013，V（3）：84 – 92.

用结构方程模型进行了实证分析，对股东责任、员工责任、消费者责任、商业伙伴责任、法规责任、环境责任、慈善责任、社区责任等维度进行了评价①。

（四）熵权法

熵权法采用热力学中的"熵"表征的信息不确定性的量度，是一种客观赋权方法，但计算较复杂。买生等（2012）将科学发展观引入 CSR 评价体系，构建了包含表征科学发展指标的 CSR 客观评价指标体系，选用熵权法确定了评价指标的客观权重，采用逼近理想解排序法（TOPSIS 法）对 CSR 进行综合评价，构建了一个"熵权—TOPSIS 评价模型"，对样本公司的 CSR 实践进行了评价②。尤嘉勋等（2013）搜集整理了我国主要汽车企业相关数据，据此构建了一套汽车企业 CSR 评价指标体系，并应用"熵权—TOPSIS"法对构建的评价指标体系进行了实证分析③。张坤、章辉美（2013）设计了一套客观性和可操作性较强的 CSR 指标体系，并结合"熵"和基点理论赋予各层次指标的权重，对我国汽车制造公司的 CSR 进行了评价④。王丹、朱波强（2014）基于利益相关者理论构建了一个 CSR 评价指标体系，也采用熵值法评价了矿产资源型企业的 CSR 履行情况⑤。

（五）其他方法

庞永师、王莹（2012）构建了一个建筑企业 CSR 指标体系，应用粗糙集理论的遗传算法对该指标体系进行了归一化处理，并将各属性重要度转化

---

① 廖建军. 垄断行业企业社会责任评价体系研究——以烟草行业为例 [J]. 产经评论，2014，5（3）：82-94.

② 买生，匡海波，张笑楠. 基于科学发展观的企业社会责任评价模型及实证 [J]. 科研管理，2012，V33（3）：148-154.

③ 尤嘉勋，么丽欣，白辰. 基于熵权 TOPSIS 法的中国汽车企业社会责任评价研究 [J]. 汽车工业研究，2013（7）：21-25.

④ 张坤，章辉美. 基于熵权基点理论的企业社会责任评价实证研究 [J]. 系统工程，2013（8）：118-122.

⑤ 王丹，朱波强. 基于熵值法的我国企业社会责任研究——以矿产资源型企业为例 [J]. 会计之友，2014（30）：8-12.

为指标权重，得到 CSR 一级指标和二级指标的权重[1]。董淑兰、李卓奚（2013）选取 30 家食品行业上市公司为样本，运用投影寻踪模型对食品企业 CSR 信息披露水平进行了综合评价，从消费者问题类、环境问题类、员工问题类、社区问题类、一般社会问题类五大模块构建了食品企业 CSR 信息披露评价指标体系[2]。曾平等（2012）将平衡计分卡引入 CSR 绩效评价模型中，将平衡计分卡的四个维度（财务、顾客、内部流程、学习与成长）和 CSR 信息类别进行了有机联系和转换，构建出一个 CSR 评价体系[3]。徐光华（2007）认为 CSR 是企业战略绩效评价体系构建的重要基石，CSR 与经营绩效、财务绩效和社会绩效共同构成了企业战略绩效体系的三个板块，形成一个循环闭合系统——时钟绩效模型，并基于该模型设计了一个 CSR 评价指标体系[4]。王璟珉等（2010）通过对低碳经济发展模式下我国 CSR 的绩效评价进行了模型研究，在传统指标分析模型基础上进行了数据包络分析（DEA）与可持续计量的双重模型修正，弥补了传统财务绩效模型在企业有效投入分析和动态性评价方面的缺陷[5]。

（六）整合类方法

梁星、张雅军（2011）结合层次分析法和模糊综合评价法，对我国煤炭企业 CSR 各项指标进行了赋权与综合评价[6]。齐二石等（2011）集成灰色系统理论中的聚类分析和层次分析法建立了一个 CSR 评价模型，评价结果表明安全、社会保障、可持续发展、创新和环保对煤炭 CSR 的履行起着

---

① 庞永师，王莹. 基于粗糙集的建筑企业社会责任评价指标权重确定［J］. 工程管理学报，2012，26（3）：109 – 113.

② 董淑兰，李卓奚. 基于投影寻踪模型的食品企业社会责任信息披露评价［J］. 生产力研究，2013（9）：162 – 164.

③ 曾平，许岩，曾繁荣. 平衡计分卡下企业社会责任绩效评价体系构建［J］. 财会通讯，2012（5）：48 – 49.

④ 徐光华，陈良华，王兰芳. 战略绩效评价模式：企业社会责任嵌入性研究［J］. 管理世界，2007（11）：166 – 167.

⑤ 王璟珉. 中国企业社会责任财务绩效评价模型研究［J］. 中国人口·资源与环境，2010，20（2）：162 – 166.

⑥ 梁星，张雅军. 基于环境协调发展的煤炭企业社会责任综合评价研究［J］. 煤炭经济研究，2011（3）：31 – 34.

重要作用①。李正辉、李春艳（2010）基于两型社会（环境友好型、资源节约型）视角界定了 CSR 的范畴②，在该范畴内建立了一个 CSR 评价指标体系，并结合运用主成分分析法和系统聚类分析法评价了我国工业企业 CSR 的履行现状。

三、企业社会责任评价的指标体系

CSR 评价的主体有第一方评价、第二方评价和第三方评价三种情况。第一方评价为企业自评，通常以 CSR 报告、可持续发展报告、环境报告等形式呈现；第二方评价是由企业的利益相关者进行的评价，通常以 CSR 投资评估报告等形式呈现；第三方评价是由独立的第三方研究团队或专业组织进行的评价，通常以 CSR 指数、CSR 排名等方式呈现。一般意义上的 CSR 评价是指第三方评价，其专业性、科学性、可信性和权威性较高。迄今，学术界基于不同的理论基础、采用不同的方法，针对不同行业的特殊性及时期或地域背景，构建了丰富的 CSR 指标体系。

（一）代表性的企业社会责任指数

国际上有全球报告倡议组织（GRI）的《可持续发展报告指南》、道琼斯可持续发展指数、多米尼 CSR 投资指数（KLD 指数）、《跨国公司行为准则》《财富》100 强责任排名指数、英国企业商会（BITC）CSR 指数、ISO 26000 对 CSR 的系统性评价等代表性强、权威性较高的 CSR 评价指数。国内相关机构和组织研究发布的 CSR 评价标准主要有《中国纺织企业社会责任管理体系》《中国工业企业及工业协会社会责任指南》《中国企业社会责任推荐标准和实施范例》《深圳证券交易所上市公司社会责任指引》《中央企业履行社会责任的指导意见》《中国企业社会责任研究报告（2011）》和《中国企业社会责任发展指数报告（2011）》等。

---

① 齐二石，朱永明，焦馨锐. 基于灰色理论的煤炭企业社会责任绩效评价研究 [J]. 商业研究，2011（10）：12 - 16.

② 李正辉，李春艳. 两型社会视角下工业企业社会责任的评价模型研究 [J]. 统计与信息论坛，2010，25（6）：32 - 38.

《可持续发展报告指南》（G4 版）从经济、环境、社会三个维度构建了 CSR 评价指标体系。其中，经济业绩包括经济绩效、市场表现、间接经济影响、采购实践 4 个方面共 9 个指标；环境业绩包括材料、能源、水、生物多样性、排放、废水和废物、产品和服务、承诺、运输、供应商环境评估、环境投诉机制等 11 个方面共 34 个指标；社会业绩包括劳工实践和体面的工作绩效（具体包括雇佣、劳动、管理、职业健康与安全、培训和教育、多样化与机会均等、男女同工同酬、供应商劳工实践评估、劳工实践投诉机制 9 个方面共 16 个指标）；人权业绩（包含投资、非歧视、结社自由和集体谈判、童工、强迫或强制性劳动、安全、原住民和本国居民权利、评估、供应商人权评估、人权投诉机制 10 个方面共 12 个指标）；社会业绩（包含社区、反腐败、公共政策、反竞争行为、合作、供应商社会影响评估、社会影响投诉机制 7 个方面共 11 个指标）；产品责任业绩（包含消费者健康与安全、产品和服务标示、营销传播、消费者隐私、合作 5 个方面共 9 个指标）。

多米尼 CSR 投资指数（KLD 指数）。KLD 指数采用 8 个与 CSR 绩效相关的变量评价公司对其利益相关者的责任履行绩效，这些变量表征了公司对员工、顾客、环境、社区和整个社会的责任。这 8 个变量为产品安全、社区关系、环境保护、妇女及少数民族问题、员工关系、核能、军事削减和南非问题。KLD 指数反映了社会投资者的关注，上市公司是独立于其他企业而由相关的社会标准进行评价，这样就可以在一定程度上增加评价的公正性和客观性；同时，KLD 指数涵盖了诸多行业的公司，允许研究者跨越时间纬度对 CSR 进行连续评价，可以较好地评估 CSR 状况的变化。因此，KLD 指数被认为是一种科学性较强的 CSR 评价方法，其评价数据被研究文献广泛采用。

道琼斯可持续发展评价指标体系是从经济、环境、社会三个责任维度构建的。其中，经济责任维度包括行为守则、执行力、贪污贿赂状况、企业治理、风险和危机管理和产业特定等方面的指标；环境责任维度包括环境报告、产业特定指标等方面的指标；社会责任维度包括企业公民、慈善、劳工实践、人力资源开发、社会报告、人才吸引与稳定和产业特定因素等方面的指标。

中国社科院经济学部企业社会责任研究中心（2009）对标国内外代表性评价体系，结合我国的实情研制并发布了"中国 100 强系列 CSR 发展指数"①。该指数分别对我国国有企业 100 强、民营企业 100 强、外资企业 100 强的 CSR 管理现状和信息披露水平进行了评价，包括责任管理、市场责任、社会责任和环境责任四个板块的一级指标，各个板块的权重通过层次分析法来确认，CSR 指数的初始得分为各个板块的权重乘以各个责任板块的得分，再加上调整项得分计算出 CSR 发展指数的最终得分。调整项主要是对相关奖励、惩罚的处理以及对 CSR 管理创新实践的特别加分。

中国企业评价协会联合清华大学社会科学学院（2014）发布了《中国企业社会责任评价准则》，这是我国首个 CSR 评价准则，制定了法律道德、质量安全、科技创新、诚实守信、消费者权益、股东权益、员工权益、能源环境、和谐社区、责任管理 10 个一级评价标准，63 个二级和三级评价指标，并根据企业履行 CSR 的情况，对各项指标进行打分，最后基于企业在各项指标的总得分进行 CSR 评级，等级由低到高分为 C、B、BB、BBB、A、AA、AAA 7 个等级。

巨潮 CSR 指数采用经济、社会、环保、公益、公司治理等方面的 CSR 指标来考察上市公司的投资价值。其中，经济指标包括公司在为股东创造净利润、公司年内为国家创造的税收、向员工支付的工资、向银行等债权人支付的借款利息等；社会指标包括公司在劳动者权益保护、诚信经营、产品质量与服务等方面的表现；环境指标包括公司在节约能源、资源利用、环境保护等方面的表现；公司治理指标包括公司在股东权利、权力制衡、约束与激励机制、信息披露等方面的表现；综合指标包括公司开展的和谐社区建设以及公益事业中的贡献。

我国商务部《WTO 经济导刊》杂志社为促进中国 CSR 发展，持续开展

---

① 陈佳贵，黄群慧，彭华岗，等. 中国企业社会责任研究报告（2009）［M］. 北京：社会科学文献出版社，2009.

自愿性、非营利性的 CSR 评价活动，于 2007 年开始发布"金蜜蜂企业社会责任中国榜"。该评价以调查评估问卷为主要信息来源，反映了企业所需承担的法律责任、经济责任、道德责任和慈善责任。问卷分为 CSR 战略与治理、企业与利益相关者的关系、信息披露、责任竞争力案例四个部分；其中，CSR 战略与治理部分主要关注企业战略、治理和绩效管理；企业与利益相关者的关系部分主要通过考察企业与股东、员工、客户、供应商、环境、政府、社区、同行和社会组织之间的关系，反映企业与利益相关方之间的法律责任、经济责任、道德责任和慈善责任；信息披露部分主要关注企业社会责任报告的发布情况，即除财务报告以外，是否编制了含有企业社会责任内容的其他报告，以及利益相关方是否可以便捷地获取报告；责任竞争力案例部分包括企业简介、需要解决的问题、解决方案、成效和展望等。

（二）基于利益相关者理论构建企业社会责任评价指标

米汉等（Meehan et al.，2006）发现企业从事 CSR 有限的主要原因是社会上的商业学者通常将 CSR 描述为与利润动机背道而驰，或至少是追求利润的附属品；认为 CSR 同样可以被定义为一种具有竞争力的资源，并且能够适应许多领先组织中根深蒂固的战略开发，构建了一个包括道德及社会责任承诺、与价值网络中的利益相关者建立联系并保持行为的一致性、从社会资源到竞争战略三个维度的"3CSR"评价模型[1]。陈永清（2009）基于利益相关者理论构建了一个两级 CSR 评价指标体系。其中，一级指标包括股东责任、员工责任、消费者责任、自然环境责任、社区责任和商业伙伴责任[2]。骆南峰和周祖城（2009）以利益相关者理论为指导构建了一个三级 CSR 评价指标体系[3]。其中，一级指标包括投资者责任、员工责任、顾客责任、供应商责任、政府责任、竞争者责任、社区责任和环境责任。谭杰和杨立社（2010）以利益相关者理论为基础，从股东、员工、消费者、供应商、

① Meehan W J，Badreshia S，Mackley C L. Successful Treatment of Delusions of Parasitosis With Olanzapine [J]. Digest of World Core Medical Journal，2006，142（3）：352 – 355.

② 陈永清. 公司声誉资本的建立与维护 [J]. 企业经济，2009（12）：77 – 79.

③ 骆南峰，周祖城. 企业社会业绩评价体系研究 [J]. 统计与决策，2009（22）：36 – 39.

竞争者、社区、政府、环境保护八个维度构建了一个 CRS 评价量表①。赵杨和孔祥纬（2010）基于利益相关者理论设计了一个"三位一体"的 CSR 评价指标体系②。其中，对投资者的责任包括收益性、安全性、成长性、信息披露等一级指标；对雇员的责任包括劳动报酬权、雇佣与提拔公平权、劳动保障权、休息休假权、安全及健康权、发展权、谈判权、隐私权等一级指标；对消费者的责任包括安全及质量保障权、知情权、自由选择权、求偿权、售前售后服务等一级指标；对债权人的责任包括偿债能力、付息能力、合作伙伴、竞争对手等一级指标；对政府的责任包括纳税、遵守法律法规、反腐败、响应政府政策等一级指标；对公众与社区的责任包括慈善性捐赠、公益事业、促进就业、社区建设等一级指标；对环境方面的责任包括环境管理、降污减排、能源节约等一级指标。

张坤和章辉美（2013）基于利益相关者理论构建了一个 CSR 指标体系，其准则层包括对股东的责任、对员工的责任、对顾客的责任、对供应商的责任、对政府的责任、环境保护责任和慈善责任③。徐泓和董雪雁（2013）依据利益相关者理论设计的 CSR 绩效评价指标体系④，包括对股东承担责任、对债权人承担责任、对员工承担责任、对政府承担责任、对公益事业承担责任和对自然环境承担责任等。王丹和朱波强（2014）基于利益相关者理论构建的 CSR 评价指标体系包括对股东的责任、对债权人的责任、对员工的责任、对客户的责任、对供应商的责任、对政府的责任、对环境的责任等⑤。李云宏等（2014）基于利益相关者理论，从财务学视角构建了一个

① 谭杰，杨立社．基于利益相关者理论的企业社会责任评价量表的构建与检验 [J]. 现代物业（中旬刊），2010，9（10）：16－19.

② 赵杨，孔祥纬．我国企业社会责任履行绩效评价体系构建研究——基于利益相关者理论及分项评价模式 [J]. 北京工商大学学报（社会科学版），2010，25（6）：48－55.

③ 张坤，章辉美．基于熵权基点理论的企业社会责任评价实证研究 [J]. 系统工程，2013（8）：118－122.

④ 徐泓，董雪雁．企业社会责任绩效评价指标研究 [J]. 甘肃社会科学，2013（3）：187－190.

⑤ 王丹，朱波强．基于熵值法的我国企业社会责任评价研究——以矿产资源型企业为例 [J]. 会计之友，2014（30）：8－12.

CSR 评价指标体系，该指标体系包括股东责任、债权人责任、员工责任、消费者责任、社区责任、政府责任、资源环境责任 7 个一级指标①。

（三）基于“金字塔”CSR 理论构建企业社会责任评价指标

徐光华（2007）以“金字塔”CSR 理论为基础构造了一个时钟模型，该模型包括经营绩效、财务绩效、社会绩效三个方面②。其中，经营绩效由领导与战略、员工及创新、组织与流程和顾客与市场四个方面组成，是整个企业战略绩效评价体系的首要环节，也是 CSR 绩效的最根本驱动因素；财务绩效由偿债能力、营运能力、盈利能力和发展能力四个方面组成，它是整个企业战略绩效评价体系的中间环节，对 CSR 绩效将产生完全不同于经营绩效的外在驱动力；社会绩效由劳动就业、商业道德、环境保护和社会公益四个方面组成，是整个企业战略绩效评价体系的最终环节，直接影响下一经营周期的经营绩效。徐泓和朱秀霞（2011）根据“金字塔”CSR 理论构建了由经济责任、法律责任、伦理责任和慈善责任四个维度构成的 CSR 评价指标体系③。周兰和肖琼宇（2012）构建了包括 4 个定性指标和 23 个定量指标的评价指标体系④。其中，定性指标从社会责任管理、社会责任认知、企业战略、企业声誉四方面来强调宏观性；定量指标设置了员工权益保护、环境与资源、股东及债权人、社会公益、客户及消费者、政府、供应链及商业伙伴八项一级指标。

（四）基于理论整合视角构建企业社会责任评价指标

特雷霍等（Trejo et al.，2009）针对企业往往采取对抗性或掠夺性的方式来处理供应商关系的现状，整合激励理论、利益相关者理论、伦理管理、“金字塔”CSR 理论，吸收了全面质量管理（TQM）和供应链管理（SCM）

---

① 李云宏，逄淑丽，王莹，等. 钢铁企业社会责任评价指标的测定分析 [J]. 会计之友，2014（3）：56 - 60.

② 徐光华. 企业社会责任的战略绩效评价体系研究 [J]. 现代经济探讨，2007（5）：71 - 74.

③ 徐泓，朱秀霞. 低碳经济视角下企业社会责任评价指标分析 [J]. 中国软科学，2012（1）：153 - 159.

④ 周兰，肖琼宇. 基于信息披露视角的企业社会责任评价体系设计 [J]. 北京工商大学学报（社会科学版），2012（3）：10 - 16.

中一些主要思想，构建了一个包括信誉管理、伦理管理、激励管理和供应商成员管理四个维度的供应链 CSR 管理与评价框架①。李立清（2006）设计了一套涵盖社会责任标准（SA 8000）主要内容的 CSR 指标体系②。该指标体系包括 5 个一级指标、13 个二级指标和 38 个三级指标。其中一级指标包括劳工权益、人权保障、社会责任管理、商业道德、社会公益行为。黄群慧等（2009）结合"三重底线"CSR 理论和利益相关者理论构建了中国 100强 CSR 指标体系③。该体系由三个层级构成，各行业的一级指标和二级指标均相同，但三级指标因行业特性而有所区别。一级指标包括责任管理、市场责任、社会责任和环境责任四大项，并且根据各行业履行 CSR 的内容和重点，客户责任、员工责任和整个环境责任板块下的三级指标在各行业之间有所差别。周祖城、王旭（2010）认为 CSR 评价体系应由理念层面评价、行为层面评价、结果层面评价、战略性评价四部分组成，并据此设计了一个通用性 CSR 评价指标体系④。王竹泉和王风华（2011）结合"金字塔"CSR理论和利益相关者理论构建了一个纵横轴二维 CSR 评价指标体系⑤。曾平等（2012）结合"金字塔"CSR 理论与平衡计分卡理论构建了一个 CSR 绩效评价体系，包括财务、顾客、内部控制流程、学习成长四个维度（一级指标)⑥。董淑兰和严秀丽（2013）以 2012 年中国 500 强企业为样本，基于"金字塔"CSR 理论和利益相关者理论，从七个方面构建了一个 CSR 指标体系，该体系将 CSR 划分为基本社会责任、中级社会责任和高级社会责任三

---

① Trejo F, Ancheyta J, Rana M S. Structural Characterization of Asphaltenes Obtained from Hydro-processed Crude Oils by SEM and TEM [J]. Energy & Fuels, 2009, 23 (1): 429–439.

② 李立清. 企业社会责任评价理论与实证研究：以湖南省为例 [J]. 南方经济, 2006 (1): 105–118.

③ 佚名. 中国 100 强企业社会责任发展状况评价 [J]. 中国工业经济, 2009 (10): 23–35.

④ 周祖城, 王旭. 企业社会业绩内部评价体系研究 [J]. 管理学报, 2010, 7 (3): 338.

⑤ 王竹泉, 王风华. 利益相关者视角下的企业社会责任绩效模糊综合评价 [J]. 公司治理评论, 2011 (2): 152–163.

⑥ 曾平, 许岩, 曾繁荣. 平衡计分卡下企业社会责任绩效评价体系构建 [J]. 财会通讯, 2012 (5): 48–49.

个层次①。苏蕊芯和仲伟周（2014）构建了一个综合性的 CSR 评价指标体系，该指标体系包括 CSR 动机、CSR 特征、CSR 与利益相关者的关系三项一级指标②。

（五）基于两型社会发展背景构建企业社会责任评价指标

李正辉和李春艳（2009）基于"金字塔"CSR 理论构建了一个两型社会视角下的中国工业企业 CSR 评价指标体系，其中包括经济责任、法律责任、生态责任、道德责任四个维度③。阳秋林和代金云（2012）遵循代表性、可测性、获得性、可靠性和系统性原则，在充分考虑我国两型社会特色的基础上，设计了一个适合评价我国 CSR 的指标体系④。其中，一级指标包括责任管理、社会责任、环境责任、资源责任和市场责任五项。张立军等（2012）从目标层、准则层和指标层三个层次设计了一个 CSR 指标体系，其中，目标层为低碳经济背景下的企业社会责任指标，准则层包括资源利用、环境保护、基础设施、社区贡献四个方面⑤。买生等（2012）构建了一个包含科学发展的 CSR 评价体系，其准则层包括社会责任、市场责任、环境责任、科学发展四个维度⑥。齐丽云和魏婷婷（2013）将社会期望主题分解为若干议题，再进一步分解为表征相应议题的利益相关者利益和社会预期要素⑦。其中一级指标包括责任治理、经济发展、人权、劳动实践、环境、公平运营、消费者问题和社区发展八项。

---

① 董淑兰，严秀丽. 国有企业与民营企业社会责任评价比较——来自中国 500 强企业的经验数据 [J]. 财会月刊，2013（24）：22 - 24.

② 苏蕊芯，仲伟周. 中国企业社会责任测量维度识别与评价——基于因子分析法 [J]. 华东经济管理，2014（3）：109 - 113.

③ 李正辉，李春艳. 两型社会视角下工业企业社会责任的评价模型研究 [J]. 统计与信息论坛，2010，25（6）：32 - 38.

④ 阳秋林，代金云. "两型社会"背景下的企业社会责任评价指标体系及其运用研究——以湖南企业为例 [J]. 湖南社会科学，2012（3）：114 - 117.

⑤ 张立军，陈跃，袁能文. 基于信度分析的加权组合评价模型研究 [J]. 管理评论，2012，24（5）：170 - 176.

⑥ 买生，汪克夷，匡海波. 一体化企业社会责任管理体系框架研究 [J]. 科研管理，2012，33（7）：153 - 160.

⑦ 齐丽云，魏婷婷. 企业社会责任战略模式演进的案例研究——以中远集团为例 [J]. 管理案例研究与评论，2013，6（4）：296 - 310.

（六）食品行业企业社会责任指标体系构建

齐文浩和刘禹君（2012）结合"金字塔"CSR 理论和利益相关者理论，从经济责任、法规责任、食品安全责任、环境责任和公益慈善责任五个维度构建了一个食品企业 CSR 评价指标体系[①]。王怀明、姜涛（2013）基于利益相关者理论，采用内容分析法设计了一个食品企业 CSR 评价指标体系，该指标体系分为目标层、准则层、实施层三个层次，其中目标层包括股东和债权人的社会责任、对消费者的社会责任、对员工的社会责任、对供应商及经销商的社会责任、对环境的社会责任和对社区的社会责任[②]。赵越春（2013）基于利益相关者理论构建了一个食品企业 CSR 评价指标体系，包括对股东的责任、对债权人的责任、对消费者的责任、对员工的责任、对供应商的责任、对社区的责任等指标评价[③]。李年琴和姜启军（2014）结合利益相关者理论与"金字塔"理论对食品供应链上核心企业的 CSR 进行了评价，其一级评价指标为经济责任、员工责任、产品责任、消费者责任、供应链责任、环境责任和自愿责任[④]。董淑兰和王思盈（2014）针对食品行业的特殊性，结合"三重底线"CSR 理论和利益相关者理论构建了一个食品企业CSR 评价指标体系，该体系包括食品安全责任、供应商责任、经济责任、公共责任、社区公益责任和环境责任六项[⑤]。

（七）煤炭行业企业社会责任指标体系构建

侯晓红和岳文（2008）针对煤炭企业发展中面临的重大社会责任问题，参考 SA8000 社会责任标准体系设计了一套煤炭企业 CSR 评价指标体系，该指标体系包括对企业管理者和员工的责任、安全责任、对政府的责任、社会

---

① 齐文浩，刘禹君. 食品类企业社会责任评价指标体系构建及其实证检验——以沪深股市中食品类上市公司为分析对象 [J]. 科学与管理，2012（6）：34－43.

② 王怀明，姜涛. 食品企业社会责任分析与评价——基于利益相关者理论 [J]. 南京农业大学学报（社会科学版），2013（4）：104－110.

③ 赵越春. 食品企业社会责任行为表现评价及消费者响应 [D]. 南京：南京农业大学，2013.

④ 李年琴，姜启军. 基于食品供应链的核心企业社会责任评价指标及权重研究 [J]. 中国农学通报，2014，30（3）：302－307.

⑤ 董淑兰，王思盈. 食品企业社会责任评价体系的构建 [J]. 中国农业会计，2014（2）：56－59.

责任管理 4 项一级指标[①]。梁星（2009）结合煤炭产业的特点，基于"金字塔"CSR 理论构建了一个煤炭企业 CSR 综合评价指标体系，该指标体系包括经济责任、法律责任、生态责任、安全生产责任四个维度及其统驭的 10 多个二级指标[②]。李勇（2012）基于利益相关者理论构建了一个煤炭企业 CSR 评价指标体系，其中一级指标为对股东的责任、对员工的责任、对社区的责任、对政府的责任、对债权人的责任、对消费者的责任和对环境的责任[③]。

（八）其他行业企业社会责任指标体系构建

一些学者对我国电力、房地产、建筑、汽车生产、石油、烟草、网络媒体、林业、保险业等行业的企业履行 CSR 现状进行了评价研究。贺正楚和张训（2011）选择了电力供应、经济法规、环保节能和社会和谐 4 个一级指标评价了我国电力企业的 CSR 履行情况[④]。我国房地产企业社会责任评价委员会（2011）对房地产企业履行 CSR 情况进行了评价并发布了排行榜，该指标体系以定量指标为主、定性指标为辅，所涉及的一级指标主要有目标管理、企业运营、员工、消费者、社会贡献、合作企业、公共利益、节能环保、社会评价和特别评价。庞永师和王莹（2012）依据利益相关者理论构建了一个建筑企业 CSR 评价指标体系，该指标体系涵盖了投资者责任、客户责任、员工责任、合作伙伴责任、政府责任、社区责任、环境责任 7 个一级指标[⑤]。尤嘉勋等（2013）构建了一个包括企业经营、产品质量、安全生产、技术创新、利益相关者和环境责任观等一级指标的汽车生产企业 CSR

① 侯晓红，岳文. 我国煤炭企业社会责任绩效评价体系设计［J］. 煤炭经济研究，2008（6）：22 – 25.

② 梁星. 基于模糊 AHP 的煤炭企业社会责任综合评价［J］. 会计之友，2009（33）：95 – 97.

③ 李勇. 煤炭企业社会责任评价研究［J］. 煤炭经济研究，2012，32（3）：39 – 41.

④ 贺正楚，张训. 电力企业社会责任评价体系及实例分析［J］. 财经理论与实践，2011，32（4）：119 – 123.

⑤ 庞永师，王莹. 基于粗糙集的建筑企业社会责任评价指标权重确定［J］. 工程管理学报，2012，26（3）：109 – 113.

评价指标体系①。杨嵘和沈幸（2011）将石油企业的利益相关者分为主要社会性利益相关者、主要非社会性利益相关者、次要社会性利益相关者和次要非社会性利益相关者四类②。廖建军（2014）构建了一个烟草行业的 CSR 评价指标体系，该指标体系将 CSR 分解为内部责任、外部责任和公共责任三个部分，其中：内部责任部分涵盖了股东责任、烟草企业员工责任 2 个一级指标；外部责任包括消费者责任、供应商责任和法律责任 3 个一级指标；公共责任包括社区责任、环境责任和慈善责任 3 个一级指标③。田虹和姜雨峰（2014）从与网络媒体企业关系最为密切的利益相关者视角出发构建了一个 CSR 评价指标体系④。其中，对政府的责任以法律履行、国家使命和社会贡献等指标度量；对消费者的责任以信息内容、媒体设计、信息可用性及可获得性、信息安全和信息交互方式等指标度量；对社区及社会的责任以社区建设、社会进步、价值引导、文化传承与教化和舆论监督等指标度量；对投资者的责任以成长性、收益性、安全性、公司治理和信息披露等指标度量；对员工的责任以基本权利、合同与薪酬福利、员工成长和安全健康等指标度量。刘雯雯等（2013）基于利益相关者理论提炼了一个林业企业 CSR 评价指标体系，该指体系包括对股东和债权人的责任、对员工的责任、对消费者及客户的责任、对社区的责任等一级指标⑤。尹佳云（2014）依据利益相关者理论，对我国保险企业的 CSR 从股东、被保险人、员工、客户、竞争者、政府、社会、环境和全体利益相关者九个维度构建了指标进行评

---

① 尤嘉勋，么丽欣，白辰. 基于熵权 TOPSIS 法的中国汽车企业社会责任评价研究 [J]. 汽车工业研究，2013（7）：21 - 25.

② 杨嵘，沈幸. 利益相关者视角的石油企业社会责任评价指标选择 [J]. 商业会计，2011（3）：33 - 35.

③ 廖建军. 垄断行业企业社会责任评价体系研究——以烟草行业为例 [J]. 产经评论，2014，5（3）：82 - 94.

④ 田虹，姜雨峰. 网络媒体企业社会责任评价研究 [J]. 吉林大学社会科学学报，2014（1）：150 - 158.

⑤ 刘雯雯，赵远，管乐. 中国林业企业社会责任评价实证研究——基于利益相关者视角 [J]. 林业经济，2013（8）：60 - 64，79.

价①。朱永明和许锦锦（2013）基于国有大中型企业 CSR 的内涵和特性，构建了包括九个维度的 CSR 评价指标体系，这九个维度为市场责任、经济责任、公益责任、环境保护责任、文化责任、法律责任、质量保障责任、劳工权益责任和创新责任②。陈旭东、余逊达（2007）在对浙江省民营企业的 CSR 进行抽样调查的基础上，采用因子分析法构建了一个 CSR 评价指标体系，该指标体系包括特殊群体责任、社区责任、公益责任、消费者责任、诚信责任、环境责任、员工责任、经济责任和投资者责任③。

第三节　食品安全治理的研究进展

食品安全是食品企业社会责任的首要维度，是狭义的食品企业社会责任。食品安全已经成为一个国际性难题，其原因错综复杂，既有自然力因素，也有人为因素，前者囿于当今人类的科技力量，但后者可通过食品安全治理得以规避。因此，食品安全治理成为当今经济学、管理学、法学、农学、食品工程学等领域的学者研究的热点，目前国外学者对食品安全治理研究取得了一些新进展，本书从有关食品安全治理的环境、模式、机制、工具四个维度进行概要综述。

一、食品安全治理的制度环境研究

大量食品具有经验品和信用品特征，导致食品市场信息严重不对称而产生食品安全问题。为解决食品市场的信息不对称，不少学者开始关注食品安全的制度环境议题。内维斯等（Neves et al.，2007）运用比较法律框架理论分析了英美两国食品安全治理框架不同的原因，发现英国主要依靠议会立

---

① 尹佳云. 我国保险公司社会责任表现与财务绩效关系的实证研究 [D]. 成都：电子科技大学，2014.

② 朱永明，许锦锦. 国有大中型企业社会责任评价体系研究——以中国银行为例 [J]. 工业技术经济，2013（2）：27 – 32.

③ 陈旭东，余逊达. 民营企业社会责任意识的现状与评价 [J]. 浙江大学学报（人文社会科学版），2007，37（2）：69 – 78.

法治理食品安全，法院执法处于次要地位，这一议会主权制度环境决定了英国采用立法导向的食品安全治理框架；美国宪法遵循"人民主权"原则，其食品安全治理的重心在于切实保护消费者和企业的合法利益，这一宪法至上的制度环境决定美国采用了执法导向的食品安全治理框架。由此表明，处于不同制度环境的国家照搬他国的食品安全治理模式与机制将会遭致低效甚至无效①。阿林等（Alin et al.，2012）认为，食品安全是食品供应链中各成员协同努力的结果，是各成员就食品生产、加工、销售等形成的委托代理矛盾，虽然目前流行的运用代理理论研究食品安全的供应链治理十分重要，但由于食品供应链内嵌于广泛复杂的制度环境中，有效的食品安全治理模式与机制应当首先基于其所处的法律环境、经济环境和文化环境等制度环境进行现实性和系统化的构建②。

二、食品安全治理模式研究

（一）共同治理模式

汉森等（Henson et al.，2001）最早提出共同治理模式，认为通过公私部门协作能够提高食品安全治理的效率。该模式被英国、美国和加拿大等国采用。玛丽安等（Marian et al.，2007）考虑到食品安全公共管理部门存在资源短缺和职能部门间竞争，认为只有实施公私部门紧密合作的共同治理模式，才能降低食品安全治理成本，提高治理绩效。他们比较英美两国实施的共同治理模式后发现两国的行政法规存在显著差异，影响着共同治理模式的不同实施路径，表明在跨国层面推行共同治理模式尚存巨大障碍③。伊洛蒂等（Elodie et al.，2012）④ 构建了一个食品安全共同治理概念框架，并以法

---

① Nesvetailova A. Conclusion [J]. Fragile Finance, 2007: 147–155.

② Alin A, Ali M M. Improved Straight Forward Implementation of a Statistically Inspired Modification of the Partial Least Squares Algorithm [J]. Pakistan Journal of Statistics, 2012, 28 (2): 217–229.

③ Henson R K. Understanding Internal Consistency Reliability Estimates: A Conceptual Primer on Coefficient Alpha [J]. Measurement & Evaluation in Counseling & Development, 2001, 34 (3): 177–189.

④ Elodie, Abib, Steffen, et al. AFC (AREVA Fatigue Concept) – An Integrated and Multi–disciplinary Approach to the Fatigue Assessment of NPP Components[J]. 能源与动力工程：英文版, 2012, 6 (5): 695–702.

国进口食品中农药残留量限制规定的执行效果为案例研究发现，在政府保障激励和信息畅通的前提下，共同治理模式逐步实现了从传统的惩罚导向向现代的预防导向转变。

（二）综合治理模式

综合治理模式最早由卡普拉等（Kapla et al.，2000）提出，该模式强调食品安全治理是一项对个人和社区的文化、卫生、心理等进行综合治理的系统工程①。一些学者发展了综合治理模式，劳瑞等（Loring et al.，2009）强调应当根据地域性特征将公众健康、社会文化、生态环境、消费者心理特征及生物医学技术等结合起来解决食品安全治理问题②。目前，美国的一些社区等基层食品治理单位开始采用综合治理模式。劳瑞等（2009）对美国阿拉斯加州的调研发现，综合治理模式成功实施的关键是识别食品安全的综合影响因素和分地域性特征③。玛丽安等（2009）在总结12篇经典文献的基础上，认为欧洲应当实施一个广泛集科学、预防和公众参与的食品安全综合治理模式④。米卡埃尔等（Mikael et al.，2010）认为欧洲目前的食品安全治理模式缺乏充分的民主性和有效性，应当建立整合合法性、公共责任和信任的全过程民主综合治理模式，其中，公众以何种方式参与以及参与的有效性是保障该模式实施的关键⑤。

（三）其他治理模式

拉蒂娜（Ladina，2006）分析了欧盟当今采用的"个人—公共部门—国家—超国家（欧盟）"这一多层级治理模式与欧盟统一市场相矛盾的缺陷，

---

①　Kapla M S, Sahu G K, Goyal J K. Response Monitoring of a Concrete Bridge during Rehabilitation [J]. Iabse Congress Report, 2000, 16（9）：192 – 199.

②　Loring P A, Gerlach S C. Food, Culture, and Human Health in Alaska：An Integrative Health Approach to Food Security [J]. Environmental Science & Policy, 2009, 12（4）：466 – 478.

③　Loring B J, Curtis E T. Routine Vaccination Coverage of 11 Year Olds, by Ethnicity, Through School-based Vaccination in South Auckland [J]. N Z Med J, 2009, 122（1291）：14 – 21.

④　Marion, Rosa M, Strati, et al. Telomeres Acquire Embryonic Stem Cell Characteristics in Induced Pluripotent Stem Cells [J]. Cell Stem Cell, 2009, 4（2）：141 – 154.

⑤　Mikaelsson, Allan M. Foetal Programming of Brain Function and Behaviour：A Behavioural and Molecular Characterisation of a Murine Placental Imprinted Gene Deletion Model [J]. Cardiff University, 2010.

由此，他们提出一种集中化管制代理治理模式，即由欧盟而非成员国集中统一地直接治理欧盟的食品安全问题，并以 HACCP 认证的执行效果为案例研究发现该模式在降低欧盟食品产业的不确定性、促进食品安全治理的优化创新、改善消费者信任等方面优于多层级治理模式①。安塞尔等（Ansell et al.，2006）认为，欧盟实施的多层级与多主体治理模式是一种争议治理模式，表现在该模式未考虑欧盟成员国在文化参数、法制环境和宗教信仰等方面的差异，以及成员国间互信的缺失和治理机构间的利益冲突等；因此，欧盟今后应当以影响消费者信任的文化和制度两大关键变量为核心，采用"文化—制度"治理模式，即以欧洲的不同饮食文化为基础构建食品安全治理制度及模式②。霍夫曼等（Hoffmann et al.，2009）认为，随着世界经济的一体化发展，建立一个全球化的食品安全协同治理模式十分必要，但应在充分考虑各国主权和文化差异的前提下实施，全球协同治理的关键不仅在于各国政府间的协同治理，更在于国际食品供应链的协同治理③。

三、食品安全治理机制研究

为了控制食品安全风险、节省治理成本、促进行业健康发展和保障消费者的知情权，目前各国采用了多种手段治理食品安全，但由于国家间的法律制度和人文环境存在差异，使其治理手段各有侧重，形成了以主要手段为核心的多种治理机制。

（一）消费者治理机制

托德等（Todt et al.，2009）以转基因食品为议题，通过调研发现西班牙消费者普遍感知自身的消费权益过度受到食品产业的影响，消费者强烈诉

---

① Urs Markus Nater, Roberto La Marca, Ladina Florin, et al. Stress-induced Changes in Human Salivary Alpha-amylase Activity – Associations with Adrenergic Activity [J]. Psychoneuroendocrinology，2006，31（1）：49 – 58.

② Ansell S M, Armitage J O. Management of Hodgkin Lymphoma [J]. Mayo Clinic Proceedings，2006，81（3）：419 – 426.

③ Hoffmann, Engers. TIAM1（T – cell Lymphoma Invasion and Metastasis 1）[J]. Atlas of Genetics & Cytogenetics in Oncology & Haematology，2011（7）.

求根据科技知识和自身偏好进行食品消费决策，并要求政府提供畅通的信息渠道、企业贴示转基因标签等方式保障其知情权①。然而，齐法等（Dzifa et al.，2011）基于英国食品生产企业的案例研究发现，大部分企业虽已实施食品安全管理系统以预防食品安全风险，但企业宣称食品安全的法律法规和标准认证过分地偏向消费者，而未对食品供应链中全部利益相关者所受影响进行充分的评价，由此导致食品产业发生了本可避免的巨额成本②。米基（Michie，2009）以禽流感事件为议题对荷兰消费者进行了深度访谈和探测性研究，发现消费者的偏好存在诸多差异，对食品安全的认知具有实质区别，表明多重消费者理性客观存在，因此，政府实施差异化的食品安全治理机制将优于现行的通用型机制③。科佩等（Cope et al.，2010）基于欧洲频发的食品安全事件引致消费者信心受挫的现实，提议食品风险治理机制应以透明和负责任的方式加强与利益相关者的沟通，并通过实证研究发现食品安全风险沟通机制的成效受到消费者的风险认知和食品安全信息需求的影响，主要包括消费者的个体偏好、信息需求差异、所处社会历史文化环境，以及信息的可鉴定性、预防性、一致性等因素④。因此，今后采用国家或地区范围战略开展食品安全风险沟通比当前采用的泛欧洲战略更有效。冈萨雷斯（Gonzalez，2010）认为，在坚持科学性、意识形态差异性和道德伦理观三个基本原则的前提下，以保障消费者的基本人权、健康与营养安全权益为宗旨的全球化食品安全治理机制才有可能逐步实施⑤。

①　Todt U，Netzer C，Toliat M，et al. New Genetic Evidence for Involvement of the Dopamine System in Migraine with Aura ［J］. Human Genetics，2009，125（3）：265.

②　Dzifa，Afonu. Hip-hop as Community Psychology？：A Participatory Research Project with Adolescent Co-researchers ［D］. University of London，2015.

③　Michie S，Fixsen D，Grimshaw J M，et al. Specifying and Reporting Complex Behaviour Change Interventions：The need for a Scientific Method ［J］. Implementation Science，2009，4（1）：1－6.

④　Cope R B，Fabacher D L，Lieske C，et al. Resistance of a Lizard（the Green Anole，Anolis Carolinensis；Polychridae）to Ultraviolet Radiation-induced Immunosuppression ［J］. Photochemistry & Photobiology，2010，74（1）：46－54.

⑤　Gonzalezmoreno O，Lecanda J，Green J E，et al. VEGF Elicits Epithelial-mesenchymal Transition（EMT）in Prostate Intraepithelial Neoplasia（PIN）－Like Cells Via an Autocrine Loop ［J］. Experimental Cell Research，2010，316（4）：554－567.

（二）媒体与网络治理机制

迪拉韦等（Dillaway et al.，2011）采取实验方法研究了美国消费者对媒体报道鸡胸食品安全事件的反应，发现媒体报道正面或负面的食品安全信息均显著影响消费者的支付意愿，其中，名牌食品受到的影响更大，消费者对负面事件的记忆具有快速性和长期性①。多纳尔等（Donal et al.，2011）基于网络治理机制倍受欧盟推崇的情境，以 2008 年爱尔兰发生的二噁英污染猪肉事件为案例，研究发现当时欧盟的食品安全网络治理机制是失败的，原因在于它未能解决网络治理的灵活性与稳定性、广泛性与效率性、内部合法性与外部合法性三对主要矛盾②。其中，前者表现为事发后对事件信息的动态更新不及时和报道口径不一致，中者表现为治理机构未能与广大消费者进行广泛深入的直白式沟通，后者表现为未能充分考虑到爱尔兰消费者和其他欧盟成员国消费者的法律认知、伦理意识、宗教信仰等方面的差异。因此，今后有效实施网络治理的关键是科学平衡这三对矛盾，并增强信息的透明度。科拉多等（Corrado et al.，2012）采用欧洲食品安全局（EFSA）的食品安全评价标准对 EFSA 建立的"公共咨询网"以期实现"直接民主式网络治理机制"的效果进行评价表明，网络治理机制确有一些优势，但因网民的食品安全科技知识不足，限制了网民参与食品安全治理的实际水平③。

（三）协同治理机制

克努森（Knudsen，2010）认为，风险治理应当被整合到食品安全治理框架中去，重点是实现框架制定、风险预期、风险评价、风险管理、风险分析五个步骤的整合，并按照科学、透明、公开、参与式管理的原则由各利益

---

① Dillaway R，Messer K D，Bernard J C，et al. Do Consumer Responses to Media Food Safety Information Last？［J］. Applied Economic Perspectives & Policy，2011，33（3）：363－383.

② Donal E，Coquerel N，Bodi S，et al. Importance of Ventricular Longitudinal Function in Chronic Heart Failure［J］. European Journal of Echocardiography the Journal of the Working Group on Echocardiography of the European Society of Cardiology，2011，12（8）：619－627.

③ Corrado L，Fingleton B. Where is the Economics in Spatial Econometrics？［J］. Sire Discussion Papers，2012，52（2）：210－239.

相关方进行协同治理①。秦（Qin，2010）基于中国的食品安全现状，采用博弈模型分析发现食品安全治理绩效的提高依赖于政府、市场与第三方的协同治理②。爱德华等（Edward et al.，2010）通过深度访谈发现，中国水产养殖业的食品安全标准存在双边机制：一边是生产符合进口国标准的水产品以占领国外市场；另一边是生产较低安全标准的水产品投向国内市场③。他们认为其根本原因不是企业对国内消费者的歧视，而是中国实施的多部门监管模式导致监管部门间的协作机制弱化，所以中国需要创新实施以监管部门间协作为重点的协同治理机制。卢宁等（Luning et al.，2015）根据欧洲动物食品生产企业的典型语境特征，以100家欧洲公司为案例深入检验了食品安全管理系统（FSMS）的性能，发现公司倾向于首先投入到控制活动，而验证等保证活动的投入需要对FSMS的投入结构进行优化以实现系统的协同性能④。陈等（Chen et al.，2015）考察了第三方认证机构在新西兰食品和饮料行业执行非监管食品安全管理计划（FSMS）中的动机、挑战和影响，以及其在其中扮演的角色⑤。结果表明应当协同改进产品可追溯性、提高员工的食品安全意识、对维护客户的能力的满意度、降低浪费成本、减少客户投诉等行动。基列齐耶娃等（Kirezieva et al.，2016）通过对比利时和荷兰的复杂供应链质量和安全管理问题的研究，发现合作社在食品供应链中发挥着管理质量和安全的双重协同作用⑥。

---

① Knudsen M T, Qiao Y H, Yan L, et al. Environmental Assessment of Organic Soybean（Glycine max.）Imported from China to Denmark：A Case Study［J］. Journal of Cleaner Production，2010，18（14）：1431 – 1439.

② Qin B，Zhu G，Gao G，et al. A drinking Water Crisis in Lake Taihu，China：Linkage to Climatic Variability and Lake Management［J］. Environmental Management，2010，45（1）：105 – 112.

③ Edwards L，Jeffreys E. Celebrity in China［M］. Celebrity in China. 2010.

④ Luning P A，Kirezieva K，Hagelaar G，et al. Performance Assessment of Food Safety Management Systems in Animal-based Food Companies in View of Their Context Characteristics：A European Study［J］. Food Control，2015，49（Sp. Iss. SI）：11 – 22.

⑤ Chen，ChiChungShih，JouChenChang，et al. Trade Liberalization and Food Security：A Case Study of Taiwan using Global Food Security Index（GFSI）［C］. Aaea & Waea Joint Meeting，2015.

⑥ Kirezieva K，Bijman J，Jacxsens L，et al. The Role of Cooperatives in Food Safety Management of Fresh Produce Chains：Case Studies in Four Strawberry Cooperatives［J］. Food Control，2016（62）：299 – 308.

（四）跨国治理机制

亚历克西娅等（Alexia et al.，2007）认为食品法典委员会（CAC）实施的食品安全跨国治理机制需要进行三方面的拓展和完善：一是 CAC 标准的制定应当考虑各国的政治体制对跨国合作监管的影响；二是完善国际诉讼制度，保障私人部门在食品安全风险治理中的合法权益；三是 CAC 应当保持自身的公正性与独立性①。维埃拉（Vieira，2008）对由巴西牛肉出口商和欧盟进口商组成的跨国供应链进行探测性案例研究发现，出口商参与跨国食品供应链治理产生了一种倒逼效应，促使供应链上游的生产商加强技术升级和技术交易，催生了全球食品供应链上不同主体间达成更高程度的互信②。陈等（Chan et al.，2009）针对我国香港特别行政区设计了一个由预防、紧急处理、重构再造三阶段构成的食品安全危机预防机制，认为该机制有助于实现地区内外卫生部门与政府的跨界联络及经济与政治议题的平衡，并顾及公众文化、食品安全教育和道德伦理等因素对食品安全治理的影响，从而有利于保障消费者健康，恢复消费者信心③。

四、食品安全治理工具研究

（一）HACCP 认证等食品安全治理工具实施的成本、绩效与限制因素

HACCP 认证是国际上公认度最高的食品安全治理工具之一。萨蒂什（Satish，2003）对印度食品加工企业采取问卷调研和因子分析发现，食品的质量和销量是激励企业实施 HACCP 认证的首要因素，企业实施 HACCP 认证的生产准备成本和运行成本主要受所处食品子行业和企业规模的影响，因此，政府提供金融贷款或财政补贴、行业协会开展管理与技术培训、食品企

---

① Alexiadou A. Left Dislocation（including CLLD）[M]. The Blackwell Companion to Syntax. 2007.

② Vieira V. Lepidopteran fauna from the Sal Island，Cape Verde（Insecta：Lepidoptera）[J]. Shilap Revista De Lepidopterologia，2008，36（142）：243－252.

③ Chan T M，Zhang J，Pu J，et al. Neighbor Embedding Based Super-resolution Algorithm Through Edge Detection and Feature Selection [J]. Pattern Recognition Letters，2009，30（5）：494－502.

业开展水平或垂直整合是推广 HACCP 认证的必要措施①。克塞尼娅等（Ksenija et al.，2011）对克罗地亚 150 家食品企业进行田野调查和问卷调研发现，实施食品安全与质量管理规范（HACCP、ISO 22000 或 ISO 9001）后，其中 60% 的企业的收入并未增长，61% 的企业的成本并未降低，统计检验显著地表明食品安全和质量管理规范的实施与企业的收入和成本无关②。德梅特等（Demet et al.，2012）对土耳其 28 家乳品企业进行实地访谈和问卷调研发现，企业实施 HACCP 认证和食品安全计划（FSPS）能够降低法律风险，增加客户信任，但企业管理层对 HACCP 认证和 FSPS 知识的缺乏、高昂的实施成本是阻碍二者推广的主要因素。因此，政府应当提供培训、咨询和财税支持③。艾姆卡等（Imca et al.，2012）对日本东京地区 13 家乳品企业进行深度访谈后发现：实施 HACCP 认证的企业的安全食品产出量更大，风险更低；13 家企业的食品安全技术行动（包括预防措施、干预过程等）得分均高，但质量监测、质量保证等管理行动得分均低；这种重预防轻监测的原因可能是在日本垂直立法背景下形成了"危害基础"和"立法基础"的食品安全管理体系，有别于欧洲的预防与监测并重的"科学或风险基础"的食品安全管理体系④。

（二）企业实施的食品安全标准的影响

一些跨国食品公司采用了比国际标准或部分国家标准更严格的食品安全质量标准，其影响受到部分学者的关注。史蒂夫等（Steve et al.，2005）的研究表明，欧洲零售商领导肯尼亚生鲜农产品供应商采用更严格的企业标准，赢得了"高质量"的声誉，成为一种有效的风险管理工具、市场竞争

---

① Satish B，Bunker M，Seddon P. Management of Thoracic Empyema in Childhood：Does the Pleural Thickening Matter？［J］. Archives of Disease in Childhood，2003，88（10）：918 – 921.

② Ksenija，Dragana P. Detection of Ustilago Nuda（Jensen）Rostrup in Winter Barley Seed［J］. Field & Vegetable Crops Research，2011，48（1）：179 – 182.

③ Demet S，Michael W，Florian W，et al. Correction：Prediction and Analysis of the Modular Structure of Cytochrome P450 Monooxygenases［J］. BMC Structural Biology，2012，12（1）：4.

④ Imca E，Polak J，et al. Adipose Tissue Secretion and Expression of Adipocyte-produced and Stromavascular Fraction-produced Adipokines Vary During Multiple Phases of Weight-reducing Dietary Intervention in Obese Women［J］. Journal of Clinical Endocrinology & Metabolism，2012，97（7）：1176 – 1181.

工具和回应利益相关者诉求的战略管理工具①。然而，达诺等（Sodano et al.，2008）基于社会学的网络理论和信任理论研究发现，企业的食品安全标准存在诸多缺陷，主要是缺乏透明度与民主性、排斥小微型食品企业于全球供应链之外、认证机制缺乏可靠性和对欠发达国家不公正等相关问题，可能导致全球食品供应链由关系型向权力型转化，造成全球性的社会福利损失②。朝尼鲁斯赛等（Chaoniruthisai et al.，2018）收集了泰国217名食品安全和质量经理的数据进行推理统计，通过探索性因子分析，提取出组织与员工能力、财务与预算、人的特性、系统需求这四个构念，发现 ISO 9001 和 HACCP 认证体系下的安全标准更为有效③。

（三）食品安全治理新工具的探索

卢宁等（2009）设计了一套诊断工具，用于评价食品企业实施食品安全管理系统（FSMS）的绩效，其中企业保障 FSMS 有效性的能力是诊断 FSMS 持续改进绩效的首要指标④。马里恩等（Marion et al.，2010）提出将社会责任影响评价（SIA）整合到食品安全治理中去，并建议欧盟基于成员国多元化的政治历史背景采取初步框架构建、关系评估、社会影响评价三个阶段逐步实施整合，其中保障公众参与和风险沟通是成功整合的关键⑤。张（Zhang，2011）根据"三鹿奶粉"事件引发国际社会对中国食品质量安全市场准入系统的忧虑，运用层次分析法和平衡计分卡，根据完整性、可测量性、可行性原则构建了一套由系统成本指数（认证与检验费、监控支出、研发费等）、系统绩效指数（政府满意度、顾客满意度、合格率等）、系统管理内部运行指数

---

① Steve T，Fiona S，et al. Systematic Review and Meta-analysis of the Diagnostic Accuracy of Ultrasonography for Deep Vein Thrombosis [J]. BMC Medical Imaging，2005，5（1）：6.

② Sodano V，Fritz M，Rickert U，et al. Innovation and Food System Sustainability：Public Concerns vs Private Interests [J]. International Journal of Occupation，2008，11（4）：444－445.

③ Chaoniruthisai P，Punnakitikashem P，Rajchamaha K. Challenges and Difficulties in the Implementation of a Food Safety Management System in Thailand：A Survey of BRC Certified Food Productions [J]. Food Control，2018.

④ Luning P A，Marcelis W J，Luning P A，et al. Food Quality Management：Technological and Managerial Principles and Practices [J]. Scitech Book News，2009，34（1）.

⑤ Marion，J. W，Lee，et al. Association of Gastrointestinal Illness and Recreational Water Exposure at an Inland U. S. Beach [J]. Water Research，2010，44（16）：4796－4804.

（用料出错率、网站评价满意度、公告及时性等）和系统发展指数（培训有效性、管理者学位率、科技创新成果率等）① 构成的食品质量安全市场准入系统的有效性评价指数体系。怀特（White，2012）提议在美国食品及药物管理局（FDA）自 2011 年推行食品安全现代化法案的背景下，美国企业需要加强有关危害分析与风险基础预防控制工具的研发和责任保险工具的创新与推广②。目前，国际政府组织（IGO）建议各国食品安全管理当局运用适当保护机制（ALOP）和食品安全目标（FSO）作为增强食品安全信息透明度和可量化性的两种治理工具。格科卡等（Gkogka et al.，2013）根据荷兰熟食店生产的肉制品存在含有李斯特氏菌的风险案例，采用随机效应模型检验发现 ALOP 与 FSO 存在显著的正相关关系，并对二者在企业实践中的结合运用进行了探索③。库苏马尼斯等（Koutsoumanis et al.，2015）发现在食品安全管理体系中，配送、零售和家庭储存是薄弱环节，这些环节超出了制造商的直接控制，他们探索了一种时间温度积分器（TTIs）来解决这一难题④。

第四节　简　评

一、企业社会责任评价研究尚存的不足

在 CSR 评价的理论依据研究方面，现有文献对 CSR 评价理论依据的研究日渐丰富，形成了以利益相关者理论为基础，以"金字塔"CSR 理论和

① Zhang X，Burger M，Osher S. A Unified Primal – Dual Algorithm Framework Based on Bregman Iteration［J］. Journal of Entific Computing，2011，46（1）：20 – 46.

② White，William B，Grady，et al. A cardiovascular Safety Study of LibiGel（testosterone gel）in Postmenopausal Women with Elevated Cardiovascular Risk and Hypoactive Sexual Desire Disorder［J］. American Heart Journal，2012，163（1）：27 – 32.

③ Gkogka，Reij，M. W，et al. The Application of the Appropriate Level of Protection（ALOP）and Food；Safety Objective（FSO）Concepts in Food Safety Management，Using；Listeria Monocytogenes in Deli Meats as a Case Study［J］. Food Control，2013，29（2）：382 – 393.

④ Koutsoumanis K P，Gougouli M. Use of Time Temperature Integrators in Food Safety Management［J］. Trends in Food Science & Technology，2015，43（2）：236 – 244.

"三重底线"CSR 理论为核心的多种理论并存发展、相辅相成的局面。其中，基于对多种理论进行整合的研究更具代表性，如中国社科院企业社会责任研究中心研制发布的我国 100 强 CSR 发展指数等。这些研究成果为 CSR 评价的后续研究奠定了基础。但现有文献所依据的理论大多是从管理学研究领域借鉴过来的经典理论，缺少从经济学、社会学交叉视角的研究，特别缺乏针对不同行业特殊性的行业特质 CSR 理论的借鉴与整合研究，使得最终的评价指标倚重于为单一为企业管理服务目标，构建的一些指标也缺乏代表性和适合性，与某些特殊行业的情况也不相符合，难以对这些特殊行业和企业的 CSR 履行情况做出客观评价。

在 CSR 评价方法研究方面，学者们已经采用丰富的研究方法对 CSR 评价问题进行了大量研究，这些研究方法以定量为主、定性为辅，以主观性较强的层次分析法运用最多，客观性较强的方法由于受数据采集限制运用较少，因此需要加强对定性研究方法和客观性研究方法的运用。一个较好的趋势是，不少学者开始注重多种方法的整合运用，以充分利用不同方法的优点，克服其缺点，但在对各种方法所受的约束条件、整合运用的结合点、数据标准的统一性等方面还有待改进。

在 CSR 评价指标研究方面，现有文献基于多个视角对企业社会责任评价指标进行了丰富的研究。这些成果主要是从两种思路展开的：一种思路是力求获得对所有企业具有普适性的 CSR 评价指标，这类研究成果大多不考虑不同企业所处的行业、地区、规模、文化、制度环境等存在差异性；另一种思路是针对不同行业的特殊性，分行业研究 CSR 的评价问题，形成不同行业特色的 CSR 评价指标体系，这有助于增强评价指标的实用性和特色，但目前这类研究成果数量较少，在研究过程中对具有基础意义的理论和研究方法研究有所忽视，其科学性和实用性尚待提升。

二、食品安全治理研究尚存在的不足

在食品安全治理模式与机制的研究方面，现有文献重点研究了共同治理模式和综合治理模式，但对协同治理模式与机制研究较少。就我国而言，

2009 年实施的《食品安全法》明确了我国食品安全监管采用"多部门分段监管模式"，2010 年我国设立了国务院食品安全委员会，作为国务院食品安全工作的高层次议事协调机构，2013 年新成立的国家食品药品监督管理总局将原来过于分散的监管主体进行了部分合并。可见，目前我国尚处于自上而下的以食品安全监管改革为核心的阶段，代表公众利益的消费者协会、食品行业协会、专家团体等非政府力量共同参与治理的作用还未能得到充分体现，可能会导致监管政策的民主性、科学性与可行性不足。这需要探索采用协同治理模式，让政府、非政府组织和公众团体等利益相关者在风险评价、标准制定、安全监管等各环节、全过程、全方位参与，而非单一片面的政府监管。在食品安全治理环境研究方面，缺少本地化研究，国外学者发现由于消费者所处的经济与社会文化环境、个体偏好、信息需求等存在差异，因此对食品质量、食品安全、食品伦理等问题的理解存在诸多甚至重大差异，即消费者对食品具有多重理性。就我国而言，幅员辽阔、地域经济与文化差异大、多民族文化共存、饮食文化种类丰富，消费者多重理性客观存在，目前对我国多重消费者理性的研究甚少。

第五节　本章小结

第一，本章对 20 世纪 50 年代提出企业社会责任概念以来的四个典型历史研究阶段与研究视角对 CSR 的概念进行较系统的梳理，第二，对学术界对 CSR 进行评价研究应用较多的利益相关者理论、"金字塔" CSR 理论、"三重底线" CSR 理论的产生、拓展与最新研究趋势进行了概述；第三，本章对层次分析法等六类 CSR 评价方法，以及基于利益相关者理论等四种理论和不同行业特征构建的 CSR 评价指标体系进行较为系统、完整的梳理比较；第四，从我国食品安全治理的制度环境、治理模式、治理机制、治理工具等方面对我国食品行业企业履行 CSR 的制度与技术框架进行梳理分析；第五，本章对前面综述进行简评与启示分析，明确了本书对我国食品企业社会责任进行评价及其协同治理机制进行探究的新空间与新任务。

第三章

食品企业社会责任评价研究

第一节　食品企业社会责任评价的理论依据

一、主流企业社会责任理论的优势与不足

如前所述，利益相关者理论、"金字塔"理论和"三重底线"理论是学术界研究企业社会责任问题的主流理论，具有典型性和代表性，明确这三个理论各自的优势与不足，有利于在企业社会责任评价研究中对这三个理论进行取长补短地整合应用。

（一）利益相关者理论面临的优势与不足

弗里曼（1984）首次提出了利益相关者理论，他将利益相关者定义为"受企业决策影响同时其自身行为也对企业施加影响的组织或个人"，利益相关者理论是处理企业与其利益相关者关系的责权利规则，该理论的优势在于企业明确主要的利益相关者并有针对性地实施企业社会责任战略[①]。唐纳森和普雷斯顿（Donaldson and Preston，1995）对早期利益相关者理论的结构进行了拓展，将利益相关者理论分为两大类：一类是以社会科学为基础的理论，包括工具和描述性或实证变量；另一类是以伦理为基础的理论，关注规范问题[②]。琼斯和威克斯（Jones and Wicks，1999）提出了一种新的"利益相关者聚合理论"，其中列出了利益相关者的广泛共识，强调功利导向的利益相关者理论在当前企业社会责任研究中最有解释效力，并将利益相关者理论与公司治理、公司战略等广泛的管理学术领域联系起来[③]。卡拉尔（Kaler，2002）将企业的利益相关者界定为必须是具有特定角色、强或弱、

---

① Freeman J L. Ambulatory Visit Groups：A Framework for Measuring Productivity in Ambulatory Care [J]. Health Services Research，1984，19（4）：415 – 437.

② Donaldson T，Preston L. Dialogue：Reply to Jacobs and Getz [J]. Academy of Management Review，1995（4）：795 – 796.

③ Jones T M，Wicks A C. Letter to AMR Regarding "Convergent Stakeholder Theory" [J]. Academy of Management Review，1999，24（4）：621 – 623.

道德上合法的权利要求的相关主体，以使他们的利益为企业服务①。迄今，学术界基于利益相关者理论明确了 CSR 的责任主体与客体的关系，构建了丰富的企业社会责任评价方法与指标体系，但也认为利益相关者理论存在以下不足：

1. 利益相关者理论有时成为管理层机会主义的借口

有学者认为，利益相关者理论为经理人提供了一个借口，让他们可以为自己的利益行动，从而重现股东财富最大化要求旨在克服的代理问题。有机会主义的管理者声称某种行为有利于某些利益相关者群体，并且通过呼吁那些利益相关者获得支持，因此，一个对所有人负责的企业，实际上对任何人都不负责（Sternberg，2000）②。

2. 利益相关者理论不能为企业提供特定的目标函数

不少学者批评利益相关者理论存在一种"激进的不确定性"，即拒绝将长期所有者价值最大化作为业务的目的，而要求业务是"平衡"所有利益相关者的利益，该理论抛弃了评价业务行动的客观基础（Marcoux，2000），该理论未能具有启发性的行动指导③。本书认为，该类批评不无道理，因为利益相关者理论本身不能为日常管理决策提供可操作性的技术路线，这是由于其理论的过度抽象造成的；同时，由于某个利益相关者可能被企业列入履行企业社会责任的范围，无法预先说出这些利益将是什么，以及如何解释这些利益。因此，该理论是不可能在抽象中指导出具体行动的。

3. 利益相关者理论主要关注财务成果的分配但忽视了决策的参与过程

关于利益相关者理论的争论常常集中在每个群体从组织中得到了多少（通常是财务成果），谁得到多少以及为什么等问题。然而，同样重要的是，允许谁参加有关组织目标和战略的决策问题。至少从弗里曼（1984）开始，

---

① Kaler J. Morality and Strategy in Stakeholder Identification ［J］. Journal of Business Ethics，2002，39（1-2）：91-100.

② Sternberg R J. Making School Reform Work：A "Mineralogical" Theory of School Modifiability. Fastback 467［M］. Phi Delta Kappa International，2000.

③ Marcoux D. Appearance，Cosmetics，and Body Art in Adolescents［J］. Dermatologic Clinics，2000，18（4）：667-673.

程序正义的重要性就得到了承认①。谁能得到组织成果馅饼是一个重要的问题，但谁能对馅饼的烘烤方式有发言权也是一个重要的问题。该理论关注的是谁对决策有贡献，以及谁从决策的结果中获益。但需要改进的是，对利益相关者理论来说，程序与最终分配同样重要。

4. 利益相关者管理意味着所有的利益相关者都必须被平等对待

不少学者认为，利益相关者理论意味着所有利益相关者都必须被平等对待，而不考虑某些人明显比其他人对组织的贡献更大这一事实（Gioia，1999）②。从"平衡"利益相关者利益的讨论中可以推断出平等的处方，并且与一些专家关于组织设计和奖励系统的建议直接冲突。马库斯（Marcoux，2000）是在分析利益相关者理论中的平衡概念时提出这种批评的人之一，他指出随着企业社会责任概念的不断发展，企业管理者在试图平衡各种利益相关者之间的不同利益关系时所面临的困境仍然是一个持续的管理挑战③。

（二）"金字塔"理论的优势与不足

在学术文献中，企业社会责任被认为是企业社会绩效（CSP）这一广义概念的一个关键维度。卡罗（1979）最早提出企业社会绩效模型④，该模型包括社会责任类别、社会反应的哲学和所涉及的社会问题三个主要结论。该模型后来被沃提克和科克伦（1985）及伍德（1991）进行了扩展和修改，但目前的研究主要集中在他的第一维度中所阐述的四类 CSR，即学术界所指的"金字塔"理论⑤⑥。根据卡罗（1979）的研究，企业社会责任的范畴包括经济责任、法律责任、道德责任和自由裁量责任（或慈善责任）

---

① Freeman R B. Longitudinal Analyses of the Effects of Trade Unions [J]. Journal of Labor Economics, 1984, 2 (1): 1–26.

② Gioia D. Lewis Turco Wins the Second John Ciardi Award for Lifetime Achievement in Poetry [J]. Italian Americana, 1999, 17 (1): 94–94.

③ Marcoux C H. Merchant Marine at War [J]. World War Ⅱ, 2000.

④ Carroll A R, Wagner R R. Role of the Membrane (M) Protein in Endogenous Inhibition of in Vitro Transcription by Vesicular Stomatitis Virus [J]. Journal of Virology, 1979, 29 (1): 134–42.

⑤ Wartick S L, Cochran P L. The Evolution of the Corporate Social Performance Model [J]. Academy of Management Review, 1985, 10 (4): 758–769.

⑥ Wood A. North–South Trade and Female Labour in Manufacturing: An Asymmetry [J]. Journal of Development Studies, 1991, 27 (2): 168–189.

四个维度。其中，企业社会责任中的经济责任代表企业的根本社会责任，生产商品和服务并以公允价格出售是企业的义务，这反过来又使企业得以盈利并合法地持续成长；法律责任承认企业遵守法律的义务，企业与任何自然人公民一样，应当遵守法律；道德责任是涉及的行为和活动没有体现在法律上，但仍然需要社会成员对业务的预期表现；自由裁量责任完全是由企业的"自由裁量权"决定的，因为没有任何法律或惯例来强制企业的慈善等活动。"金字塔"理论首次从企业履行社会责任的内容视角进行了清晰的分类，对指导企业社会责任评价研究起到奠基作用，但也面临着以下问题：

1. 四个维度的重要性排序问题

"金字塔"理论承认在某种程度上，经济责任并不完全以牺牲任何其他三种社会责任为代价。卡罗（1979）提出，虽然这不是一个明确的经济或社会取向的二分性决定，但这四个责任维度有一个明确的优先顺序模式，他当时假定经济责任、法律责任、伦理责任与慈善责任权重为4∶3∶2∶1。奥佩里（Aupperle，1982）试图为卡罗提出的"金字塔"权重提供实证证据[1]，他对《福布斯》年度排行榜上214位美国高管的调查样本进行计算发现经济、法律、伦理与慈善责任的平均权重比例为13.50∶2.54∶2.22∶1.30，其中，经济责任被认为是最重要的，然后依次是法律、伦理和自由裁量因素，但调研发现经济责任与伦理责任之间存在反比例关系。平克斯顿（Pinkston，1991）的调研发现上述四个维度在多个国家都被视为同等的优先次序，但在德国和瑞典，法律责任排在第一位，然后是经济责任、伦理责任和慈善责任[2]。许多研究人员支持这种观点，即社会价值取向在应对影响企业组织的新出现的问题时发生了变化，"金字塔"理论也应当做出动态的适应性修正与拓展。

---

① Aupperle K E, Acar W, Booth D E. An Empirical Critique of In Search of Excellence：How Excellent are the Excellent Companies？[J]. Journal of Management，1986，12（4）：499–512.

② Pinkston T M, Baylor S J. Parallel Processor Memory Reference Analysis：Examining Locality and Clustering Potential [C]. Siam Conference on Parallel Processing for Scientific Computing，1991.

2. 四个维度涵盖内容的完整性与维度间的关联性问题

本书发现，"金字塔"理论自提出和拓展至今，学术界基本上维持了卡罗（1979）最早提出经济责任、法律责任、伦理责任与慈善责任四维度框架，重点是对各个维度中的内容进行充实与更新。本书认为，从该理论当初被提出的初衷来看，其目的是期望在企业社会责任框架中完整地涵盖当时企业面临的种种社会责任问题，西方国家在 20 世纪 70 ~ 90 年代，企业面临的主要社会责任问题是应对经济危机、遵守国家法规与国际惯例、适应企业面临的伦理文化与社会网络环境和赈灾济贫等。进入 21 世纪以来，世界各国普遍面临着严重的生态环境恶化、食品安全等社会责任负面事件，这些事件甚至成为企业破产清算的直接原因，其重要性已经突破了将其作为"金字塔"理论四维度框架下某一维度的几项指标的要求，需要独立出来形成新的社会责任维度，例如，环境责任维度、食品安全责任维度等，并且针对不同行业敏感性的企业其社会责任维度可以有一个弹性调整。此外，除了研究"金字塔"理论的四个维度间的权重关系问题之外，已有文献也较少关注这四个维度间的关联性问题，如企业向国家纳税、偿还债务既是一种经济责任又是一种法律责任，具有双重性，再将这一行为从两个或两个以上的 CSR 责任维度上去探讨其重要性，是没有实践意义的。

（三）"三重底线"理论面临的优势与不足

埃尔金顿（Elkington，1997）首次提出了"三重底线"理论以来，该理论在管理、咨询、投资和非政府组织中日趋流行。其理念是，企业的最终成功或健康状况不仅应当以传统的财务底线来衡量，还应当以其社会伦理绩效和环境绩效来衡量，其目标在于企业对社区、员工、客户和供应商等利益相关者履行的义务应该像传统的财务表现一样进行衡量、计算、审计和报告①。但"三重底线"理论也面临着以下问题：

---

① Elkington A R. Ocular pain：A casualty study. The Spectrum and Prevalence of Pain in Acute Eye Disease ［J］. Eye, 1997, 11（3）：342.

1. "三重底线"难以科学测度

目前，关于"三重底线"特别是"社会底线"和"环境底线"的测度问题尚未得到科学解决。该理论认为，财务底线可以通过利润表中的利润来测度，社会底线和环境底线可以用相当客观的方式来衡量，企业应该利用这些结果来提高社会绩效和环境绩效，但目前公司仅能将环境底线和社会底线信息做原则性的或修辞性报告，缺乏类似于环境或社会方面的"盈亏"底线数据或一个相对科学的公式计算出来。"三重底线"理论的支持者认为，企业的社会底线和环境底线如同其经济底线一样，但从未真正提出过任何关于环境底线和社会底线的数据计算方法。本书认为，即使今后有可能解决底线的测度问题，但对于某个特定公司的环境或社会底线应当是多少？不同特定公司的环境与社会底线是否具有可比性？这些问题又需基于不同的国家或地区、行业或时期的"平均底线"来参考解决，但要得到这类数据，还有很长的路要走，目前这种"无底线的底线理论"的实践指导作用十分有限。

2. "三重底线"中各底线的地位与关系问题

除了通过财务报告等方式披露了传统的财务底线之外，企业为什么还要衡量、计算并报告其环境底线与社会底线？因为"三重底线"理论支持者认为，从长期来看，衡量环境与社会底线有助于提高环境与社会绩效，环境与社会绩效较好的企业往往能够取得更好的财务绩效。因此，企业有义务改良其环境与社会底线，因此，在评估企业业绩和声誉时，社会责任和环境可持续性至少与盈利能力同等重要。但本书认为，上述逻辑其实就是将"三重底线"理论视为早期"资源基础理论"和"社会责任工具理论"的具体化延伸，更是"金字塔"理论在维度上的缩减和在修辞上绕过"责任维度权重"难题的另一种体现方式。此外，从实践方面看，目前"三重底线"理论的应用尚处于"传统财务底线加上对社会和环境问题的模糊承诺"阶段，无任何实际的社会或环境量化底线，公司不必担心这些"底线"与其他公司在其行业内外被比较分析，还可以选择报告对公司有利的信息，生成一份光鲜的"三重底线"报告，试图在资本市场和声誉市场中获得优良的企业形象。

二、食品行业上市公司社会责任评价的理论框架

（一）食品企业社会责任评价框架的构建

本书认为，需要结合现有企业社会责任经典理论的指导作用和食品企业的特殊性来开展食品企业社会责任的评价与治理。通过对以上"金字塔"理论、利益相关者理论和"三重底线"理论的特点及问题分析，本书结合"金字塔"理论与利益相关者理论，并针对我国食品企业社会责任治理的特色引入食品安全理论，基于这三种理论整合构建一个食品企业社会责任评价框架（见图3-1），以此框架为基础进一步构建食品企业社会责任评价方法与评价指标体系。

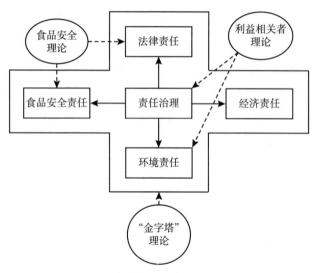

图3-1　食品企业社会责任评价框架

（二）食品企业社会责任评价框架的理论分析

如图3-1所示，本书构建了一个"十"字形食品企业社会责任评价框架，其中责任治理维度居于中心地位，食品安全责任、法律责任、经济责任和环境责任四个维度居于责任治理的四方，责任治理维度对其余四个维度进行适时的管理和监督。该框架的构建主要基于以下三个理论的整合与改进

应用。

1. 利益相关者理论的应用

利益相关者理论强调企业应当对股东、债权人、供应商、消费者、政府、社区和环境等利益相关方履行社会责任，其实质是食品企业履行社会责任的目标，因此，现有文献大多试图基于为满足不同利益相关者的需求而构建企业社会责任的理论框架及其构成维度，一些文献还将利益相关者分为主要等级与次要等级从而有侧重地履行企业社会责任等。这种思路面临的困境在于构建的企业社会责任理论构架无法满足所有的利益相关者的需求，并且存在不同利益者之间的需求可能存在矛盾，如股东诉求的经济责任与社会公众诉求的环境责任矛盾时有发生，有时还造成恶性事件，这些矛盾的协调解决与统筹治理才是企业有效履行社会责任以实现与利益相关者共生互利的关键所在。因此，本书主要基于利益相关者理论构建责任治理维度，进一步在该维度下构建系列指标评价企业社会责任的治理绩效；此外，由于利益相关者理论强调生态环境也是具有人格化地位的利益相关者，企业应当履行保护生态环境与自然资源的责任，因此，本书也基于利益相关者理论构建了一个环境责任维度。

2. "金字塔"理论的应用

"金字塔"理论将企业社会责任的构成按重要程度与递进关系划分为经济责任、法律责任、伦理责任与慈善责任四个维度，这便于根据各个维度的内容与特征构建分级评价指标对企业履行社会责任的情况进行系统评价。但如前所述，"金字塔"理论自建立以来就面临维度的主次地位与权重大小的争议，大多数学者都认为经济责任维度是第一位的，法律责任、伦理责任和慈善责任分别处于第二至第四位。本书认为，企业履行社会责任与日常经营一样是一种管理信息系统，企业社会责任系统的各个维度均是该系统的必要组成部分，不可缺失，但维度间的地位本身不存在主次问题，尽管对不同企业在特定时期履行社会责任在维度上的侧重点存在差异。例如，当企业严重违反法律责任时，将面临破产清算等风险，导致经济责任、伦理责任和慈善责任将无法履行；同时，本书认为"金字塔"理论缺乏对日益严峻的生态环境问题的关注，即使法律责任难度可以设计相关指标部分反映环境责任问题，但单独构建一个与经济责任、法律责任平等的环境责任维度是现实所需；食品安全问题是食品行业可持续发展的重要问题，更关系到公众的身体健康与生命安全，因此，就食品行业及企业的特殊使命而言，其企业社会责任实践框架中应当充分体现食品安全问题的重要性，应当将目前"金字塔"理论中由经济责任与法律责任维度零散、部分地反映的食品安全问题独立出来，单独构建一个与经济责任、法律责任和环境责任平行的食品安全责任维度。此外，目前"金字塔"理论将伦理责任与慈善责任分别作为企业社会责任框架的两个维度，本书认为这两个维度有相当部分的重叠，可以说慈善责任是伦理责任中的一个特定表现，可以将慈善责任归并到伦理责任之中；另外，伦理责任与慈善责任均为企业自愿性、可选择性的非强制义务，与经济责任、法律责任、环境责任与食品安全责任等具有强制性的责任维度不同，就当前我国食品企业履行社会责任的使命而言，同时也为了精简维度，在本书的企业社会责任评价框架中不再保留这两个维度，而是将其作为经济责任的部分内容。

3. 食品安全理论的应用

食品行业事关民生问题，极具特殊性和重要性。食品安全包括食品数量安全和质量安全两方面，通常指食品质量安全，食品大多具有经验品和信用品的特征，导致食品市场信息严重不对称，引发食品安全问题。食品安全是食品供应链中各成员协同努力的结果，是各成员就食品生产、加工、销售等形成的委托代理矛盾，虽然目前流行的运用代理理论研究基于供应链食品安全治理十分重要，但由于食品供应链内嵌于广泛复杂的制度环境中，有效的食品安全治理模式与机制应当首先基于其所处的法律环境、经济环境和文化环境等制度环境进行现实性和系统化的构建。我国近年来食品安全事件频繁发生，因此对食品企业社会责任的研究尤其重要。随着社会经济的发展，食品企业社会责任的挑战与威胁已从单一企业水平逐渐转移到食品供应链及食品价值网络星系上来，又因食品企业的异质性和其社会责任履行的多样性和复杂性，将导致未来食品行业的社会责任面临很大挑战，不仅要求食品企业

履行与一般企业相当的基本社会责任，还要履行其行业特有的社会责任。目前，国内外学者对食品企业社会责任的研究已取得一些成果。如马洛尼（Maloni，2006）提出了食品企业应承担的社会责任包括健康和安全、生物技术、公平贸易和采购、劳工和人权、社区、环境、动物福利等八个方面；马洛尼和布朗（Maloni and Brown，2006）从食品供应链的视角将食品企业社会责任分为健康与安全、动物保护、生物技术、社区福利、环境保护、贸易公平、员工与人权及采购公正八大类①。理论界很多学者认为，保证食品安全是作为一个食品企业应当履行的最基本的也是最重要的社会责任（刘霞，2007；王晓丽和李磊，2009；刘艳，2010；骆蕾，2010）②③④⑤。王邦兆和邓婷婷（2012）通过调查问卷分析得出诚信责任和道德责任是消费者认为食品企业最重要的两个 CSR⑥。王怀明和姜涛（2013）、赵越春和王怀明（2013）认为食品企业 CSR 不仅包括对全体利益相关者的责任，还应将对环境和社区的责任考虑在内⑦⑧。刘伟玲（2013）将食品企业 CSR 分为安全生产、食品质量、生态环境、员工责任、社会公益责任五个维度⑨。

①　Maloni M J, Brown M E. Corporate Social Responsibility in the Supply Chain: An Application in the Food Industry [J]. Journal of Business Ethics, 2006, 68 (1): 35 – 52.

②　刘霞. 基于企业社会责任视角的食品安全问题浅析 [J]. 商场现代化, 2007 (4): 354 – 354.

③　王晓丽, 李磊. 基于食品安全视角的食品企业社会责任浅析 [J]. 价值工程, 2009, 28 (11): 22 – 24.

④　刘艳. 道德治理视角下的中国食品安全问题研究 [D]. 上海: 上海师范大学, 2014.

⑤　骆蕾. 我国食品企业社会责任现状研究 [J]. 山东行政学院学报, 2010 (5): 52 – 54.

⑥　王邦兆, 邓婷婷. 消费者视角下的食品企业社会责任 [J]. 科技管理研究, 2012 (19): 191 – 194.

⑦　王怀明, 姜涛. 食品企业社会责任分析与评价———基于利益相关者理论 [J]. 南京农业大学学报 (社会科学版), 2013 (4): 104 – 110.

⑧　赵越春, 王怀明. 食品企业社会责任表现与消费者响应———基于江苏消费者的问卷调查 [J]. 福建论坛 (人文社会科学版), 2013 (7): 57 – 63.

⑨　刘伟玲. 我国食品企业社会责任指标评价体系研究 [J]. 食品工业科技, 2013, 34 (19): 24 – 27.

第二节　食品企业社会责任的评价方法

根据本书第二章所述可见，目前国内外学者在 CSR 评价研究中主要采用了层次分析法、模糊评价法、结构方程模型法、模糊综合评价法、熵权法、平衡计分卡、数据包络分析、聚类分析和主成分分析法等多种方法。其中，有些方法需要借助专家的主观判断，如层次分析法等；有些方法需要通过调查问卷或深度访谈反映作答者的主观判断，如模糊评价法等；一些方法的客观性较强，但又需要基于大量的定量数据进行分析，如结构方程模型法、主成分分析法等。从总体上看，现有文献大多采用了经济学和管理学中常用的定量分析方法，较少采用社会学等学科中常用的质性研究方法，如田野调查法和扎根理论等，导致目前大多数 CSR 评价研究过度依赖于财务数据，脱离了对有关企业社会责任行为的大容量和全面性的质性材料分析，也较少探索企业履行社会责任的内在"故事线"机理，最终得到的大多是基于量化数据分析的、仅仅反映现象问题的食品企业社会责任评价结论，其客观性与指导价值有限。

基于以上分析，本书拟在图 3 - 1 所示的"食品企业社会责任评价框架"中结合应用质性研究方法与量化研究方法。具体为：首先，采用扎根理论对本书构建的食品企业社会责任评价框架所包括的责任治理、食品安全责任、经济责任、法律责任和环境责任五个维度（相当于一级指标）进行质性检验，质性材料来自反映食品企业社会责任行为信息的财务报告、企业社会责任报告、可持续发展报告和公司临时公告和对案例企业的深度访谈等，解决的重要问题是通过扎根理论检验上述五个企业社会责任维度及其关系是否得到现实世界中企业履行社会责任行为的支持，理论框架是否需要修正。其次，主要采用结构方程模型在经检验确定后的各维度（一级指标）下构建二级指标进行量化评价，其中结构方程模型所需数据来自测量量表（结合扎根理论发现的重要具体问题并借鉴部分现有企业社会责任测量量表编制），量表采取李克特五点记分法量化。由于食品类上市公司披露的企业

社会责任信息比较全面，也公开披露了系统性的财务报表、企业社会责任报告等数据，而目前我国广大的小微型食品企业（非上市）的社会责任信息未公开披露，只能通过大样本的问卷调查结合深度访谈取得。可见，食品行业上市公司与小微型食品企业在社会责任评价方面存在较大差异，因此，本书基于上述构建的企业社会责任理论框架与方法分别对食品类上市公司与中小型食品企业的社会责任履行现状进行评价研究。

第三节　食品行业上市公司社会责任的评价

本书将结合社会学中常用的扎根理论方法和管理学中常用的结构方程模型法对食品行业上市公司社会责任的履行情况进行评价研究。

一、基于扎根理论对食品类上市公司社会责任评价的质性研究

（一）扎根理论简介与样本选取

格拉泽和施特劳斯（Glaser and Strauss，1967）提出了一种不受理论假设约束的质性研究方法——扎根理论①。这种方法强调从原始资料中探索现象背后的核心概念，通过对原始资料进行反复的比较、分析和编码处理，从中探寻出若干概念、范畴并分析其内在联系，最终构建出能够扎根于实践的理论模型。扎根理论的运用具体包括开放式编码（初始编码和聚焦编码）、主轴编码、理论编码和理论饱和度检验四个步骤。

根据我国证监会的最新行业分类，食品行业上市公司包括食品制造业，农副食品加工业，农林牧渔业，住宿和餐饮业与酒、饮料及精制茶制造业五个子行业，本书以沪深股市 2018 年以前（因数据获取原因，不含 2018 年）上市的 194 家食品饮料业上市公司为研究样本，其中，食品制造业为 40 家，农副食品加工业为 45 家，农林牧渔业为 52 家，酒、饮料和精制茶业为 44

---

① Glaser B G，Strauss A L. Temporal Aspects of Dying as a Non – Scheduled Status Passage［J］. American Journal of Sociology，1967，71（1）：48 – 59.

家，住宿和餐饮业为 13 家，如表 3 - 1 所示。

表 3 - 1　　　　　　　　　本书选取的食品行业上市公司

行业	公司名称
食品制造业（40 家）	黑芝麻、云南能投、三全食品、皇氏集团、双塔食品、佳隆股份、涪陵榨菜、贝因美、金达威、加加食品、克明面业、麦趣尔、燕塘乳业、科迪乳业、桂发祥、盐津铺子、汤臣倍健、量子高科、溢多利、花园生物、上海梅林、莲花健康、安琪酵母、恒顺醋业、青海春天、天润乳业、三元股份、光明乳业、星湖科技、中炬高新、梅花生物、广泽股份、伊利股份、爱普股份、千禾味业、广州酒家、海天味业、安记食品、桃李面包、元祖股份
农副食品加工业（45 家）	康达尔、广弘控股、西王食品、正虹科技、新希望、东凌国际、双汇发展、南宁糖业、*ST 中基、天康生物、天邦股份、正邦科技、天宝股份、保龄宝、海大集团、得利斯、大北农、金字火腿、金新农、洽洽食品、唐人神、好想你、龙力生物、煌上煌、海欣食品、龙大肉食、华统股份、道道全、晨光生物、朗源股份、佳沃股份、佩蒂股份、哈高科、金健米业、华资实业、冠农股份、*ST 昌鱼、通威股份、中粮糖业、宏辉果蔬、安井食品、绝味食品、惠发股份、禾丰牧业、天马科技
农林牧渔业（52 家）	PT 粤金曼、平潭发展、京蓝科技、丰乐种业、罗牛山、*ST 大菲、中水渔业、隆平高科、登海种业、獐子岛、东方海洋、云投生态、民和股份、圣农发展、华英农业、壹桥股份、益生股份、雏鹰农牧、大康农业、福建金森、百洋股份、牧原股份、仙坛股份、众兴菌业、中鲁 B、荃银高科、国联水产、西部牧业、星普医科、神农基因、天山生物、温氏股份、雪榕生物、开创国际、亚盛集团、大湖股份、ST 景谷、农发种业、敦煌种业、新农开发、万向德农、好当家、香梨股份、*ST 新赛、北大荒、*ST 华圣、ST 生态、S *ST 金荔、福成股份、新五丰、海南橡胶、苏垦农发
酒、饮料和精制茶业（44 家）	深深宝 A、泸州老窖、古井贡酒、燕京啤酒、西藏发展、酒鬼酒、承德露露、五粮液、顺鑫农业、张裕 A、兰州黄河、皇台酒业、洋河股份、黑牛食品、珠江啤酒、百润股份、青青稞酒、深深宝 B、古井贡 B、张裕 B、古越龙山、中葡股份、重庆啤酒、伊力特、金种子酒、海南椰岛、维维股份、通葡股份、贵州茅台、莫高股份、老白干酒、惠泉啤酒、青岛啤酒、金枫酒业、沱牌舍得、水井坊、山西汾酒、国投中鲁、会稽山、迎驾贡酒、今世缘、口子窖、威龙股份、金徽酒
住宿和餐饮业（13 家）	全新好、新都退、华天酒店、岭南控股、*ST 东海 A、西安饮食、全聚德、*ST 云网、*ST 东海 B、首旅酒店、锦江股份、金陵饭店、锦江 B 股

　　注：表中公司为沪深股市 2018 年以前（因数据获取原因，不含 2018 年）上市的 194 家食品饮料业上市公司。

本书以表 3 – 1 中列出的各公司官方网页披露的 CSR 相关信息、发布的最新版企业社会责任报告、可持续发展报告、环境责任报告、年度财务报告等作为资料来源。这样做的原因是目前我国 CSR 信息披露尚处于公司自愿披露阶段，其中 2008 年发布并施行至今的《上海证券交易所上市公司环境信息披露指引》、2006 年发布并施行至今的《深圳证券交易所上市公司社会责任指引》分别以"鼓励"和"自愿"的态度要求上市公司披露社会责任信息，对披露的渠道和方式也可以采用提交给交易所披露、在公司网页上披露或在公司年度财务报告的附注中披露等，在内容上也仅仅要求重点披露"每股社会贡献值"等财务类指标。这样就导致上市公司披露社会责任信息的渠道、方式与内容等存在自愿性、多样化、选择性、缺乏统一标准化等特征，因此，本书收集各公司的社会责任质性材料时坚持"宁重勿漏"的原则，将保证企业社会责任信息的全面性与充分性放在首位。

（二）初始编码与聚焦编码

本书采用扎根理论，将表 3 – 1 中列出的 194 家样本公司的相关资料录入 NVivo11 软件进行分析处理。

首先，进行开放式编码。开放式编码是指对原始资料进行逐词逐句地分析、标签与编码，以从中获得初始概念（初始编码），并进而从初始概念中提炼若干范畴（聚焦编码）的过程。为了尽量避免个体偏好、专业背景等主观影响，本书以样本公司上述资料中披露的有关企业社会责任的原生词条作为标签，并从中发掘初始概念。根据 NVivo 11 软件的统计，本部分一共参考了 17580 条原始语句，从中提取了 672 个初始概念，考虑到不同公司在对 CSR 进行描述时运用了很多概念相似的词语，因而对相似概念进行了初步合并，在得到 159 个不重复的初始概念后，又将出现频次少于 3 次的初始概念剔除，最终得到 78 个初始概念。其次，由于初始概念的层级较低且数量庞杂，一定程度上存在概念交叉，因此将相关的概念进行提炼并分类组合，以实现概念范畴化。最后，本书归纳出 24 个范畴，为节省篇幅，表 3 – 2 仅列出了 24 个范畴及出现频次较高的 2 个或 3 个初始概念。

表 3 - 2   开放式编码产生的初始概念与范畴

范畴	初始概念（出现频次）
产品质量理念	注重质量（52）、追求优质品质（61）、质量管理观（33）
绿色健康理念	健康理念（60）、安全食品理念（45）、健康食品理念（31）
关注利益相关者	关注员工利益（108）、关注消费者利益（67）、关注客户利益（56）
关注社会与民生	回报社会（110）、关注民生（29）
国家与民族意识	爱国兴邦（40）、振兴民族经济（15）
和谐共赢理念	和谐（58）、共赢（35）
保护环境理念	保护环境（29）、关注环境（18）
节能减排理念	节约能源（30）、减排降污（22）、循环经济（13）
绿色低碳理念	低碳意识（21）、绿色理念（15）、追求环境效益（9）
遵纪守法理念	遵纪守法（27）、对政府负责（9）
经济效益理念	追求效益（73）、注重效率（49）、降低成本（13）
持续发展理念	注重发展（40）、可持续发展（18）、忧患意识（17）
内部管理理念	人才理念（65）、精艺理念（40）、管理理念（34）
外部市场理念	服务理念（24）、注重市场导向（14）、营销理念（7）
敬业奉献精神	爱岗敬业（61）、奉献精神（43）、实干精神（27）
卓越进取精神	开拓进取（71）、追求卓越（59）、拼搏精神（25）
改革创新精神	创新（139）、科技（41）、改革精神（16）
求真务实精神	求真务实（49）、与时俱进（19）
团结协作精神	团结（88）、协作（27）、沟通（12）
遵纪守法理念	道德观念（33）、忠诚（24）、真诚（16）
道德伦理理念	重视诚信（111）、讲求信誉（12）
追求荣誉愿景	成为行业领导者（23）、成为一流企业（21）、成就卓越的品牌（17）
持续经营愿景	百年企业（29）
民族使命愿景	传承文化（19）、弘扬中华美食（12）

注：表中资料数据手工收集自各上市公司的官方网站和发布的《企业社会责任报告》和《可持续发展报告》等信息载体。

（三）主轴编码

施特劳斯和科宾（Strauss and Corbin，1990）在早期扎根理论的基础上

设计出一种编码类型——主轴编码。主轴编码是通过分析范畴间的内在联系，以寻求可作为"范畴之轴"的主范畴，从而形成更大类属的维度。本书基于构建的食品企业社会责任评价框架（见图3–1），对表3–2中的24个范畴从性质、结构、内容等方面进行逻辑关系探索，经过反复比较归纳后，最终确定出5个主范畴、24个副范畴和24条逻辑关系。表3–3简要列示了各主范畴（CSR主维度）、对应副范畴（CSR子维度）及主副范畴间的内在联系。

表3–3　　　　　　　　主轴编码产生的主副范畴及其内在联系

主范畴 （CSR 维度）	副范畴 （CSR 子维度）	主副范畴间的内在逻辑关系
责任治理	RG1 敬业奉献精神	敬业奉献精神是企业经营发展的基本精神理念
	RG2 卓越进取精神	卓越进取精神为企业经营发展提供不竭动力
	RG3 求真务实精神	求真务实精神使企业在经营发展过程中保持清醒的认识
	RG4 团结协作精神	团结协作精神为企业经营发展提供向心力和凝聚力
	RG5 改革创新精神	改革创新精神为企业经营发展提供智力与科技支持
食品安全 责任	FS1 产品质量理念	产品质量理念为食品安全提供最基础的质量保障
	FS2 绿色健康理念	绿色健康理念是食品安全更高层次的要求
	FS3 追求荣誉愿景	致力于成为行业领导者、国际知名企业的愿景
	FS4 关注社会与民生	关注社会与民生是共赢观在社会层面上的体现
	FS5 民族使命愿景	致力于传承中华文明、弘扬中华美食或创造美好生活的愿景
法律责任	LA1 遵纪守法理念	遵纪守法是企业经营发展的基础
	LA2 关注利益相关者	关注员工、消费者、股东等相关者的利益是共赢观在企业层面上的体现
	LA3 国家与民族意识	兴邦、振兴民族是共赢观在国家层面上的体现
	LA4 和谐共赢理念	和谐共赢理念为实现社会共赢提供精神支持
	LA5 道德建设理念	在员工层面、企业层面提倡道德观念
	LA6 诚信经营理念	诚信理念是企业经营最基本的信条

续表

主范畴 （CSR 维度）	副范畴 （CSR 子维度）	主副范畴间的内在逻辑关系
环境责任	EN1 保护环境理念	保护环境理念是环保节能观的基础
	EN2 节能减排理念	节能减排理念是环保节能观在能源节约方面的体现
	EN3 绿色低碳理念	绿色低碳理念是环保节能观在清洁、无污染方面的体现
	EN4 持续发展理念	持续发展理念是企业对于永续的、可持续发展的追求
经济责任	EC1 经济效益理念	经济效益理念是企业对于业绩、效益、经济利益的追求
	EC2 持续经营愿景	致力于永续经营、创建百年企业的愿景
	EC3 内部管理理念	加强内部管理为企业经营发展提供内在保障
	EC4 外部市场理念	注重外部市场为企业经营发展提供外部导向

（四）理论编码与模型发展

本书运用扎根理论，通过理论编码可从主范畴中提炼出核心范畴，进一步探索核心范畴与主范畴、副范畴之间的内在联系，继而以"故事"形式呈现出我国食品类上市公司履行社会责任的整体脉络及其背后的因果关系，最终可能印证、发展、修正甚至创新食品企业的社会责任评价框架模型。

经过理论编码，本书归纳出的核心范畴为"食品类上市公司社会责任的维度及其作用关系"，围绕该核心范畴的"故事"概要为：食品上市公司的社会责任包括责任治理、食品安全责任、法律责任、环境责任与经济责任五个维度。其中：责任治理居于中心地位，它是对食品安全责任、法律责任、环境责任和经济责任及这四个维度之间相互协同促进的关键维度，科学持续有效的责任治理机制将促进这四个社会责任维度的共同履行、相互促进和持续创新；食品安全责任是食品类上市公司最基本、最起码的社会责任，它是食品类上市公司履行社会责任的首要底线维度，如果没有食品安全责任，其他责任维度也就失去存在的意义；法律责任和环境责任则是在履行食品安全的同时，公司还必须承担遵守法律法规与伦理道德、保护生态环境与节约利用自然资源这两大不可或缺的制约因素；经济责任是食品类上市公司作为市场竞争中的企业同样具有经济人属性，需要追求经济绩效与创造财富价值，履行经济责任是食品类上市公司在财务资源方面得以持续经营的前提，是食品类上市公司履行社会责任的重要目标但并非唯一目标或核心目标。以该"故事"为基础，本书验证了前述食品企业社会责任评价框架（见图 3 - 1）的合理性，最终构建出一个"食品行业上市公司社会责任维度及其作用关系模型"，如图 3 - 2 所示。

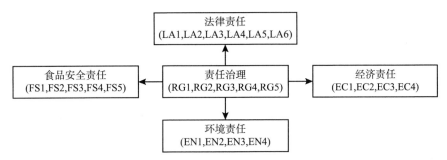

图 3 - 2　食品行业上市公司社会责任维度及其作用关系模型

注：图中的 RG1 等代码为表 3 - 2 中的企业社会责任副范畴（子维度）。

二、基于结构方程模型对食品类上市公司社会责任评价的量化研究

（一）食品行业上市公司社会责任评价测量量表的设计

"食品行业上市公司社会责任维度及其作用关系模型"（见图 3 - 2）中的五个主范畴（CSR 维度）及对应的副范畴（CSR 子维度）是基于"食品企业社会责任评价框架"（见图 3 - 1）并立足我国食品类上市公司履行社会责任的现状进行质性研究得到的归纳性模型，其主要优势在于具备较强的现实性和理论指导性。在当前企业社会责任国际化全面持续趋同的背景下，我国食品类上市公司不仅要立足我国的实际情况切实地履行社会责任，还要立足于国际化竞争与合作视野，借鉴国际化公司先进的社会责任管理经验。中国社会科学院企业社会责任研究中心创建的由责任管理、市场责任、社会责任、环境责任构成的"四位一体"社会责任模型，是通过国际社会责任指数、国内社会责任倡议文件和世界 500 强企业社会责任

报告进行比较研究构建的一个分行业的社会责任评价指标体系，具有较强的国际化特色。因此，我们在"食品类上市公司社会责任维度及其作用关系模型"的基础上，吸收了部分"四位一体"社会责任评价模型中体现前沿性、国际化特色的问题，最终编制成一份食品类上市公司社会责任测量量表。

本书设计的食品行业上市公司社会责任测量量表包括以下五个维度及其十六个子维度：责任治理（包括责任战略、责任管理、责任考评、责任报告四个子维度）、食品安全责任（包括质量责任、研发责任、食品安全管理三个子维度）、法律责任（包括合法经营、违法违规两个子维度）、环境责任（包括环境管理、节能降耗、减排降污、社会公益四个子维度）和经济责任（包括股东与债权人责任、客户与供应商责任、政府与职工责任三个子维度）；在综合 3 位企业社会责任领域的理论专家和 2 位上市公司高管的建议后，最终保留了 38 个问题，并在每个子维度下设计了 2～3 个问题，每个问题下设置了 5 个反映重要性程度差异的不同表述的文本选项，目的在于避免了直接用李克特五点计分值可能导致中庸地选择 3 分的"中间值陷阱"（被调查者可能持有传统的"中庸"态度），只需在对测量量表进行统计分析时转化为李克特五点计分结果。本书设计的"我国食品行业上市公司社会责任的测量量表"的具体内容如附录 1 所示。

（二）食品行业上市公司 CSR 评价测量量表的填制

本书采用内容分析法和档案数据分析法填写上述食品行业上市公司 CSR 测量量表。对于量表中涉及的质性问题，由于内容分析法对所研究问题的影响因素与作用关系的分析具有精细化和程序化的优势，填表者采用该法将各食品行业上市公司披露前述非定量的企业社会责任文献材料转化为定量的数据，采用 NVivo 11 软件统计的自由节点数（即由性质与内容实质相同的关键词归纳出的初始概念的出现频次）作为定量数据，并依据这些数据进行统一排序，按每相差 20% 的数值作为一个重要性等级，以匹配李克特五点计分分值，最终得到各个上市公司各问题的重要性选项（即分值）。例如，量表中的问题"公司社会责任理念"对应的选项为"很不明确、较不明确、

一般、较明确、很明确"五项，就需要按上述方法填写选项。对于量表中涉及的定量问题，由于上市公司披露的数据均可在国泰安数据库（CSMAR）中查询到相关的档案数据，档案数据分析法具有客观性和准确性等优点，填表者采用该法查询到特定问题对应的定量数据（大多为货币化数据），再将这些定量数据按20%的重要性程度差异分为五个等级，分别对应李克特五点计分分值。例如，量表中的问题"研发投入与营收的占比"对应的选项为"很少、较少、一般、较多、很多"五项，只需根据档案数据分析法查询各公司的财务数据并按五个等级排序确定即可。

上述食品行业上市公司社会责任测量量表的填写要求具备一定的专业知识，出于对完成质量、可靠性与成本的综合权衡考虑，本书采用三级填写程序确定最终的选项。第一级程序为：由本书研究团队教师所指导的硕士研究生在接受专业培训的前提下完成初次填写，并采用支付劳务费与工作质量挂钩的方法进行激励和监督；第二级程序为：由本书研究团队的6位教师采用每份量表随机抽3个问题进行复查的方法保证填写的准确性，如果出现较大误差时要求对整份量表进行重新填写；第三次程序为由食品行业上市公司从事企业社会责任实践的专家［部分为工商管理类硕士研究生（MBA）事业导师和会计硕士（MPAcc）事业导师］对食品行业的业界认可度与量表填写结果的偏差进行分析，经过小型会议研探后最终调整填写结果。经过以上三道程序，测量量表填写结果的可靠性得到较大程度的保障。

（三）食品行业上市公司社会责任评价测量量表的结果分析

1. 描述性统计分析

表3-4~表3-8分别描述了住宿和餐饮业，农牧食品加工业，酒、饮料和精制茶业，食品制造业和农牧渔业五个食品类行业上市公司履行社会责任的现状。基于表3-4~表3-8中的CSR二级维度均值生成的拆线比较分析如图3-3所示。

表 3 - 4   住宿和餐饮业上市公司（12 家）社会责任量表结果的描述性统计

一级维度（均值）	二级维度（均值）	问题	极小值	极大值	均值	标准差
责任治理（RG） （2.13）	责任战略（Q_1） （2.86）	Q_{1a}	1	5	3.00	1.348
		Q_{1b}	1	4	2.58	1.165
		Q_{1c}	1	5	3.00	1.537
	责任管理（Q_2） （1.91）	Q_{2a}	1	4	2.08	1.084
		Q_{2b}	1	3	1.83	0.718
		Q_{2c}	1	3	1.83	0.718
	责任考评（Q_3） （2.00）	Q_{3a}	1	4	2.00	1.128
		Q_{3b}	1	4	2.00	1.044
	责任报告（Q_4） （1.75）	Q_{4a}	1	4	1.67	1.073
		Q_{4b}	1	4	1.83	1.115
食品安全责任（SR） （3.28）	质量责任（Q_5） （2.39）	Q_{5a}	1	3	1.75	0.622
		Q_{5b}	1	4	2.67	1.155
		Q_{5c}	1	5	2.75	1.055
	研发责任（Q_6） （3.86）	Q_{6a}	2	5	3.58	0.900
		Q_{6b}	3	5	4.08	0.515
		Q_{6c}	2	5	3.92	0.996
	食品安全管理（Q_7） （3.59）	Q_{7a}	2	5	3.67	1.303
		Q_{7b}	1	5	3.50	1.087
法律责任（LR） （3.48）	合法经营（Q_8） （3.25）	Q_{8a}	1	4	3.25	1.055
		Q_{8b}	2	5	3.25	0.965
	违法违规（Q_9） （3.71）	Q_{9a}	2	5	3.92	0.793
		Q_{9b}	2	4	3.50	0.674
环境责任（EPR） （2.76）	环境管理（Q_{10}） （3.21）	Q_{10a}	3	5	3.83	0.718
		Q_{10b}	1	4	2.58	1.165
	节能降耗（Q_{11}） （2.54）	Q_{11a}	2	4	2.83	0.718
		Q_{11b}	1	4	2.25	1.055

续表

一级维度（均值）	二级维度（均值）	问题	极小值	极大值	均值	标准差
环境责任（EPR） （2.76）	减排降污（Q12） （2.53）	Q12a	1	4	1.92	0.900
		Q12b	1	4	2.75	1.138
		Q12c	1	4	2.92	1.084
	社会公益（Q13） （2.75）	Q13a	1	4	2.83	1.030
		Q13b	1	4	2.67	1.073
经济责任（ER） （2.85）	股东与债权人责任 （Q14）（2.97）	Q14a	2	4	3.25	0.866
		Q14b	2	4	2.75	0.866
		Q14c	2	4	2.92	0.793
	客户与供应商责任 （Q15）（2.75）	Q15a	2	4	3.00	0.853
		Q15b	1	4	2.50	0.905
	政府与职工责任 （Q16）（2.84）	Q16a	2	4	2.67	0.651
		Q16b	1	4	3.00	1.044

资料来源：表中数据根据样本上市公司披露的年度财务报告、公司官网、企业社会责任报告等信息进行测量形成（测量量表参见附录1）。

表3-5　农牧食品加工业上市公司（45家）社会责任量表结果的描述性统计

一级维度（均值）	二级维度（均值）	问题	极小值	极大值	均值	标准差
责任治理（RG） （2.23）	责任战略（Q1） （2.71）	Q1a	1	5	2.98	1.520
		Q1b	1	5	2.33	1.410
		Q1c	1	5	2.81	1.484
	责任管理（Q2） （1.84）	Q2a	1	5	2.21	1.166
		Q2b	1	4	1.81	0.932
		Q2c	1	4	1.51	0.798
	责任考评（Q3） （2.48）	Q3a	1	4	1.77	0.841
		Q3b	1	5	3.19	0.732
	责任报告（Q4） （1.90）	Q4a	1	4	1.84	1.045
		Q4b	1	4	1.95	1.090

续表

一级维度（均值）	二级维度（均值）	问题	极小值	极大值	均值	标准差
食品安全责任（SR）（2.90）	质量责任（Q_5）（2.57）	Q_{5a}	1	4	2.07	0.768
		Q_{5b}	1	5	2.79	1.166
		Q_{5c}	1	4	2.86	0.990
	研发责任（Q_6）（3.50）	Q_{6a}	1	5	3.21	1.059
		Q_{6b}	2	5	4.23	1.043
		Q_{6c}	1	5	3.05	0.975
	食品安全管理（Q_7）（2.64）	Q_{7a}	2	5	3.30	0.914
		Q_{7b}	1	3	1.98	0.597
法律责任（LR）（3.29）	合法经营（Q_8）（2.47）	Q_{8a}	1	3	1.65	0.686
		Q_{8b}	1	5	3.28	0.908
	违法违规（Q_9）（4.11）	Q_{9a}	2	5	4.42	0.906
		Q_{9b}	2	5	3.79	0.709
环境责任（EPR）（2.62）	环境管理（Q_{10}）（3.52）	Q_{10a}	2	5	4.37	0.900
		Q_{10b}	1	5	2.67	1.063
	节能降耗（Q_{11}）（2.93）	Q_{11a}	1	5	3.07	1.055
		Q_{11b}	1	5	2.79	1.597
	减排降污（Q_{12}）（2.11）	Q_{12a}	1	5	1.95	1.112
		Q_{12b}	1	5	2.44	1.098
		Q_{12c}	1	4	1.95	1.022
	社会公益（Q_{13}）（1.91）	Q_{13a}	1	4	2.16	0.843
		Q_{13b}	1	4	1.65	0.813
经济责任（ER）（2.69）	股东与债权人责任（Q_{14}）（2.88）	Q_{14a}	1	5	3.02	1.144
		Q_{14b}	1	5	2.77	1.172
		Q_{14c}	1	4	2.84	0.843
	客户与供应商责任（Q_{15}）（2.59）	Q_{15a}	1	4	3.09	0.895
		Q_{15b}	1	4	2.09	0.840
	政府与职工责任（Q_{16}）（2.59）	Q_{16a}	1	4	2.74	0.875
		Q_{16b}	1	5	2.44	1.240

　　资料来源：表中数据根据样本上市公司披露的年度财务报告、公司官网、企业社会责任报告等信息进行测量形成（测量量表参见附录1）。

表3-6　　酒、饮料和精制茶业上市公司（44家）社会责任量表结果的描述性统计

一级维度（均值）	二级维度（均值）	问题	极小值	极大值	均值	标准差
责任治理（RG） （2.37）	责任战略（Q_1） （2.62）	Q_{1a}	1	5	2.70	1.564
		Q_{1b}	1	5	2.61	1.498
		Q_{1c}	1	5	2.55	1.547
	责任管理（Q_2） （2.37）	Q_{2a}	1	5	2.50	1.372
		Q_{2b}	1	5	2.39	1.262
		Q_{2c}	1	5	2.23	1.217
	责任考评（Q_3） （2.18）	Q_{3a}	1	5	1.80	0.904
		Q_{3b}	1	5	2.55	1.320
	责任报告（Q_4） （2.30）	Q_{4a}	1	5	2.30	1.286
		Q_{4b}	1	5	2.30	1.391
食品安全责任（SR） （3.20）	质量责任（Q_5） （2.98）	Q_{5a}	1	5	2.70	1.133
		Q_{5b}	1	5	3.09	1.217
		Q_{5c}	1	5	3.14	1.112
	研发责任（Q_6） （3.54）	Q_{6a}	2	5	3.66	1.160
		Q_{6b}	1	5	3.82	0.947
		Q_{6c}	1	5	3.14	1.091
	食品安全管理（Q_7） （3.07）	Q_{7a}	1	5	2.73	1.264
		Q_{7b}	1	5	3.41	0.844
法律责任（LR） （3.29）	合法经营（Q_8） （2.98）	Q_{8a}	1	4	2.41	0.816
		Q_{8b}	2	5	3.55	0.901
	违法违规（Q_9） （3.60）	Q_{9a}	2	5	3.55	0.697
		Q_{9b}	1	5	3.64	0.990
环境责任（EPR） （2.97）	环境管理（Q_{10}） （3.48）	Q_{10a}	1	5	3.75	0.943
		Q_{10b}	2	5	3.20	0.823
	节能降耗（Q_{11}） （2.97）	Q_{11a}	2	5	2.93	0.873
		Q_{11b}	1	5	3.00	1.121

续表

一级维度（均值）	二级维度（均值）	问题	极小值	极大值	均值	标准差
环境责任（EPR） （2.97）	减排降污（Q_{12}） （2.77）	Q_{12a}	1	5	2.95	1.120
		Q_{12b}	1	5	3.05	1.099
		Q_{12c}	1	5	2.32	1.073
	社会公益（Q_{13}） （2.64）	Q_{13a}	1	5	2.91	1.217
		Q_{13b}	1	5	2.36	1.203
经济责任（ER） （3.09）	股东与债权人责任 （Q_{14}）（3.07）	Q_{14a}	2	5	3.20	0.701
		Q_{14b}	1	5	2.84	1.219
		Q_{14c}	2	4	3.16	0.680
	客户与供应商责任 （Q_{15}）（3.31）	Q_{15a}	2	5	3.80	0.765
		Q_{15b}	1	5	2.82	1.018
	政府与职工责任 （Q_{16}）（2.88）	Q_{16a}	1	5	2.77	1.008
		Q_{16b}	1	5	2.98	1.089

资料来源：表中数据根据样本上市公司披露的年度财务报告、公司官网、企业社会责任报告等信息进行测量形成（测量量表参见附录1）。

表3－7　食品制造业上市公司（40家）社会责任量表结果的描述性统计

一级维度（均值）	二级维度（均值）	问题	极小值	极大值	均值	标准差
责任治理（RG） （1.92）	责任战略（Q_1） （2.30）	Q_{1a}	1	5	2.58	1.059
		Q_{1b}	1	4	2.13	0.911
		Q_{1c}	1	4	2.20	1.043
	责任管理（Q_2） （1.81）	Q_{2a}	1	4	1.98	0.920
		Q_{2b}	1	5	1.75	0.899
		Q_{2c}	1	4	1.70	0.723
	责任考评（Q_3） （1.64）	Q_{3a}	1	4	1.73	0.960
		Q_{3b}	1	4	1.55	0.846
	责任报告（Q_4） （1.59）	Q_{4a}	1	4	1.58	1.035
		Q_{4b}	1	4	1.60	1.008

续表

一级维度（均值）	二级维度（均值）	问题	极小值	极大值	均值	标准差
食品安全责任（SR） （3.18）	质量责任（Q_5） （2.85）	Q_{5a}	1	4	2.33	0.829
		Q_{5b}	1	5	3.35	0.949
		Q_{5c}	1	5	2.88	0.939
	研发责任（Q_6） （3.43）	Q_{6a}	2	5	3.40	1.057
		Q_{6b}	2	5	3.85	0.700
		Q_{6c}	1	5	2.78	1.025
	食品安全管理（Q_7） （3.27）	Q_{7a}	1	5	2.88	1.090
		Q_{7b}	2	4	3.65	0.580
法律责任（LR） （3.51）	合法经营（Q_8） （3.17）	Q_{8a}	1	4	3.30	0.758
		Q_{8b}	2	5	3.03	0.832
	违法违规（Q_9） （3.84）	Q_{9a}	2	5	3.85	0.736
		Q_{9b}	2	4	3.83	0.446
环境责任（EPR） （3.28）	环境管理（Q_{10}） （3.71）	Q_{10a}	2	5	3.88	0.516
		Q_{10b}	3	5	3.53	0.554
	节能降耗（Q_{11}） （2.77）	Q_{11a}	1	4	2.80	0.939
		Q_{11b}	1	5	2.73	1.432
	减排降污（Q_{12}） （3.43）	Q_{12a}	1	5	2.68	1.071
		Q_{12b}	3	5	3.80	0.564
		Q_{12c}	2	4	3.55	0.639
	社会公益（Q_{13}） （3.19）	Q_{13a}	1	4	3.20	0.883
		Q_{13b}	1	5	3.18	0.874
经济责任（ER） （3.32）	股东与债权人责任 （Q_{14}）（3.29）	Q_{14a}	3	4	3.65	0.483
		Q_{14b}	1	5	2.83	0.958
		Q_{14c}	2	4	3.40	0.744
	客户与供应商责任 （Q_{15}）（3.41）	Q_{15a}	2	5	3.63	0.807
		Q_{15b}	2	5	3.18	0.781
	政府与职工责任 （Q_{16}）（3.27）	Q_{16a}	2	5	2.98	0.891
		Q_{16b}	1	5	3.55	0.876

资料来源：表中数据根据样本上市公司披露的年度财务报告、公司官网、企业社会责任报告等信息进行测量形成（测量量表参见附录1）。

表 3-8　　农牧渔业上市公司（49 家）社会责任量表结果的描述性统计

一级维度（均值）	二级维度（均值）	问题	极小值	极大值	均值	标准差
责任治理（RG） （1.34）	责任战略（Q_1） （1.46）	Q_{1a}	1	3	1.57	0.707
		Q_{1b}	1	3	1.35	0.597
		Q_{1c}	1	4	1.45	0.709
	责任管理（Q_2） （1.32）	Q_{2a}	1	3	1.33	0.555
		Q_{2b}	1	3	1.35	0.597
		Q_{2c}	1	3	1.29	0.500
	责任考评（Q_3） （1.27）	Q_{3a}	1	3	1.24	0.480
		Q_{3b}	1	3	1.29	0.540
	责任报告（Q_4） （1.32）	Q_{4a}	1	3	1.35	0.601
		Q_{4b}	1	2	1.29	0.456
食品安全责任（SR） （2.74）	质量责任（Q_5） （2.35）	Q_{5a}	1	4	1.98	0.803
		Q_{5b}	1	5	2.57	1.190
		Q_{5c}	1	5	2.51	1.082
	研发责任（Q_6） （2.81）	Q_{6a}	1	5	2.67	1.107
		Q_{6b}	1	5	3.33	0.875
		Q_{6c}	1	5	2.43	1.118
	食品安全管理（Q_7） （3.07）	Q_{7a}	1	5	2.88	1.053
		Q_{7b}	1	4	3.08	0.786
法律责任（LR） （3.36）	合法经营（Q_8） （3.29）	Q_{8a}	1.	4	2.84	0.850
		Q_{8b}	1	5	3.73	1.169
	违法违规（Q_9） （3.42）	Q_{9a}	1	5	3.78	0.985
		Q_{9b}	1	4	3.06	0.801
环境责任（EPR） （2.64）	环境管理（Q_{10}） （3.23）	Q_{10a}	1	4	3.43	0.913
		Q_{10b}	1	4	3.02	0.777
	节能降耗（Q_{11}） （3.08）	Q_{11a}	1	5	3.27	0.908
		Q_{11b}	1	4	2.88	0.832

续表

一级维度（均值）	二级维度（均值）	问题	极小值	极大值	均值	标准差
环境责任（EPR）（2.64）	减排降污（Q_{12}）（2.21）	Q_{12a}	1	4	2.29	0.707
		Q_{12b}	1	4	2.27	0.930
		Q_{12c}	1	4	2.08	0.862
	社会公益（Q_{13}）（2.05）	Q_{13a}	1	4	2.16	0.850
		Q_{13b}	1	4	1.94	0.801
经济责任（ER）（2.21）	股东与债权人责任（Q_{14}）（2.10）	Q_{14a}	1	4	2.14	0.791
		Q_{14b}	1	4	1.96	0.735
		Q_{14c}	1	4	2.20	0.707
	客户与供应商责任（Q_{15}）（2.35）	Q_{15a}	1	4	2.57	1.000
		Q_{15b}	1	4	2.12	0.807
	政府与职工责任（Q_{16}）（2.18）	Q_{16a}	1	5	2.14	0.935
		Q_{16b}	1	5	2.22	0.941

资料来源：表中数据根据样本上市公司披露的年度财务报告、公司官网、企业社会责任报告等信息进行测量形成（测量量表参见附录1）。

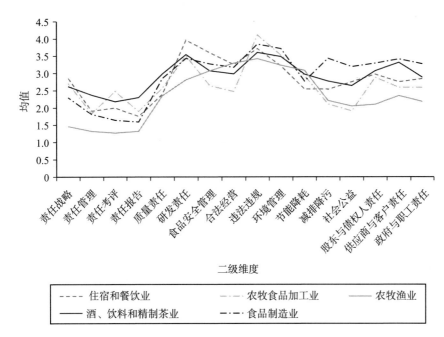

图 3 - 3　五个行业企业社会责任二级维度的均值比较

根据图 3 - 3 所示，五个行业上市公司的责任战略、质量责任、研发责任、食品安全管理、合法经营、违法违规、环境管理、节能降耗八个二级社会责任维度的均值均在李克特五点计分的中值（2.5 分）以上，可见在整个食品行业的上市公司中这八个方面表现较好；责任管理、责任考评、责任报告、减排降污、社会公益、股东与债权人责任、供应商与客户责任、政府与职工责任等八个社会责任子维度的均值均在中值（2.5 分）以下，表明整个食品行业的上市公司中这八个方面表现较差。在所有十六个社会责任子维度中，均值较高的为研发责任和违法违规，可见目前食品行业的上市公司对研发的投入十分重视，注重新技术、新产品的竞争力；在遵守法律法规的"红线"问题方面加强了管理，近年的违法违规行为与程度大大降低，同时也表明我国目前与食品安全相关的法律法规日益完善和严厉；均值较低的是责任报告、社会公益、供应商与客户责任，表明目前我国食品行业上市公司对食品药品及相关服务的内部质量管理与控制尚处于较低水平，对食品安全相关的公益活动有所忽视，存在利用供应链上的优势地位剥夺供应商与消费者的权益或利益的现象。

根据图 3 - 4 所示，五个行业上市公司的社会责任履行程度相差不大，反映了我国食品行业上市公司履行社会责任相对均衡的情况；在五个社会责任一级维度中，法律责任履行最好，均值均在 3 以上，达到李克特五点计分的及格水平（60%），表明目前我国食品行业上市公司的守法意识和行动水平均有大幅度提高；责任治理履行最差，均值在 2 左右，仅为李克特五点计分的 40%，表明目前我国食品行业上市公司对社会责任的治理关注不够，还未从企业社会责任综合治理这一高层级的角度构建理论框架与实践机制；食品安全责任、环境责任和经济责任的履行情况中规中矩，有待强化提升。

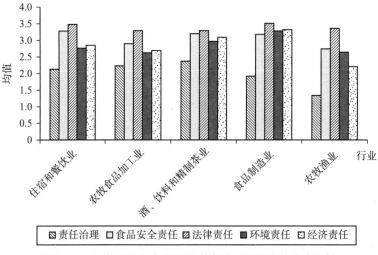

图3-4　五个行业上市公司社会责任一级维度的均值比较

2. 食品行业上市公司的社会责任维度之间的关系评价

本书运用上述食品行业（包括上述五个行业）上市公司的定量数据，基于图3-2中的"食品行业上市公司社会责任维度及其作用关系模型"，采用结构方程模型定量检验该模型中五个维度之间及各维度与其子维度之间的定量作用关系。采用的软件为Amos21.0版本，采用了极大值似然估计方法，其估计的适配度指数和回归系数值分别如表3-9与图3-5所示。

根据表3-9可见，该结构方程模型的整体适配度评价指标表现良好，其中增值适配度指数和简约适配度指数均达到标准值或超过临界值，但残差均方和平方根（RMR）和渐进残差均方和平方根（RMSEA）两项绝对适配度指数稍偏离标准值，但不影响模型整体的适配度。

表3-9　食品行业上市公司CSR五个维度间关系的结构方程检验结果的适配度

整体模型适配度评价指标		指标值	标准值或临界值
绝对适配度指数	卡方自由度比（CMIN/DF）	2.254	1≤CMIN/DF≤3
	良适性指数（GFI）	0.94	≥0.90

续表

整体模型适配度评价指标		指标值	标准值或临界值
绝对适配度指数	残差均方和平方根（RMR）	0.066	≤0.05
	渐进残差均方和平方根（RMSEA）	0.081	≤0.08
	非集中性参数（NCP）	225.213	越小越好
增值适配度指数	规准适配指数（NFI）	0.923	≥0.90
	相对适配指数（RFI）	0.867	≥0.90
	增值适配指数（IFI）	0.902	≥0.90
	非规准适配指数（TLI）	0.899	≥0.90
	比较适配指数（CFI）	0.916	≥0.90
简约适配度指数	简约适配度指数（PCFI）	0.634	≥0.50
	简约规准适配指数（PNFI）	0.602	≥0.50

　　如图 3 − 5 所示，在食品行业上市公司社会责任的五个维度中，居于模型中心发挥统驭作用的责任治理对食品安全责任、法律责任、环境责任与经济责任均具有显著的正向促进作用，其中责任治理对食品安全责任的促进作用最强（系数值为 1.043），对法律责任的促进作用最弱（系数值为 0.479，且显著性水平仅为 5%），表明目前我国食品行业上市公司在责任治理方面对强化自身的食品质量安全问题投入较大，取得较前些年有所好转的食品安全管理绩效，但在学习贯彻国家相关的法律法规方面尚存不足，存在"不违法就万事大吉"的现象；责任治理对环境责任与经济责任的作用程度分别为 0.683 与 0.692，两者相差不大，表明随着我国新时代"绿水青山"环境可持续发展战略和上海证券交易所（以下简称上交所）与深圳证券交易所（以下简称深交所）发布的《关于加强上市公司社会责任承担工作的通知》《上海证券交易所上市公司环境信息披露指引》《深圳证券交易所上市公司社会责任指引》等系列制度的实施，已经促使食品上市公司改变了以前片面追求短期经济利益的行为，开始绝不能以牺牲生态环境为代价换取一

时的经济发展，而是在抓好经济发展的同时也力求保护好环境，正着力实现习总书记强调的"我们既要绿水青山，也要金山银山。宁要绿水青山，不要金山银山，而且绿水青山就是金山银山"① 的生态文明发展理念。

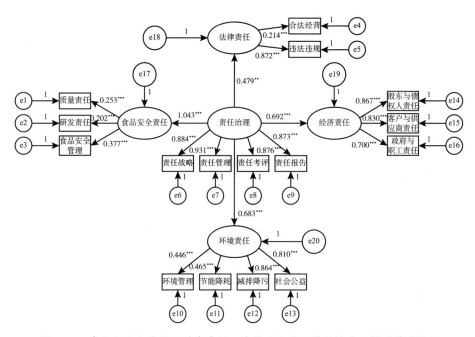

图 3 - 5　食品行业上市公司社会责任五个维度间关系的结构方程模型检验结果

注：图中的数据值为标准化系数，采用极大似然估计方法，***、** 分别表示在1%和5%的显著性水平内显著。

第四节　小微型食品企业社会责任评价

我国除了一部分大中型食品企业（包括前述食品行业上市公司）之外，还具有数量巨大的小微型食品企业（根据现行《中华人民共和国中小企业促进法》对中小企业的划分，本书简称"小微型食品企业"）。其中，既有

① 习近平系列重要讲话读本：绿水青山就是金山银山——关于大力推进生态文明建设［EB/OL］.（2014 - 07 - 11）. http：//opinion. people. cn/n/2014/0711/C1003 - 25271026. html.

不计其数的街头路边小店，也有数量众多的百年名吃老铺，这些小微型食品企业在地域、时间、营业人员与业务等方面具有变化快、监管难、易造成地域性食品安全事件等问题。目前，我国施行的是在国家市场监督管理总局领导下的以城管监管方式为主的食品监管体制，大多只能对数量众多的小微型食品企业的社会责任特别是食品安全问题进行临时抽查，不少小微型食品企业与城管玩着"猫抓老鼠"的游戏，这种监管方式难以从根本上防治小微型食品企业可能引发的食品安全、环境污染、欺诈未成年人等社会责任负面事件的发生。目前，除了各地方的食品药品监督局强制要求小微型食品企业披露食品安全信誉星级信息等部分社会责任信息之外，其他履行社会责任的信息为非公开信息。例如，根据我国施行的《餐饮服务许可管理办法》《餐饮服务食品安全监督管理办法》《餐饮服务许可审查规范》等从落实餐饮服务许可分类管理制度等方面强制规定了餐饮类食品企业应当履行相关的社会责任，但无须公开披露这些信息，加之大多数食品是经验品（只能够在使用后才能确认其特征的产品）和信任品（其质量即使在消费之后仍然不能确定）。这就造成了消费者、监管方与小微型食品企业在享有社会责任方面的信息不对称，易导致小微型食品企业违背社会责任，消费者遭受损失，监管者难以精准监管等问题。因此，本书采取设计测量量表，对小微型食品企业履行社会责任活动的直接责任人或信息掌握最为充分者（通常为店主或管家）进行逐一问卷调查的方式掌握其社会责任履行现状，为对小微型食品企业社会责任进行协同治理提供现实依据。

一、小微型食品企业社会责任测量量表的设计

同样基于前述本书构建的食品企业社会责任评价框架，并与前述设计的食品行业上市公司设计的社会责任测量量表保持一致，本部分设计的小微型食品企业社会责任测量量表同样包括责任治理、食品安全责任、法律责任、环境责任和经济责任五个维度。由于目前我国小微型食品企业业主或管理者理解和履行社会责任的现状处于较低水平，店主对专业性较强的调查问卷的理解存在一定困难，因此本书在测量量表中隐去上述五个企业社会责任维度

的提法，同时为了简化，也不设社会责任子维度，而是针对当前我国小微型食品企业履行社会责任的侧重点对题项的数量与内容进行设计，例如，食品安全责任维度是当前小微型食品企业面临的最关键、最敏感的维度，在该维度下设计了 8 个问题，而责任治理维度敏感性相对较弱，该维度下仅设计了4 个问题。为谨慎起见，在开展大样本调研之前，本书先进行了小样本预调研，并邀请 3 位企业社会责任领域的理论专家对预调研结果进行诊断后提出改进建议，还对 20 多位小微型食品企业店主进行了深度访谈以复核问卷对内容涵盖的完整性或易于理解性，最终保留了 25 个问题，在每个问题下设置了 5 个反映重要性程度差异的文字选项，目的在于避免了直接用李克特五点计分可能导致中庸地选择 3 分的"中值陷阱"，只需在对测量量表进行统计分析时转化为李克特五点计分结果。例如，在问题"与城管等监管部门发生的冲突"下设置了"很多、较多、一般、较少、很少"五个选项，对应的企业社会责任表现分值为 1～5 分。本书设计的"我国小微型食品企业社会责任测量量表"的具体内容如附录 2 所示。

二、小微型食品企业社会责任的调研工作

本书对原国家食品药品监督管理总局官方网站的"媒体报道"栏目所公示信息进行统计发现，我国西部地区和东中部地区的农业大省是食品安全事件的高发区，为使本次问卷调研更具有现实性和针对性，同时为了在保证调研有效性的前提下节省调研成本，本书将调研重点放在西南地区的重庆市和四川省，以及东部地区的农业大省山东省，并对浙江、河南、湖南、湖北、贵州等其他省区市做小样本调研，本次调研一共发放 2000 份测量量表，其中回收的有效量表为 1798 份，有效量表占比较高，这可能与本次调研采取由调研人员面对面引导被调查人员填写有关。通过对回收的 1978 份有效测量量表进行信度分析和效度分析发现，责任治理、法律责任、食品安全责任、环境责任和经济责任五个子维度的信度系数分别为 0.801、0.719、0.661、0.650 和 0.721，整个量表的内部一致性值为 0.837，五个子维度的 Cronbach's α 系数均大于 0.7。由于本测量量表的主要维度和题项是基于扎

根理论的归纳和参考国内外代表性文献编制，并吸收了专家的意见进行了适当调整，具备较强的内容效度；在结构效度方面，经计算发现五个维度的标准因子负载值均显著大于0.6，表明具有较强的收敛有效性；通过相关性分析发现，五个子维度内的题项相关系数均大于五个维度间的题项相关系数，表明具有良好的收敛有效性。总体上，本测量量表的内容效度与结构效度均符合经验标准。

三、小微型食品企业社会责任评价测量量表的结果分析

（一）描述性统计分析

样本地区小微型食品企业社会责任评价测量量表的统计结果和均值比较如表3-10~表3-14和图3-6所示。

表3-10   重庆市小微型食品企业（665家）社会责任量表结果的描述性统计

CSR 维度（均值）	问题	极小值	极大值	均值	标准差
责任治理（RG） （3.291）	Q_1	1.0	5.0	3.301	0.9662
	Q_2	1.0	5.0	3.359	0.8893
	Q_3	1.0	5.0	3.409	0.9715
	Q_4	1.0	5.0	3.096	0.9489
法律责任（LR） （2.758）	Q_5	1.0	5.0	3.173	0.8169
	Q_6	1.0	5.0	2.656	0.9602
	Q_7	1.0	5.0	3.068	0.9663
	Q_8	1.0	5.0	2.135	1.0470
食品安全责任（SR） （3.035）	Q_9	1.0	5.0	3.359	0.8739
	Q_{10}	1.0	5.0	3.158	0.8236
	Q_{11}	1.0	5.0	3.398	0.8810
	Q_{12}	1.0	5.0	2.379	0.9220
	Q_{13}	1.0	5.0	3.292	1.0190

续表

CSR 维度（均值）	问题	极小值	极大值	均值	标准差
食品安全责任（SR） （3.035）	Q_{14}	1.0	5.0	3.101	0.8522
	Q_{15}	1.0	5.0	3.024	0.8587
	Q_{16}	1.0	5.0	2.570	0.9498
环境责任（EPR） （2.943）	Q_{17}	1.0	5.0	3.165	0.8589
	Q_{18}	1.0	5.0	2.771	0.8496
	Q_{19}	1.0	5.0	2.911	1.0527
	Q_{20}	1.0	5.0	2.926	1.0638
经济责任（ER） （3.169）	Q_{21}	1.0	5.0	3.417	0.8778
	Q_{22}	1.0	5.0	2.692	1.0074
	Q_{23}	1.0	5.0	3.445	0.8852
	Q_{24}	1.0	5.0	3.080	0.8420
	Q_{25}	1.0	5.0	3.209	0.8305

表 3-11　　四川省小微型食品企业（117 家）社会责任量表结果的描述性统计

CSR 维度（均值）	问题	极小值	极大值	均值	标准差
责任治理（RG） （3.405）	Q_1	1	5	3.34	1.035
	Q_2	1	5	3.47	0.877
	Q_3	1	5	3.43	0.941
	Q_4	1	5	3.38	0.927
法律责任（LR） （2.910）	Q_5	1	5	3.38	0.918
	Q_6	1	5	2.72	1.113
	Q_7	1	5	3.16	1.174
	Q_8	1	5	2.38	1.024
食品安全责任（SR） （3.078）	Q_9	2	5	3.32	0.816
	Q_{10}	1	5	3.22	0.671
	Q_{11}	2	5	3.28	0.859
	Q_{12}	1	5	2.80	0.967

续表

CSR 维度（均值）	问题	极小值	极大值	均值	标准差
食品安全责任（SR） （3.078）	Q_{13}	1	5	3.29	1.182
	Q_{14}	1	5	3.07	0.848
	Q_{15}	1	5	2.99	0.914
	Q_{16}	1	5	2.65	1.309
环境责任（EPR） （3.115）	Q_{17}	1	5	3.31	0.804
	Q_{18}	1	5	3.19	0.860
	Q_{19}	1	5	2.93	1.040
	Q_{20}	1	5	3.03	1.224
经济责任（ER） （3.382）	Q_{21}	1	5	3.51	0.867
	Q_{22}	1	5	3.09	1.075
	Q_{23}	1	5	3.45	0.942
	Q_{24}	1	5	3.38	0.926
	Q_{25}	1	5	3.48	0.943

表 3 – 12　　山东省小微型食品企业（696 家）社会责任量表结果的描述性统计

CSR 维度（均值）	问题	极小值	极大值	均值	标准差
责任治理（RG） （3.233）	Q_1	1.0	5.0	3.652	1.0177
	Q_2	1.0	5.0	3.671	0.8828
	Q_3	1.0	5.0	3.402	0.9516
	Q_4	1.0	5.0	3.233	0.9894
法律责任（LR） （2.479）	Q_5	1.0	5.0	3.203	0.6575
	Q_6	1.0	5.0	2.428	0.9777
	Q_7	1.0	5.0	2.647	0.9972
	Q_8	1.0	5.0	1.639	0.8469
食品安全责任（SR） （3.061）	Q_9	1.0	5.0	3.839	0.8135
	Q_{10}	1.0	5.0	3.105	0.7693
	Q_{11}	1.0	5.0	3.869	0.9097

续表

CSR 维度（均值）	问题	极小值	极大值	均值	标准差
食品安全责任（SR） （3.061）	Q_{12}	1.0	5.0	1.851	0.8786
	Q_{13}	1.0	5.0	3.616	0.9280
	Q_{14}	1.0	5.0	3.237	0.9788
	Q_{15}	1.0	5.0	2.803	1.0444
	Q_{16}	1.0	5.0	2.168	0.8678
环境责任（EPR） （2.727）	Q_{17}	1.0	5.0	3.355	0.8678
	Q_{18}	1.0	5.0	2.703	0.9410
	Q_{19}	1.0	5.0	2.362	1.0212
	Q_{20}	1.0	5.0	2.486	1.0701
经济责任（ER） （3.242）	Q_{21}	1.0	5.0	3.503	0.7920
	Q_{22}	1.0	5.0	2.318	0.9751
	Q_{23}	1.0	5.0	3.898	0.8204
	Q_{24}	1.0	5.0	2.976	0.8229
	Q_{25}	1.0	5.0	3.514	0.8698

表 3–12   其他省区市小微型食品企业（320 家）社会责任量表结果的描述性统计

CSR 维度（均值）	问题	极小值	极大值	均值	标准差
责任治理（RG） （3.333）	Q_1	1	5	3.30	1.046
	Q_2	1	5	3.40	0.802
	Q_3	1	5	3.40	0.894
	Q_4	1	5	3.23	0.804
法律责任（LR） （2.850）	Q_5	1	5	3.28	0.751
	Q_6	1	5	2.58	0.996
	Q_7	1	5	3.19	0.940
	Q_8	1	5	2.35	0.997

续表

CSR 维度（均值）	问题	极小值	极大值	均值	标准差
食品安全责任（SR） （3.077）	Q_9	1	5	3.39	0.860
	Q_10	1	5	3.28	0.824
	Q_11	1	5	3.41	0.863
	Q_12	1	5	2.52	0.970
	Q_13	1	5	3.322	1.0412
	Q_14	1	5	3.22	0.781
	Q_15	1	5	3.02	0.871
	Q_16	1	5	2.45	0.912
环境责任（EPR） （3.040）	Q_17	1	5	3.28	0.851
	Q_18	1	5	2.95	0.849
	Q_19	1	5	2.90	1.028
	Q_20	1	5	3.03	1.068
经济责任（ER） （3.274）	Q_21	1	5	3.456	0.8912
	Q_22	1	5	2.984	1.0216
	Q_23	1	5	3.41	0.892
	Q_24	1	5	3.23	0.809
	Q_25	1	5	3.291	0.9028

表 3 - 13　汇总的小微型食品企业（1798 家）社会责任量表结果的描述性统计

CSR 维度（均值）	问题	极小值	极大值	均值	标准差
责任治理（RG） （3.383）	Q_1	1.0	5.0	3.439	1.0187
	Q_2	1.0	5.0	3.495	0.8819
	Q_3	1.0	5.0	3.407	0.9477
	Q_4	1.0	5.0	3.191	0.9425
法律责任（LR） （2.676）	Q_5	1.0	5.0	3.216	0.7559
	Q_6	1.0	5.0	2.557	0.9890
	Q_7	1.0	5.0	2.933	1.0146
	Q_8	1.0	5.0	1.998	1.0075

续表

CSR 维度（均值）	问题	极小值	极大值	均值	标准差
食品安全责任（SR） （3.055）	Q_9	1.0	5.0	3.547	0.8755
	Q_{10}	1.0	5.0	3.164	0.7958
	Q_{11}	1.0	5.0	3.576	0.9176
	Q_{12}	1.0	5.0	2.226	0.9694
	Q_{13}	1.0	5.0	3.423	1.0116
	Q_{14}	1.0	5.0	3.172	0.8935
	Q_{15}	1.0	5.0	2.935	0.9455
	Q_{16}	1.0	5.0	2.399	0.9585
环境责任（EPR） （2.888）	Q_{17}	1.0	5.0	3.269	0.8609
	Q_{18}	1.0	5.0	2.803	0.8959
	Q_{19}	1.0	5.0	2.698	1.0685
	Q_{20}	1.0	5.0	2.780	1.1030
经济责任（ER） （3.230）	Q_{21}	1.0	5.0	3.463	0.8476
	Q_{22}	1.0	5.0	2.625	1.0383
	Q_{23}	1.0	5.0	3.615	0.8938
	Q_{24}	1.0	5.0	3.086	0.8423
	Q_{25}	1.0	5.0	3.359	0.8769

表 3 – 14　　　　　　　　各地小微型食品企业 CSR 均值比较

维度	重庆市	四川省	山东省	其他省区市	全样本
责任治理	3.291	3.405	3.233	3.333	3.383
法律责任	2.758	2.91	2.479	2.85	2.676
食品安全责任	3.035	3.078	3.061	3.077	3.055
环境责任	2.943	3.115	2.727	3.04	2.888
经济责任	3.169	3.382	3.242	3.274	3.230

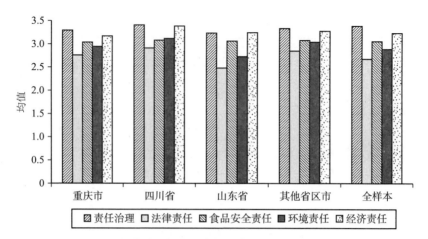

图 3 - 6　样本地区样本的小微型食品企业 CSR 均值比较

根据图 3 - 6 和表 3 - 14 可见，重庆市、四川省、山东省、其他省区市和全样本（前四个区域之和）的小微型食品企业履行社会责任的均值不存在显著差异，表明目前地域因素不是影响我国小微型食品企业履行社会责任的敏感因素，尚需调研探索其他重要影响因素，才能为制定相关治理政策提供参考。在每个样本区域的五个社会责任维度中，履行状况由优到次的顺序为责任治理、经济责任、食品安全责任、环境责任与法律责任。这表明我国小微型食品企业开始注重包括社会责任治理在内的公司治理，并取得了较好的治理效果；同样，作为市场经济的产物，小微型食品企业将经济责任置于首要地位，以营利作为企业生存和发展的前提，表明小微型食品企业的认识和行动已日趋具备经济人理性；食品安全责任维度仅次于经济责任维度，表明食品安全问题作为困扰我国小微型企业发展的难题开始受到重视，已经认识到食品安全问题与经济利益甚至企业生死存亡的重要关联性；环境责任与法律责任是表现最差的两个社会责任维度，表明我国大多数小微型食品企业的"保护绿水青山"等环境保护意识和行动较弱，对法律法规的认识也处于较低水平，甚至存在不少违法违规问题。

（二）小微型食品企业社会责任维度之间的关系评价

在上述五个区域样本中，由于四川省只有 117 家，不适合单独做结构方

程模型分析，因此本书基于川渝地区在地域、经济、文化等方面的共同性将重庆市与四川省的样本进行合并，形成川渝地区小微型食品企业样本。以下就川渝地区、山东省、其他省区市、汇总样本分别进行结构方程模型分析，以检验小微型食品企业 CSR 维度之间的定量关系。

1. 川渝地区小微型食品企业社会责任维度之间的关系评价

据表 3 – 15 可见，该结构方程模型的整体适配度评价指标表现良好，其中增值适配度指数和简约适配度指数均达到标准值或超过临界值。

表 3 – 15　　川渝地区小微型食品企业 CSR 维度间关系的结构方程的适配度

整体模型适配度评价指标		指标值	标准值或临界值
绝对适配度指数	卡方自由度比（CMIN/DF）	2.813	1≤CMIN/DF≤3
	良适性指数（GFI）	0.950	≥0.90
	残差均方和平方根（RMR）	0.009	≤0.05
	渐进残差均方和平方根（RMSEA）	0.011	≤0.08
	非集中性参数（NCP）	211.738	越小越好
增值适配度指数	规准适配指数（NFI）	0.967	≥0.90
	相对适配指数（RFI）	0.946	≥0.90
	增值适配指数（IFI）	0.922	≥0.90
	非规准适配指数（TLI）	0.961	≥0.90
	比较适配指数（CFI）	0.951	≥0.90
简约适配度指数	简约适配度指数（PCFI）	0.651	≥0.50
	简约规准适配指数（PNFI）	0.629	≥0.50

如图 3 – 7 所示，在川渝地区小微型食品企业社会责任的五个维度中，居于模型中心并发挥统驭作用的责任治理对食品安全责任、法律责任、环境责任与经济责任均具有显著的正向促进作用，其中责任治理对经济责任的促进作用最强（系数值为 0.948），对环境责任的促进作用最弱（系数值为 0.617），表明目前川渝地区小微型食品企业在责任治理方面将履行经济责任、实现企业的财务可持续发展作为首要任务，即主要解决如何在市场竞争

中"活下去"的问题；但对环境责任重视不够，存在侧重追求短期经济利益的行为，需要加强该维度的治理与行动。责任治理对法律责任的影响居于第二位（系数值为0.934），表明川渝地区小微型食品企业的学法守法意识日益增强，将法律风险的防控置于仅次于经济利益的地位；责任治理对食品安全责任的影响居于第三位（系数值为0.864），可见目前川渝地区小微型食品企业在食品安全工作方面的重视与投入力度不足，需要强化。

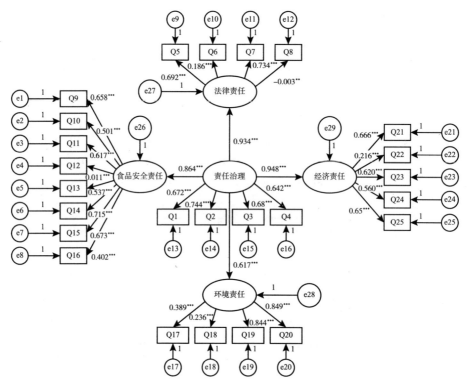

图3－7　川渝地区小微型食品企业社会责任维度间关系的结构方程模型检验结果

注：图中的数据值为标准化系数，采用极大似然估计方法，***、**分别表示在1%和5%的显著性水平内显著。

2. 山东省小微型食品企业社会责任维度之间的关系评价

如表3－16所示，绝对适配度指数、增值适配度指数和简约适配度指数大多达到标准值或超过临界值，表明该模型的整体适配度较好，尽管相对适

配指数（RFI）和比较适配指数（CFI）两项增值适配度指数稍低于标准值，但根据前人的经验研究表明这并不影响模型整体适配度的有效性。

表3-16 山东省小微型食品企业CSR维度间关系的结构方程的适配度

整体模型适配度评价指标		指标值	标准值或临界值
绝对适配度指数	卡方自由度比（CMIN/DF）	2.538	1≤CMIN/DF≤3
	良适性指数（GFI）	0.939	≥0.90
	残差均方和平方根（RMR）	0.038	≤0.05
	渐进残差均方和平方根（RMSEA）	0.069	≤0.08
	非集中性参数（NCP）	177.166	越小越好
增值适配度指数	规准适配指数（NFI）	0.928	≥0.90
	相对适配指数（RFI）	0.878	≥0.90
	增值适配指数（IFI）	0.961	≥0.90
	非规准适配指数（TLI）	0.922	≥0.90
	比较适配指数（CFI）	0.895	≥0.90
简约适配度指数	简约适配度指数（PCFI）	0.616	≥0.50
	简约规准适配指数（PNFI）	0.568	≥0.50

如图3-8所示，在山东省小微型食品企业社会责任的五个维度中，居于模型中心的责任治理对食品安全责任、法律责任、环境责任与经济责任均具有显著的正向促进作用，其中责任治理对法律责任的促进作用最强（系数值为0.91），对环境责任的促进作用最弱（系数值为0.565），并且仅在10%的水平上显著，表明目前山东省的小微型食品企业在责任治理实践中将履行法律责任、保障企业在合法守法的轨道上运营作为首要责任，即首要解决的是在市场竞争中"守规则"的问题；但山东省小微型食品企业对环境责任很不重视，环境保护意识与行动均较差，需要加强环境维度的整治与改进；责任治理对食品安全责任的影响居于第二位（系数值为0.891），表明山东省小微型食品企业的对食品安全法规的学习、食品安全技术与管理的实施较好；责任治理对经济责任的影响居于第三位（系数值为0.862），可见

目前山东省的小微型食品企业是在履行法律责任和食品安全责任的前提下追求经济利益并履行良好经济责任的，已经初步实现基于现代法治经济的可持续发展，但其环境责任是短板，需要加大改进力度。

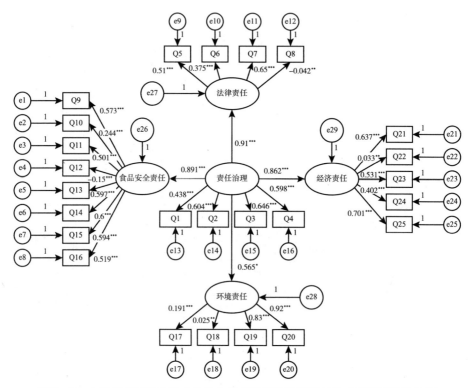

图3-8　山东省小微型食品企业社会责任维度间关系的结构方程模型检验结果

注：图中的数据值为标准化系数，采用极大似然估计方法，***、**、*分别表示在1%、5%和10%的显著性水平内显著。

3. 其他省区市小微型食品企业社会责任维度之间的关系评价

如表3-17所示，其他省区市小微型食品企业社会责任维度间关系的结构方程模型绝对适配度指数、增值适配度指数和简约适配度指数均达到标准值或超过临界值，表明该模型的整体适配度较好，有效性较高。

表 3 – 17　其他省区市小微型食品企业社会责任维度间关系的结构方程模型的适配度

整体模型适配度评价指标		指标值	标准值或临界值
绝对适配度指数	卡方自由度比（CMIN/DF）	2.464	1≤CMIN/DF≤3
	良适性指数（GFI）	0.929	≥0.90
	残差均方和平方根（RMR）	0.039	≤0.05
	渐进残差均方和平方根（RMSEA）	0.061	≤0.08
	非集中性参数（NCP）	202.275	越小越好
增值适配度指数	规准适配指数（NFI）	0.956	≥0.90
	相对适配指数（RFI）	0.926	≥0.90
	增值适配指数（IFI）	0.921	≥0.90
	非规准适配指数（TLI）	0.960	≥0.90
	比较适配指数（CFI）	0.920	≥0.90
简约适配度指数	简约适配度指数（PCFI）	0.650	≥0.50
	简约规准适配指数（PNFI）	0.628	≥0.50

如图 3 – 9 所示，其他省区市（包括浙江、河南、湖南、湖北、贵州等省区市）的小微型食品企业社会责任的五个维度中，居于中心地位的责任治理对食品安全责任、法律责任、环境责任与经济责任均具有显著的正向促进作用，其中责任治理对法律责任的促进作用最强（系数值为 0.95），对环境责任的促进作用最弱（系数值为 0.628），表明目前这些地区的小微型食品企业在责任治理实践中将履行法律责任、保障合法守法运营作为企业履行社会责任的首要责任和前提条件，即企业首要解决的是在市场竞争中"守规则"；但这些地区的小微型食品企业对环境责任不够重视，环境保护意识与行动均较差，需要加强环境责任维度的整治与改进；责任治理对经济责任的影响居于第二位（系数值为 0.944），其系数非常接近责任治理对法律责任的影响，呈现"齐头并进"的局面；责任治理对食品安全责任的影响居于第三位（系数值为 0.903），表明其他省区市小微型食品企业的对食品安全法规的学习、食品安全技术与管理的实施较好。

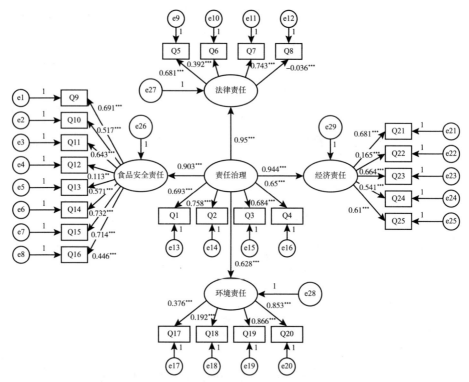

图3-9　其他省区市小微型食品企业社会责任维度间关系的结构方程模型检验结果

注：图中的数据值为标准化系数，采用极大似然估计方法，***、**分别表示在1%和5%的显著性水平内显著。

4. 全样本小微型食品企业社会责任维度之间的关系评价

根据表3-18所示，全样本小微型食品企业（包括前述川渝地区、山东省和其他省区市的小微型食品企业）社会责任维度间关系的结构方程模型绝对适配度指数、增值适配度指数和简约适配度指数均达到标准值或超过临界值，可见在全样本情形下该模型的整体适配度更好，一致性、无偏性与有效性更高，当然相比前述三个子样本，全样本牺牲了部分简约度，其简约适配度指标值较低，但也达到标准值。

表 3 – 18　　全样本小微型食品企业社会责任维度间关系的结构方程的适配度

整体模型适配度评价指标		指标值	标准值或临界值
绝对适配度指数	卡方自由度比（CMIN/DF）	2.477	$1 \leqslant CMIN/DF \leqslant 3$
	良适性指数（GFI）	0.905	$\geqslant 0.90$
	残差均方和平方根（RMR）	0.012	$\leqslant 0.05$
	渐进残差均方和平方根（RMSEA）	0.061	$\leqslant 0.08$
	非集中性参数（NCP）	465.369	越小越好
增值适配度指数	规准适配指数（NFI）	0.939	$\geqslant 0.90$
	相对适配指数（RFI）	0.901	$\geqslant 0.90$
	增值适配指数（IFI）	0.943	$\geqslant 0.90$
	非规准适配指数（TLI）	0.915	$\geqslant 0.90$
	比较适配指数（CFI）	0.902	$\geqslant 0.90$
简约适配度指数	简约适配度指数（PCFI）	0.589	$\geqslant 0.50$
	简约规准适配指数（PNFI）	0.577	$\geqslant 0.50$

　　如图 3 – 10 所示，全样本的小微型食品企业社会责任的五个维度中，居于中心地位的责任治理对食品安全责任、法律责任、环境责任与经济责任均具有显著的正向促进作用，其中责任治理对经济责任的促进作用最强（系数值为 0.93），对环境责任的促进作用最弱（系数值为 0.513），可见，从总体上看，目前我国的小微型食品企业在责任治理实践中将履行经济责任、实现企业的经济可持续发展作为首要任务，即主要解决如何在市场竞争中"活下去"的问题；但对环境责任有所忽视，存在侧重追求短期经济利益而损害生态环境的行为，需要加强环境责任维度的治理；我国小微型食品企业将履行法律责任、保障合法守法运营作为企业履行 CSR 的第二个重要维度（系数值为 0.903），即其在保障取得经济利益的前提下尽可能遵守法律法规，解决在市场经济中的"守规则"问题；责任治理对食品安全责任的影响居于第三位（系数值为 0.865），仅比第四位的环境责任表现好一些，这反映了目前我国小微型食品企业在食品安全意识培育、技术应用与管理经验方面还很薄弱，需要政府、社会、行业及企业

自身协同加强食品安全责任水平的提升。

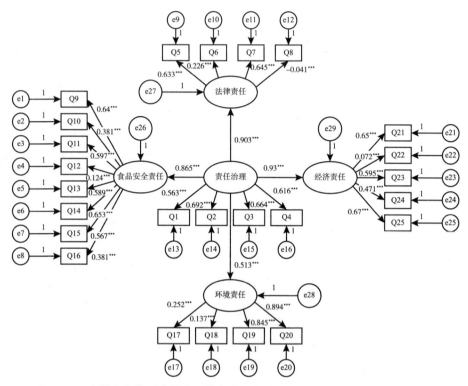

图3-10　全样本小微型食品企业社会责任维度间关系的结构方程模型检验结果

注：图中的数据值为标准化系数，采用极大似然估计方法，***、** 分别表示在1%和5%的显著性水平内显著。

5. 川渝地区、山东省、其他省区市与全样本小微型食品企业社会责任维度关系的比较分析

图3-11汇集了图3-6～图3-10中关于责任治理对法律责任、食品安全责任、环境责任和经济责任产生影响的标准化系数。根据图3-11可见，四个样本的社会责任呈现的责任治理效果的共同特征为：法律责任表现最好，经济责任表现次之，食品安全责任的表现处于第三位，环境责任的表现最差。该结论反映了我国小微型食品企业已经逐渐成为合法经营是前提、实现经济利益为目标的理性经济人，但由于自身的食品安全管理水平、技术

条件与意识处于较低层次原因，履行食品安全责任做得不够；值得注意的是，我国小微型食品存在普遍忽视生态环境保护的问题，产生各种类型污染的问题较严重，对环境责任的履行处于较低水平，这是亟待解决的短板问题。

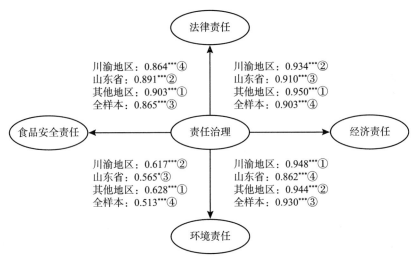

图 3 – 11　川渝地区、山东省、其他省区市与全样本小微型食品企业社会责任分析结果比较

注：图中的数据值为标准化系数，采用极大似然估计方法，***、**、*分别表示在 1%、5% 和 10% 的显著性水平内显著；①②③④表示按系数值从大到小的排序。

从区域来看，责任治理对法律责任、食品安全责任和环境责任发挥治理作用最好的是其他省区市（包括浙江、河南、湖南、湖北、贵州省等省区市），这些省区市大多位于我国中部地区，其市场经济环境相对较成熟，其守法守规、食品安全管理与技术、环境保护的意识与行为表现均处于最优水平。在责任治理对经济责任的促进方面，川渝地区的小微型食品企业表现最差，山东省的小微型食品企业的表现最差。这些比较分析结果为不同区域的小微型食品企业明确其履行社会责任的优势发挥和短板改进的方向。

第五节　本章小结

　　本章首先分析了利益相关者理论、"金字塔"理论、"三重底线"理论等主流企业社会责任理论的优势与不足，选用利益相关者理论、"金字塔"理论并引入食品安全治理理论，基于我国食品企业社会责任治理的特色构建了一个"食品企业社会责任评价框架"。其次，在比较现有企业社会责任评价研究方法的优劣势的前提下，确定本章结合运用具有质性研究优势的扎根理论与具有量化分析系统性、复杂性关系优势的测量量表与结构方程模型分析方法。最后，对我国包括食品制造业、农副食品加工业、农林牧渔业、住宿和餐饮业与酒、饮料及精制茶制造业五个子行业的 194 家食品饮料业上市公司进行档案数据分析，以及重庆、四川、山东、浙江、河南、湖南、湖北、贵州等省区市的 1798 家小微型食品企业进行实地量表调研的基础进行了企业社会责任评价研究，评价结果包括责任治理、法律责任、食品安全责任、环境责任和经济责任五个责任维度的单独表现，以及处于中心指导地位的责任治理对其他四个维度的作用程度。本章的结论为后续章节进一步研究我国食品企业履行社会责任的协同治理对策提供了具有现实针对性的质性和量化依据。

第四章

食品企业社会责任的协同治理机制研究

第一节　食品企业社会责任治理主体间的关系研究

从利益相关者理论与食品行业的经营特征来看，食品企业社会责任的利益相关者包括投资者、债权人、政府相关职能部门、职工、消费者、供应链企业、同业竞争者、社区、非营利组织、社会公众及人格化的生态环境等，其中除生态环境之外的利益相关者均属于我国当前推行的"社会共治"模式下的治理主体。食品企业社会责任的治理问题其实是食品企业与其利益相关者之间的矛盾关系的科学处理的动态过程，因此，对于我国食品企业履行社会责任的评价，除了从责任治理、法律责任、食品安全责任、环境责任与经济责任五个内容维度进行系统评价外，还需要从食品企业与其他治理主体之间的作用关系角度进行全面评价，从而将与食品企业的发展战略和经营活动息息相关的治理主体辨识出来，构建科学的社会责任治理机制并采取有效的实施路径加以实施。

一、食品行业上市公司社会责任治理主体间的关系分析

如第三章所述，我国食品行业上市公司包括食品制造业，农副食品加工业，农林牧渔业，住宿和餐饮业，酒、饮料及精制茶制造业五个子行业，本书选取沪深股市 2018 年以前（因数据获取原因，不含 2018 年）上市的 194 家食品饮料业上市公司为研究样本，其中包括食品制造业 40 家，农副食品加工业 45 家，农林牧渔业 52 家，酒、饮料和精制茶业 44 家，住宿和餐饮业 13 家。第三章主要基于企业社会责任的五个维度视角对食品企业社会责任进行了定性分析与定量评价，本章则基于治理主体间的作用关系视角对食品企业社会责任的治理现状进行定性分析与定量评价。同样基于附录 1 列示的"食品行业上市公司社会责任测量量表"，本部分首先基于食品上市公司社会责任的治理主体视角，采用系统聚类分析方法进行探索性分析，发现目前我国食品上市公司社会责任的治理主体主要包括食品上市公司、消费者、竞争者（主要为同行业其他食品上市公司）、政府（包括食品药品安检、环

保部门等各级代表公权力的政府职能部门）、社区、投资者（包括股东、债权人、职工等财力资本与人力资本投入者）、供应链（包括供应商与销售商等）七类治理主体。具体情况如表 4 – 1 所示。

表 4 – 1　　　　　　　　我国食品行业上市公司 CSR 的治理主体

治理主体	测量量表中匹配的题项（见附录 1）
公司	Q1 ~ Q10
消费者	Q11 ~ Q13；Q17、Q18
竞争者	Q14 ~ Q16
政府	Q19 ~ Q22；Q27 ~ Q29
社区	Q2 ~ Q26；Q30、Q31
投资者	Q32 ~ Q34
供应链	Q35 ~ Q38

注：Q1 ~ Q38 表示 Q1 ~ Q38 共 38 个题项。

基于表 4 – 1 中对治理主体的分类及测量量表中匹配的题项（见附录 1）分值，运用结构方程模型进行拟合，结果如图 4 – 1 所示，公司、政府、消费者、投资者、社区、供应链六个企业社会责任治理主体的测量模型的拟合系数均在 5% 的显著性水平及以上显著为正，表明测量量表设置的各个题目的有效性较强，较全面充分地表征了各利益相关者对食品上市公司履行社会责任的关联程度。在公司与政府、竞争者、消费者、投资者、社区、供应链的结构模型关系中，公司与政府（系数为 0.95）、投资者（系数为 0.97）、供应链（系数为 0.63）均在 1% 的水平上显著正相关，公司与消费者（系数为 0.56）、社区（系数为 0.47）均在 5% 的水平上显著正相关，但公司与竞争者（系数为 0.16）仅在 10% 的水平上显著正相关。这表明，目前在食品行业上市公司社会责任的治理主体中，政府、投资者、供应链三个主体对公司社会责任的治理发挥着重要作用，其中，政府代表行政权力，投资者与供应商代表直接的经济利益相关者，即目前对公司社会责任治理产生正向促

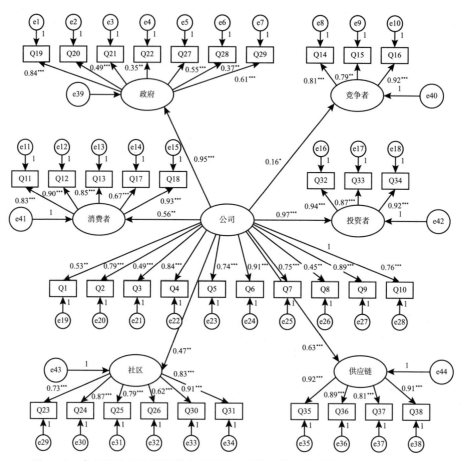

图4-1　食品行业上市公司社会责任治理主体间关系的结构方程模型分析结果

注：1. 图中的数据值为标准化系数，采用极大似然估计方法，***、**、*分别表示在1%、5%和10%的显著性水平内显著。

2. 本书采用的 e_i（$i=1$，…，38）为测量误差变量（或称残差变量），AMOS软件将其起始值设为1（本书的其他图表中同注）。

进作用的主要是行政权力与经济利益；而直接受公司社会责任行为产生重要影响的消费者和社区对公司社会责任治理的积极作用发挥十分有限，即代表社会权力的消费者和社区在公司社会责任治理中发挥的作用不足；此外，同行业竞争者对公司社会责任发挥的治理作用最弱，表明目前市场竞争中主要为传统产品的成本价格等经济属性的竞争，缺乏产品承载的企业社会责任属性的竞争，即目前我国食品行业的要素市场和资本市场对企业社会责任治理

尚未发挥应有的作用。

由表 4 - 2 可见，该结构方程模型的整体适配度评价指标表现良好，其中增值适配度指数和简约适配度指数均达到标准值或超过临界值，但残差均方和平方根（RMR）和渐进残差均方和平方根（RMSEA）两项绝对适配度指数稍偏离标准值，但对模型整体适配度的影响不大。

表 4 - 2　　食品行业上市公司社会责任治理主体间关系的结构方程模型的适配度

整体模型适配度评价指标		指标值	标准值或临界值
绝对适配度指数	卡方自由度比（CMIN/DF）	2.069	1≤CMIN/DF≤3
	良适性指数（GFI）	0.910	≥0.90
	残差均方和平方根（RMR）	0.057	≤0.05
	渐进残差均方和平方根（RMSEA）	0.081	≤0.08
	非集中性参数（NCP）	183.225	越小越好
增值适配度指数	规准适配指数（NFI）	0.931	≥0.90
	相对适配指数（RFI）	0.859	≥0.90
	增值适配指数（IFI）	0.913	≥0.90
	非规准适配指数（TLI）	0.887	≥0.90
	比较适配指数（CFI）	0.924	≥0.90
简约适配度指数	简约适配度指数（PCFI）	0.750	≥0.50
	简约规准适配指数（PNFI）	0.682	≥0.50

二、小微型食品企业社会责任治理主体间的关系分析

同样基于附录 2 列示的"小微型食品企业社会责任测量量表"，本部分首先基于我国小微型食品企业社会责任的治理主体视角，采用系统聚类分析方法进行探索性分析，发现目前我国小微型食品企业社会责任的治理主体主要包括食品企业、消费者、政府（包括食品药品安检、环保部门等各级代表公权力的政府职能部门）、社区、投资者（包括所有者和债权人）、供应

链（包括供应商与销售商）六类治理主体，与食品行业上市公司相比，无同业竞争者这一治理主体，表明目前我国小微型食品企业通过同行业竞争来履行和提升社会责任治理水平的途径尚未形成。具体情况如表4-3所示。

表4-3　　　　　　　我国小微型食品企业社会责任的治理主体

治理主体	测量量表中匹配的题项（见附录2）
企业	Q1、Q2、Q3
消费者	Q7、Q11、Q12
政府	Q4、Q8、Q13
社区	Q18、Q19、Q20、Q25
投资者	Q17、Q21、Q22、Q24
供应链	Q9、Q10、Q23
职工	Q5、Q6、Q14、Q15、Q16

注：表中Q1~Q25对应附录2中的各题项。

基于表4-3中对治理主体的分类及测量量表中匹配的题项（见附录2）分值，运用结构方程模型进行拟合，结果如图4-2所示：企业、政府、消费者、投资者、供应链五个社会责任治理主体的测量模型的拟合系数均在5%的显著性水平及以上显著为正，表明测量量表设置的各题项的有效性较强，较全面充分地表征了我国小微型食品企业社会责任各利益相关者（即治理主体）的行为表现。在小微型食品与政府、消费者、投资者、社区、供应链与职工的结构模型关系中，企业与政府（系数为0.94）、投资者（系数为0.95）、职工（系数为0.91）均在1%的水平上显著正相关，企业与消费者（系数为0.57）、供应链（系数为0.65）均在5%的水平上显著正相关，但企业与社区（系数为0.29）仅在10%的水平上显著正相关。这表明，目前在我国小微型食品企业社会责任的治理主体中，政府、投资者和职工发挥着主要作用，其中，政府代表行政权力，投资者与职工代表直接的经济利益相关者，即目前对企业社会责任治理产生正向促进作用的主要是行政权力与经济利益；而直接受企业社会责任行为产生重要影响的消费者、供应链（包括供应商和销售商）参与治理的作用发挥十分有限，即代表社会权力的消费者和对经济利益分配起重要作用的供应链在企业社会责任治理中发挥的作用不足；此外，社区对小微型食品企业履行社会责任发挥的治理作用最弱，社区这一治理主体的地域与文化、治理成本和治理效率优势尚未发挥。

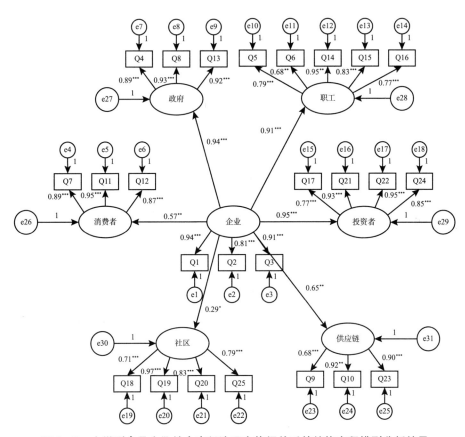

图 4 - 2　小微型食品企业社会责任治理主体间关系的结构方程模型分析结果

注：图中的数据值为标准化系数，采用极大似然估计方法，***、**、* 分别表示在1%、5% 和10% 的显著性水平内显著。

根据表 4 - 4 可知，该结构方程模型的整体适配度评价指标表现良好，其中增值适配度指数和简约适配度指数均达到标准值或超过临界值，这可能是由于采用较大样本（共1798家小微型食品企业）并采用结构方程模型的适配度修正功能实现的，比前述食品行业上市公司（共194家）的小样本拟合适度更佳。

表4-4 小微型食品企业社会责任治理主体间关系的结构方程模型的适配度

整体模型适配度评价指标		指标值	标准值或临界值
绝对适配度指数	卡方自由度比（CMIN/DF）	1.890	1≤CMIN/DF≤3
	良适性指数（GFI）	0.923	≥0.90
	残差均方和平方根（RMR）	0.047	≤0.05
	渐进残差均方和平方根（RMSEA）	0.069	≤0.08
	非集中性参数（NCP）	211.853	越小越好
增值适配度指数	规准适配指数（NFI）	0.929	≥0.90
	相对适配指数（RFI）	0.864	≥0.90
	增值适配指数（IFI）	0.930	≥0.90
	非规准适配指数（TLI）	0.909	≥0.90
	比较适配指数（CFI）	0.921	≥0.90
简约适配度指数	简约适配度指数（PCFI）	0.627	≥0.50
	简约规准适配指数（PNFI）	0.631	≥0.50

第二节 食品企业社会责任协同治理的理论基础

上述对我国食品企业社会责任治理主体间关系的实证结果表明，目前各个主要治理主体在我国食品企业（包括食品行业上市公司与小微型食品企业）社会责任的协同治理过程中存在发挥的作用失衡、工作缺少协同、信息难以共享、社区等少数治理主体基本尚未发挥治理作用等问题，这就需要针对这一现状构建我国食品企业社会责任的协同治理机制。

一、协同治理理论产生的历史背景

治理理论的发展有其自身的发展脉络。20 世纪 80 年代以来，世界各国先后经历了经济滞涨、市场功能紊乱，社会公共事务日益复杂化、动态化、多元化与社会组织数量匮乏、力量弱小等历史（姜亦炜，2018）[①]。从亚当·斯密的古典经济学开始，到哈耶克、弗里德曼的新自由主义，再到布坎南的公共选择理论，都对政府包办公共行政服务提出质疑，并提出了"政府失灵"假设，该假设认为作为一个非竞争性的公共选择主体，存在着自身的利益，无法满足社会公共服务的需要，并伴随效率低下、无从监管的弊病，这直接推动了以撒切尔夫人为代表的 20 世纪 80 年代的"新公共管理运动"。在此次运动中，公共服务外包、特许经营权转让成为其主要特征，但它将公民当作客户的理念，隐含着把公民视作公共服务和公共产品的被动接受者，忽视了政府或者其他公共服务机构与公民之间的协作关系。于是人们寄希望于第三部门，非政府组织的理论应运而生。但是与之前的政府与市场一样，非政府组织也有其自身的局限性，萨拉蒙称之为"志愿失灵"；它表现在供给不足、特殊主义、家长式作风和业余性，志愿失灵再次印证了单一主体治理的局限性。可以说，由市场、政府和社会共同参与的"治理"是对历史上出现的"市场失灵""政府失灵"和"志愿失灵"问题的现实回应，是各国政府公共管理模式在不断"试错"后做出的必然选择。

协同理论是德国物理学家哈肯于 1971 年提出的，主要研究复杂开放系统在远离平衡状态，且与外界有物质、能量交换的情况下，如何通过内部产生的协同效应和自组织效应形成时间、空间和功能上的有序结构。其理论架构主要包括三个方面：一是协同效应，即因协同作用而出现的结果或影响，其成为建构有序系统结构的内在驱动力，促动系统质变的发生，从而产生协同效应；二是伺服原理，其规定了系统质变临界点上的简化规则，掌控着系

[①] 姜亦炜. 地方政府社会职能转变的逻辑与路径——基于协同治理理论的思考［J］. 湖州师范学院学报，2018，40（3）：71－78.

统演化的全局；三是自组织原理，其以自生性与内在性促使内部系统按照一定规则完成组织建构。

协同治理则是协同理论与治理理论结合的产物，是治理理论在复杂性时代的新发展，具有治理权威及主体的多元性、社会秩序的稳定性、系统的动态与协作性等价值理性，与包括食品安全在内的诸多公共安全领域实现理论契合，助力于这些问题的有效解决。自 1990 年以后，协同治理的思想和理论在世界范围内，特别是在欧美国家被广泛传播。在社会问题领域，协同治理以政府与其他社会主体间的协作和互动为价值皈依，充分发挥社会组织、非政府组织（NGO）、中介、企业、公民的管理潜力，致力于增进公共领域各利益相关方的协同参与，构成一个和谐有序高效的公共治理网络，进而实现扁平化、多元化的管理，最终呈现一种稳定而有序的状态。

二、协同治理理论的演进及其在食品企业社会责任治理中的应用

近年来，协同治理理论的形成经历了多中心治理理论、整体治理理论和社会共治理论的演进，是通过吸收这些理论的优势或特色最终整合形成的。

（一）多中心治理理论

20 世纪 70 年代末，多中心治理产生于公共事务管理领域。该理论最早由英国自由主义思想家迈克尔·博兰尼提出的多中心社会秩序理论演化而来，认为资本主义利润获取是由生产、市场、消费等多个中心构成的体系实现的，政府对市场的力量只是引导、矫正、补充而非替代。奥斯特罗姆夫妇等学者在承接博兰尼的社会秩序理论基础上发展并形成了多中心治理理论，他们认为在市场、法制、公共服务等领域中共存着多中心结构，并且各个中心结构中则存在着相对独立的决策中心，它们在竞争关系中相互重视对方的存在并开展多种契约性合作，或利用利益机制来解决冲突。在食品企业社会责任治理中，政府的垄断会造成公共服务提供的单一，无法满足多种偏好，

并且会导致监管效率的丧失和寻租腐败等问题的产生（张红凤、陈小军，2011）①。所以，政府必须转变自身的角色，打破自身的"一肩挑"的垄断地位，将传统的治理方式由直接全盘管理变为间接分工治理。但这并不意味着政府从食品企业社会责任领域退出，而是带头制定参与治理的正式规则，搭建一个由多个权力中心组成的治理网络来共同分担解决食品安全等食品企业社会责任的治理问题。

（二）整体性治理理论

20 世纪末，学术界在对新公共管理所引致的管理碎片化和服务分裂化进行反思的基础上提出了整体性治理理论，该理论以持续满足公民的整体性需求为目标，对治理功能、组织层级、公私部门等方面进行整合与优化，从而构建一种基于整合协同的整体性治理框架（宋强、耿弘，2012）②。从该理论对食品企业社会责任方面的应用来看：首先，整体性治理能够重新审视食品企业社会责任体制的运行机理，将食品企业社会责任监管过程中所引致的"碎片化"作为革新的新主线，破除了以往单纯分析监管者和其他利益相关者主体行为的单一化、局部性弊端，而是纵深至食品企业社会责任体制的本质；其次，整体性治理以问题解决导向为逻辑起点，注重社会多元主体参与，不断协调与整合各利益相关者的利益关系，对构建综合协调的食品企业社会责任治理机制注入了新蕴涵，提供了新思路、新方向与新机制。

（三）社会共治理论

社会共治理论强调政府和社会共同参与食品安全治理，实现由单一的政府监管模式转向由政府与社会共同治理食品企业社会责任的模式，让政府权力与社会权利进行优势互补，主张充分发挥社会公民权利的治理作用来保障食品企业履行食品安全等社会责任（邓刚宏，2015）③。食品安全社会共治

---

① 张红凤，陈小军. 我国食品安全问题的政府规制困境与治理模式重构［J］. 理论学刊，2011（7）：63 – 67.

② 宋强，耿弘. 整体性治理——中国食品安全监管体制的新走向［J］. 贵州社会科学，2012（9）：86 – 90.

③ 邓刚宏. 构建食品安全社会共治模式的法治逻辑与路径［J］. 南京社会科学，2015（2）：97 – 102.

是现行《食品安全法》提倡的一种食品企业社会责任治理模式。党的十九大报告提出构建"共建共治共享"的社会治理模式，该模式已成为食品企业社会责任治理中的一个新原则和新理念。

三、协同治理理论的基本要求

迄今，协同治理理论的内涵和框架在学术界尚存争议，但已在基本要求方面取得了以下共识：

（一）多元主体参与共治

协同治理理论吸收了多元共治理论的优势，将社会系统看作是一个开放而复杂的共同体（黄巨臣，2018）①，当前经济转型和社会变迁加速了公共事务应对模式的革新，非政府组织、企业、社区等多个决策中心涌现，越来越多地分享政府的决策专有权和职责，使得传统的政府单中心统治模式面临淘汰；在遵循平等协商理念的基础上，不同治理主体通过对话与合作平衡利益冲突以实现既定的公共目标，形成"多元主体共治"的博弈格局。

（二）治理主体达到共同目标

协同治理的目标在于实现利益相关者共同愿景，允许不同的利益相关者的差异化利益诉求，正视利益分歧和冲突，但需以长期合作取代短期对抗，做到局部利益服从共同利益，使得各治理主体兼顾自身目标与共同目标。

（三）治理方式民主科学

协同治理理论认为，在协同治理活动中应放弃传统的政府命令模式，转向对各个治理主体进行平等的权利分享，充分保障各个治理主体的参与权、发言权、决策权与收益权，反过来对政府的行政权力进行合法监督，形成"权利制约权力"的良性互动的治理关系。

（四）治理活动的自组织性

协同治理在本质上是治理大系统中的各子系统在一系列序参量的影响下

---

① 黄巨臣. 农村教育"技术治理"精细化：表现、局限及其应对——基于协同治理理论的视角［J］. 湖南师范大学教育科学学报，2018，17（4）：93 - 99.

进行共生互动的作用过程，在特定情境下，各个治理子系统以其自身的运作机制与路径适应现实需求，并通过彼此之间的优化组合和协同调适，形成结构有序、功能完备的运行模式，提升治理的协同效益。

第三节　食品企业社会责任协同治理机制的构建

基于前述第三章对我国食品企业社会责任的评价结果可见，目前我国食品行业在东部、中部、西部地区存在显著差异，不同食品行业上市公司与小微型食品企业社会责任也因企业自身的规模、资金、技术与管理等方面存在显著差异。此外，目前我国还面临着两方面的矛盾（牛亮云，2016）[①]：一是各行政区划域内的地方政府监管权限的区域性与食品企业社会责任问题的跨域性的矛盾；二是政府职能部门稀缺、静态的监管资源与众多、动态的被监管对象间的矛盾，这是由于我国食品生产的行业集中度低，食品企业数量庞大且地域分散，政府有限的监管力量无法覆盖所有应监管对象，因此在食品企业社会责任风险的协同治理中，采取政府监管、企业自律、社会举报监督等并举措施，能够弥补单一化的政府监管的不足和执法力量的有限。基于以上分析，表明我国无法复制适合于同质性较强的欧盟、美国、日本等发达国家和地区的食品企业社会责任治理模式，只有一方面可借鉴国外的成功经验，另一方面须针对我国的实情，构建新的食品企业社会责任协同治理模式与机制。可见，建立并完善由多元化主体参与的我国食品企业社会责任协同治理模式与机制具有重要的现实意义，尤其是构建并运行由利益机制、信息机制、市场机制、法制机制、声誉机制、评价机制等多种机制构成的食品企业社会责任协同治理机制，实现引导和监督食品企业强化自律，积极履行社会责任。本书基于前述对食品企业（包括食品行业上市公司和小微型食品企业）社会责任的评价结论，运用协同治理理论构建了我国食品企业社会

---

① 牛亮云. 食品安全风险社会共治：一个理论框架 [J]. 甘肃社会科学，2016（1）：161 - 164.

责任协同治理机制，如图 4－3 所示。

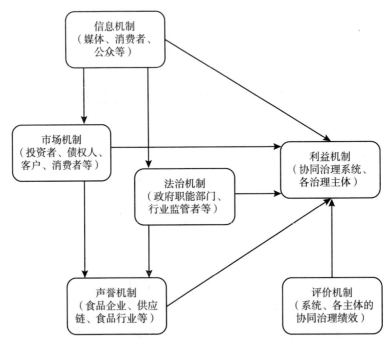

图 4－3   我国食品企业社会责任协同治理机制

　　根据图 4－3 可知，本书构建的我国食品企业社会责任协同治理机制是一个整体性的机制系统，其中包括利益机制、信息机制、市场机制、法治机制、声誉机制和评价机制六个子机制。这六个机制遵循以下运行机理：利益机制是整个协同治理系统的最终目标，它涉及全体治理主体的利益，包括整个协同治理系统的利益和各个治理主体的各自利益，即同时反映协同治理系统的整体利益与局部利益，以及这两重利益关系的协调问题。信息机制是整个协同治理机制系统的前置启动机制，它同样涉及全体治理主体的信息供需问题，其中媒体（包括大众媒体和政府官方媒体）、消费者、公众等治理主体通常是食品企业社会责任负面事件的发现者、第一手信息的获得者和传播者，尤其是媒体是我国目前食品企业社会责任事件信息的首要传播者。市场机制是信息机制的接应机制，即在信息机制发挥前置子系统的职能之后启

动，向市场传递信息时发挥经济奖惩职能，市场机制通常对食品企业社会责任负面事件发挥惩罚作用，对食品企业社会责任正面事件发挥奖励作用，市场机制发挥作用的经济领域包括资本市场（主要影响到上市公司）和要素市场（如产品市场、劳务市场等），其中前者主要涉及投资者和债权人等治理主体，后者主要涉及客户和消费者等治理主体。法治机制是与市场机制处于平等地位的子机制，同样是信息机制的接应机制，即在信息机制发挥前置子系统的职能之后启动，向政府监管部门传递信息时发挥法律、法规和制度的民事与刑事奖惩职能，主要是对违背社会责任的食品企业及相关责任主体进行法治惩戒作用，法治机制主要涉及政府职能部门与行业监管者等治理主体。声誉机制是市场机制和法治机制的回应机制或结果机制，即在市场机制和法治机制发挥作用之后，声誉机制开始启动，对市场机制与法治机制运行的结果进行回应，从而纠正食品企业及相关责任主体违背企业社会责任的行为，或鼓励食品企业及相关责任主体进一步履行良好的企业社会责任，最终强化食品企业积极履行社会责任的自律行为；声誉机制主要涉及食品企业、食品供应链上的成员企业以及食品企业所处的整个行业等治理主体。评价机制主要是对整个协同治理系统及其各个治理主体的治理绩效进行评价，作为利益机制运行的重要决策依据。

综上所述，本书构建的食品企业社会责任协同治理机制包括利益机制、信息机制、市场机制、法治机制、声誉机制和评价机制六个子机制，其中，利益机制是总体目标机制，信息机制是前置启动机制，市场机制与法治机制是中介传递机制，声誉机制是结果回应机制，评价机制是质量保障机制；这六个子机制起到循环递进作用，持续发挥着食品企业社会责任协同机制的作用，其主要内容如下。

一、利益机制

社会学中的复杂人或社会人假说表明参与食品企业社会责任协同治理的各个主体必然是在追求一定程度自身利益的条件下参与协同共治的。从我国目前的现实情况来看，作为协同治理主导者的政府的利益追求是弥补市场失灵、实现社会福利最大化以及自身的政绩最优化；消费者的利益诉求是有机会消费与付出的代价相匹配的、符合食品质量安全与绿色环保的食品及服务；食品行业协会的利益诉求是维持整个食品行业的健康有序、持续平稳的发展，以及行业协会本身的社会认可度提升与可持续性增强；大众媒体第三方组织的利益追求是为参与协同治理的各方提供符合法治要求与市场规律的有偿性专业化服务，以实现自身追求经济利益与社会认可度的双重目标；食品企业的利益诉求是在保障与提升食品安全水平与质量、履行良好的社会责任的基础上获取经济利益，实现企业可持续发展；投资者和债权人的利益诉求则是在食品企业履行最基本的社会责任的前提下实现经济利益的最大化回报，包括投资的保值增值和债权的还本付息，等等。各个治理主体的利益诉求能否通过食品企业社会责任协同治理机制的运行得到实现，主要决定于各主体参与治理的目标、意愿、能力，特别是与整个协同治理机制系统总目标的一致性程度对其各个治理主体的利益共享规则（陈彦丽，2016）[①]。因此，利益机制在整个食品社会责任协同治理机制的运行中具有决定性的作用，是整个机制系统运行的目标，因此，应将各个治理主体的利益诉求及其与整个协同治理机制系统的一致性程度作为协同治理机制设计的出发点和立足点。利益机制由以下三个具体运行机制构成。

（一）利益定位机制

利益定位机制的作用是在充分理解各个治理主体自身的利益诉求的基础上，基于对社会福利损失最小化原则，比较其与整个食品企业社会责任协同治理系统的利益诉求之间的一致性与偏离度，对存在的一致之处应当巩固强化，对存在的偏差甚至违背之处应当采取科学有效的手段进行引导，放弃对整个协同治理系统造成重大损害的局部利益追求；同时，利益定位机制也应当比较各个治理主体之间的利益诉求差异，不能以严重损害其他治理主体的利益为代价来攫取私人利益，引导治理主体形成和谐的利益共同体；此外，

---

① 陈彦丽. 食品安全治理利益机制研究［J］. 哈尔滨商业大学学报（社会科学版），2016（1）：28－36.

利益定位机制应当保持动态更新，对不同发展时期整个协同治理机制系统和各个治理主体的利益诉求应保持动态关注，及时更新。通过以上三个方面的运行，利益定位机制不仅能够推动各个治理主体追求自身的利益，还能降低各个治理主体之间及其各个治理主体与整个协同治理机制系统之间的交易成本，引导治理主体按照资源约束采取最有价值的行为，实现自身利益与协同治理机制系统整个利益的组合最优化与最大化。利益定位机制的关键是发现利益偏差甚至是违背状态的存在及成因。例如，在食品企业社会责任首要子维度食品安全责任维度方面，利益定位机制是要将不安全食品的利益的现实追求与潜在追求向安全食品的利益追求进行引导；生产经营不安全食品利益包括食品企业攫取的违法违规收益、生产不安全食品的企业给部分地方政府带来的短期经济收益；生产经营安全食品的利益包括食品企业获得的良好声誉和长期经济利益、政府职能部门的公信力提升带来的行政绩效和非政府组织社会认可度提高带来的公益价值等。引导部分治理主体追求从不安全食品利益转向追求安全食品利益，需要充分发挥政府作为协同治理主导者的职能，同时结合应用具有强制性的法律、法规等正式制度与具有诱致性、自愿性的道德、伦理等非正式制度。

（二）利益实现机制

利益实现机制是整个利益机制的核心子机制，只有实现了利益，食品企业社会责任协同治理机制系统才能够得以持续运行。利益实现机制的功能是保障各个治理主体的利益和整个协同治理系统的利益能够通过合法竞争实现，并保持持续增长与结构优化（如经济利益与非经济利益的结构优化等）。直接影响到利益实现机制的社会责任协同治理中的市场机制、法治机制和声誉机制。其中，市场机制通过资本市场使食品企业能够获得实现利润的融资机会与投资机会，通过要素市场使食品企业获得产品销售、劳务供给、技术更新等创造利润的机会；但在信息不对称和市场竞争不完全的情况下，加之食品具有经济学意义上的经验品和信用品特征，部分食品企业可能为了攫取一时的短期经济利益而选择违背社会责任、损害消费者的经济利益和生命健康，同时也侵害了履行社会责任的其他食品企业的正当利益，造成

"市场失灵"问题。"市场失灵"需要法治机制来解决，政府主导制定并施行科学可行的食品安全标准制度、检验检测制度、风险评估制度、食品安全事故处理制度、公众参与协同治理制度、民事与刑事处罚制度等。法治机制能够以强制性的正式制度解决市场失灵带来的大多数问题，然而由于正式制度创新与变迁的复杂性，需要卷入多元主体的利益博弈过程，其交易成本十分高昂。声誉机制是一种基于约束各个治理主体尤其是食品企业的道德、伦理、惯例、文化、风俗等的非正式制度发挥作用的机制，食品企业为了获得良好的声誉，需要加强自律，切实履行社会责任，协同配合整个治理系统实现利益最大化。

（三）利益分配机制

利益分配机制是利益机制发挥作用的结果，是各个治理主体及整个食品企业社会责任协同治理系统追求的结果。根据评价机制评价的结果对已实现的利益向各个治理主体进行分配，但不同的治理主体应当彼此制约，任何一个治理主体都不能以损害其他治理主体的利益为代价，通过相互制约达到利益分配的平衡。在利益格局中处于弱势方的力量可以被有效整合，使各种社会资源最优配置，实现各个治理主体在利益分配博弈中实现均衡。在食品企业社会责任协同治理中，利益分配机制使各个治理主体保持积极性和相互制约，能够平衡分配协同治理实现的利益。利益分配机制应当重点处理以下利益博弈关系。

1. 食品企业与消费者的利益博弈

在食品企业与消费者的利益博弈中，食品企业具有信息与经济优势，消费者处于弱势地位，因此，应为消费者提供更多的食品信息，提高其维权能力，实行奖励举报制度等，同时应限制食品企业滥用其优势侵害消费者的利益，通过加大对制售违背社会责任的食品的惩罚力度以减少其与消费者博弈的机会主义行为。

2. 食品供应链上的成员企业之间的利益博弈

处于供应链上游的企业比处于供应链下游的企业更具有信息优势，但供应链上的龙头企业及大企业更具有利益主导能力，因此，如何协调供应链上

的信息不对称与实力不平衡对利益分配机制的影响十分重要。这就需要促进供应链上的各个成员企业成为信息共享群与利益共同体，保证成员企业之间开展诚信公允的交易，实现重复博弈对机会主义行为的削减，最终促进整条供应链履行良好的食品企业社会责任。

3. 食品企业与政府之间的利益博弈

在食品企业与政府之间的利益博弈中，政府是监管者的法治机制的强制执行者，具有不可抗拒的权威性；食品企业则具有社会责任相关的信息优势，是政府监管与法治权力的接受者。政府介入的是为了惩戒违背社会责任的食品企业，保护社会公众的利益，但在政府受限于监管成本与执法资源，尚需其他治理主体的协同监管的现实情况下，可以通过强化食品伦理道德等非正式制度对法制等正式制度进行有益补充。

4. 政府与非政府组织之间的利益博弈

在政府与非政府组织之间的利益博弈中，政府与非政府组织均是公共利益的代表和维护者，其中政府掌管着法治权力，具有权威的公信力，处于优势地位；为规范政府职能部门坚持追求社会利益最大化的目标，需要加强非政府组织建设，壮大其实力，增强其利益博弈能力，为了实现食品企业社会责任协同治理目标而与政府形成利益同享、相互监督的重要治理主体。

二、评价机制

评价机制是利益机制运行的基础依据和前提条件，其采用的评价原则、评价模型、评价方法和评价指标体系直接影响到各个治理主体的利益分配结果，进而影响其积极性，关系到整个食品企业社会责任协同治理机制系统是否能够持续有效运行。食品企业社会责任协同治理机制的评价模型应当以整个系统的协同治理目标为评价与考核导向，据此建立科学的评价模型与指标体系，采取定性与定量评价相结合的方法进行。

（一）**设计原则**

结合系统学原理与食品行业的特殊性，设计食品企业社会责任协同治理系统运行的评价机制应当至少遵循以下三项原则：一是守法原则，以党的十九大报告提出的推进诚信建设和志愿服务制度化，强化社会责任意识、规则意识、奉献意识为思想指导，以现行《中华人民共和国公司法》《食品安全法》《中华人民共和国食品安全法实施条例》等法律法规为依据探索评价方法与评价指标体系。二是系统原则，根据本书第三章构建的食品企业社会责任维度可见，食品企业社会责任包括责任治理、食品安全责任、法律责任、环境责任、经济责任五个子维度，其治理涉及政府、消费者、非政府组织、社会公众、媒体等多元化主体，因此，协同治理系统运行的绩效评价是一项系统工程，因此其评价模型、评价方法与评价指标体系的设计应当坚持系统原则，做到既兼顾全面又突出重点。三是责权利对等原则，根据管理学中的责权利激励理论，责权利三者是相辅相成、相互制约、相互作用的；食品企业社会责任协同治理的各个主体负有何种责任，就应当享有相应权利，同时应当获得匹配的利益；因此，评价指标的设计应当体现责权利明晰化，使各个治理主体明确自身的责任内容、权力范围和利益大小，体现责权利互相挂钩，做到相关治理主体能够有责有权有利，克服有责无权、有责无利等脱节的弊病。此外，遵守评价机制的动态性、开放性、科学性等原则也十分必要。

（二）理论模型

本书尝试基于平衡计分卡（BSC）模型探索构建食品企业社会责任协同治理系统的评价机制。平衡计分卡是由罗伯特·卡普兰和大卫·诺顿（Robert S. Kaplan and David P. Norton，1992）提出的战略管理业绩评价工具，目前已被广泛运用到多个行业中，其评价模型颠覆了传统的片面的财务指标评价模式，采取从多维度动态平衡地评价企业的关键行动，形成了以战略为核心、以目标为引擎的先进绩效评价与管理系统，具有"化无形为有形，化战略为行动"的功效。经典的平衡计分卡模型涵盖财务、顾客、内部流程、学习与成长四个维度，将组织的发展战略和愿景置于管理的核心位置，将战略目标围绕四个维度逐层分解，转化为具体的相互平衡的指标体系，同时对这些指标的实现进行周期性的考核，从而为企业战略目标的完成建立具有可靠执行性的管理评价体系。其基本原理如图4-4所示。

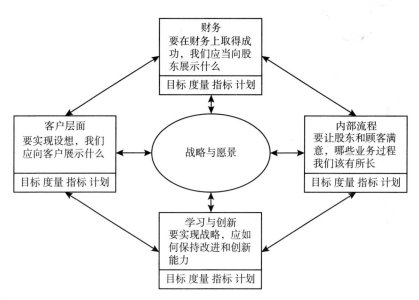

图 4 - 4　平衡计分卡绩效体系评价模型

　　五维度平衡计分卡的构建。卡普兰和诺顿（2013）[1] 认为平衡计分卡的主要作用在于化战略为行动，并强调指出：平衡计分卡的四个层面已被实际应用于各行各业，但是企业应该把这四个层面看作样板而不是枷锁；没有任何数学定理可以证明这四个层面既是必要的又是充分的，我们尚未见到任何公司采用的平衡计分卡少于四个层面，但根据行业状况和业务单元的战略，一个或更多的额外层面是必要的，本书根据食品企业在履行社会责任中提供社会服务的不可或缺性、追求社会绩效与协同治理绩效而非企业追求财务绩效的特点，增设一个社会服务维度，并将财务维度变更为综合绩效维度；由于协同治理系统的客户为与食品企业社会责任相关的利益相关者，在多元主体协同共治模式下，各治理主体就是主要的利益相关者，同时也是该系统提供服务的受益者，因此本书将客户维度变更为治理主体维度；此外，将协同治理中的内部业务流程简称为治理流程。这样，本书构建的用于评价食品

---

　　① Kaplan R S, Norton D P. The Strategy Map: Guide to Aligning Intangible Assets [J]. Strategy & Leadership, 2013, 32 (5): 10 - 17.

企业社会责任协同治理绩效的平衡计分卡包括综合绩效、社会服务、治理主体、治理流程和学习成长五个维度。战略地图是平衡计分卡体系中的核心部分，它是将平衡计分卡结合具体对象应用探索的图表式描述，是平衡计分卡的具体运用形式。具体而言，将食品企业社会责任协同治理系统的平衡计分卡中的五个维度按照因果关系整体性地呈现在一张图上，可以清晰地展示食品企业社会责任协同治理系统完整的价值链关系，提供了战略组成内容和相互逻辑关联，使全体治理主体能够对协同治理系统的战略有更深刻和直观的认识。基于本书第三章对食品企业社会责任五个维度履行情况的问卷调查及实证分析，以及本章对食品企业社会责任协同治理主体之间关系的理论与实证研究结论，本书根据食品企业社会责任协同治理系统的战略目标绘制出其战略地图，如图 4 - 5 所示。

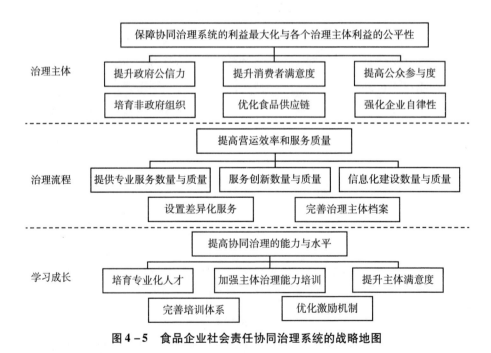

图 4 - 5　食品企业社会责任协同治理系统的战略地图

（三）指标体系

基于图 4 – 5 列示的食品企业社会责任协同治理系统的战略地图，本书采用层次分析法设计了由目标层、准则层和指标层构成的绩效评价指标体系。为了确保指标的有效性和适用性，邀请专家学者对指标进行研讨、筛选和评价。具体指标如表 4 – 5 所示。

（四）评价指标的权重

平衡计分卡作为一种战略业绩评价的原理性方法，仅仅为企业管理者进行业绩评价提供了思路和框架，但其未对这些维度的具体评价指标设置权重。因此，有必要运用统计平均法，构建更加完整的业绩评价体系，在无法取得全部原始资料和数据的情况下，本书主要依赖专家的专业经验判断，选择统计平均法有利于快速获取权重数据并且决策成本较低。统计平均数法是根据所选择的各位专家对各项评价指标所赋予的相对重要性系数分别求其算术平均值，计算出的平均数作为各项指标的权重，其基本步骤和做法如下：第一，确定 10 名专家，组成专家小组，专家小组由重庆啤酒股份有限公司、太极集团等公司的 5 位高级管理人员和既具有企业社会责任实践经验、又有扎实的理论基础的 5 位会计硕士专业学位（MPAcc）事业导师（多为所在公司的财务总监）共 10 位专家组成；第二，由专家进行初评，将待定权数的指标提交给各位专家，并请专家在不受外界干扰的前提下独立地给出各项指标的权数值；第三，回收专家意见，将各位专家的数据收回，并计算各项指标的权数均值和标准差；第四，分别计算各项指标权重的平均数。如果第一轮的专家意见比较集中，并且均值的离差在控制的范围之内，即可以用均值确定指标权数。如果第一轮专家的意见比较分散，可以把第一轮的计算结果反馈给专家，并请他们重新给出自己的意见，直至各项指标的权重以及均值的离差不超过预先给定的标准为止，即达到各位专家的意见基本一致，才能将各项指标的权数的均值作为相应指标的权数。通过以上的计算过程，可以获得食品企业社会责任协同治理系统的绩效评价指标体系权重，具体如表 4 – 6 所示。

表4-5　食品企业社会责任协同治理系统绩效评价指标

目标层A	准则层B	指标层C	指标的说明
基于平衡计分卡的食品企业社会责任协同治理系统绩效评价	综合绩效B1	社会筹资渠道增长率（%）C1	（本年社会筹资渠道数－上年社会筹资渠道数）÷上年社会筹资渠道数×100%
		社会筹资金额增长率（%）C2	（本年社会筹资金额数－上年社会筹资金额数）÷上年社会筹资金额数×100%
		成本费用节省率（%）C3	成本费用节约额÷成本费用预算支出额×100%
		单位资金解决问题率（%）C4	本年解决食品企业社会责任问题数/本年资金投入总额×100%
		社会服务预算年增长率（%）C5	（本年社会服务预算数－上年社会服务预算数）÷上年社会服务预算数×100%
	社会服务B2	社会责任宣传活动力度（%）C6	本年面向社会公众的公开讲座、文化普及活动数量÷本年举办的全部宣传活动数量×100%
		社会公益活动团体建设力度（%）C7	本协同治理系统本年新增社会公益活动团队数量÷本协同治理系统上年社会公益活动团队数量
		社会美誉度 C8	获得公众信任、好感、接纳和欢迎的程度
	治理主体B3	各主体参与治理率（%）C9	某治理主体参与治理次数÷本协同治理系统各主体参与治理总次数×100%
		各主体治理优良率（%）C10	某治理主体获得的各种奖项÷本协同治理系统各主体获奖总数×100%
		各主体事故率（%）C11	某治理主体本年发生治理事故数量÷本年各治理主体发生的治理事故总数×100%
		治理主体满意度（%）C12	某治理主体的满意度自评分÷各治理主体的满意度自评分总分×100%
		消费者满意度（%）C13	大样本问卷调研的消费者满意度×100%

续表

目标层 A	准则层 B	指标层 C	指标的说明
基于平衡计分卡的食品企业社会责任协同治理系统绩效评价	治理流程 B4	社会责任负面事件公告率（%）C14	社会责任负面事件公告频次÷社会责任正负面事件公告总频次
		治理流程协同度（%）C15	三方及以上主体共同沟通的次数占所有主体总沟通次数×100%
		主体信息的完整性与动态性 C16	治理主体在社会责任协同治理平台上的每周更新次数
		协同治理方式创新度（%）C17	本年各主体参与协同治理创新实践次数÷本年各主体参与的惯例性与创新性实践总次数×100%
		治理新渠道拓展比率（%）C18	本年新增治理渠道数量÷本年治理渠道总数×100%
	学习成长 B5	治理主体的满意度 C29	按年度开展对所有治理主体特别是消费者和食品企业的满意度大样本实地调研评价
		治理主体的缺席率（%）C20	协同治理会议各主体的缺席频次÷应参加协同治理的主体频次×100%
		治理主体培训率（%）C21	各治理主体参加培训的专业人员数÷应加协同治理系统各治理主体的专业人员总数×100%
		治理主体平均培训时长 C22	本年各主体员工培训的总时长÷本年各主体的平均员工数

表 4 - 6　食品企业社会责任协同治理系统的绩效评价指标权重

目标层 A	准则层 B	准则层指标权重	指标层 C	指标层各指标权重
基于平衡计分卡的食品企业社会责任协同治理系统绩效评价	综合绩效 B1	0.265	社会筹资渠道增长率（%）C1	0.034
			社会筹资金额增长率（%）C2	0.071
			成本费用节省率（%）C3	0.070
			单位资金解决问题率（%）C4	0.064
	社会服务 B2	0.103	社会服务预算年增长率（%）C5	0.026
			社会责任宣传活动率（%）C6	0.045
			社会公益活动团体建设动力度（%）C7	0.022
			社会美誉度 C8	0.036
	治理主体 B3	0.248	各主体参与治理率（%）C9	0.041
			各主体治理优良率（%）C10	0.031
			各主体事故率（%）C11	0.043
			治理主体满意度（%）C12	0.116
			消费者满意度（%）C13	0.017
	治理流程 B4	0.224	社会责任负面事件公告率（%）C14	0.055
			治理流程协同度（%）C15	0.034
			主体信息的完整性与动态性 C16	0.029
			协同治理方式创新度（%）C17	0.048
			治理新渠道拓展比率（%）C18	0.058

续表

目标层 A	准则层 B	准则层指标权重	指标层 C	指标层各指标权重
基于平衡计分卡的食品企业社会责任协同治理系统绩效评价	学习成长 B5	0.160	治理主体的满意度 C29	0.031
			治理主体的缺席率（%）C20	0.036
			治理主体培训率（%）C21	0.056
			治理主体平均培训时长 C22	0.037

三、信息机制

从系统科学视角来看，信息是指事物或系统的自我表征信号集，表征的内容是其组分、结构、特性、运行机制、行为、功能与环境的关系、历史轨迹与未来趋势等。信息是一种非物质形态的客观存在物，其基本作用是消除人们对事物的不确定性，即通信前的不确定性与通信后的不确定性之差。从信息经济学视角来看，信息是一种有价值的商品，信息的价值在于产生传递中的知识差，知识差能使经济主体改善决策环境而获得预期收益。食品企业社会责任信息系统，反映了人们搜寻、获取食品安全信息、生态环境信息、保护消费者权益等各个维度的企业社会责任程度，表征着食品企业社会责任信息资源的传递状况，是食品企业社会责任信息的公开平台。因此 构建基于大数据、智能化和云计算有机结合的信息系统是食品企业社会责任协同治理实施的技术条件。完备的信息机制能够增强企业履行食品安全责任、法律责任、环境责任、经济责任和慈善责任的透明度，减少信息不对称，弥补消费者的信息地位劣势，发挥消费者货币选择机制，迫使食品供给者提供安全食品并履行良好的其他社会责任。畅通的信息系统是食品安全社会共治的支配力量。

已有理论研究与实证检验表明，食品企业与利益相关者之间存在严重的信息不对称，其中食品企业与消费者间的信息不对称程度更大，加之食品大多属于经验品和信任品，这就导致了不少食品企业为了短期经济利益而损害消费者的权益，发生了大量恶性的食品安全事件，严重违背了企业社会责任。在食品企业社会责任的协同治理中，信息不对称问题是影响各个参与主体之间展开工作协调与合作的关键问题，会造成协同失灵，一些处于信息优势的治理主体可能会侵犯处于信息劣势的治理主体的利益。信息机制是保障市场机制、法制机制、声誉机制、利益机制和评价机制五个子机制得以正常运行的前提和基础，信息机制的作用必须受到高度重视。信息机制的作用在于能够对食品企业社会责任协同治理系统的信息进行生成、分类、加工、披露、传播、反馈、再生成的全过程循环递进，适时更新。

从我国食品企业社会责任治理的信息机制发挥作用的方式来看，重构一个更具系统性和科学性的信息机制应当坚持以下三个原则：首先，应当坚持信息标准化原则，目前我国有关食品企业社会责任及其治理的信息同时来自中央、地方不同层级、不同地区、不同企业、不同媒体的众多信息源。在这种多元格局下，不同的食品企业社会及其治理信息系统、不同的协同治理主体必须采取标准化的信息处理口径。其次，应当坚持可理解性原则，实现信息记录与披露清晰、可靠、易于广大公众理解和应用。由于社会分工造成的知识结构差异，公众与专业机构对食品企业社会责任及其治理信息的理解与认识水平存在较大差异，因此在关于食品企业对社会责任的履行情况、相关治理主体的监督检查结果及违法违规行为的处罚等信息的记录、传播与披露过程中，应当避免过度专业化，对专业术语应加以必要的常识性说明，使得这些信息能够以较低的解码成本被广大社会公众所理解和应用。最后，坚持多元化传播原则，以拓展信息流动渠道，实现有效传播。当前，我国已经存在诸如食品质量监测结果定期公示的信息发布活动，但存在食品安全信息披露渠道过窄的缺陷，因此各个治理主体所选择的信息传播模式应当契合消费者的认知规律，在现有的专业性媒体之外，还应当选择大部分消费者最经常接触的媒介，进一步扩大信息流动渠道（吴元元，2012）[①]。

四、市场机制

市场机制是整个食品企业社会责任协同治理系统实现经济利益的直接作用机制，是各个治理主体自身经济利益得以实现的重要保障，市场机制对食品企业实现其财务目标和取得资本市场的认可至关重要。市场机制发挥作用的具体流程为：在接收到信息机制子系统输入的信息后，市场机制从要素市场与资本市场两个领域、奖励和惩罚两个方向开始发挥作用。市场机制在要素市场上发挥作用的情况为：如果食品企业积极履行了良好的社会责任，信

[①]　吴元元. 信息基础、声誉机制与执法优化——食品安全治理的新视野 ［J］. 中国社会科学，2012（6）：115 - 133，207 - 208.

息机制子系统会加工传播正面积极的信息，会增强要素市场上产品生产或服务提供相关的供应商、销售商、职工等利益相关者（也是协同治理主体）对食品企业的信心，进而提供质优价廉的原材料来源、更高的产品销售收益回报和数量充足、能够吸引优秀的劳动力等，从财务成果上对食品企业形成的奖励作用；相反，如果食品企业违背了社会责任，负面信息会对上述要素市场中的利益相关者产生负面情绪，出现原材料供应价格涨、产品销售下降、职工离职等，情形严重的会出现停止业务合作，从财务成果上形成对食品企业的惩罚作用。市场机制在资本市场上发挥作用的情况为：如果食品企业积极履行了良好的社会责任，信息机制子系统会将这一好消息迅速传递到资本市场上，会增强投资者、债权人及其他利益相关者（也是协同治理主体）对食品企业发展前景的信心，进而提升市值，从市场价值上对食品企业发挥奖励作用，获得优质的投资和融资机会；相反，如果食品企业违背了社会责任，特别是发生了违法恶性事件，这些"坏消息"会对投资者、债权人等利益相关者产生负面影响，对食品企业的未来发展前景产生悲观预期，造成食品的市值大幅下跌，情形严重的会出现停止投融资业务合作，从市场价值上对食品企业发挥惩罚作用。

五、法治机制

法治机制是食品企业社会责任协同治理的外在保障，食品企业首先必须遵守法律、法规与相关制度的某些强制性规定，履行相应的强制性社会责任，在此基础上量力而为地履行非强制性（自愿性）社会责任。相关法律、法规与制度主要包括《中华人民共和国公司法》《中华人民共和国民法》和《中华人民共和国食品安全法》中明确各个治理主体的法律地位、协调各个治理主体行为关系的法律法规，以及食品企业社会责任管理制度、食品安全标准制度、食品企业社会责任事件赔偿制度、食品社会责任的风险管理制度、食品安全诉讼制度等方面的制度。从契约经济理论来看，食品企业社会责任协同治理实际上是各个治理主体间的契约缔结行为，各个治理主体应当遵行契约精神，投入不同的要素，获得自身所需的利益，同时也为食品企业社会责任协同治理的总目标服务。法治机制的作用在于对各个治理主体的职责、权利与义务进行合法合理地配置，保障各个治理主体在追求自身利益的同时也实现食品企业社会责任协同治理利益，相互兼顾、相互权衡。在食品企业社会责任的协同治理实践中，法治机制使各个治理主体明确其权力边界，能够有效克服单一主体"包办"治理或无作为产生的失灵问题，充分发挥政府的"主导者"职能、非政府组织的"督导者"职能、消费者的"货币选票者"职能、公众的"社会监督者"职能和食品企业的"自律者"职能。法治机制是多元主体参与食品企业社会责任协同治理的强制性前提条件，只有在立法、执法、司法与相关制度相互配合的情况下才可能为食品企业社会责任的协同治理实践提供有效保障。

六、声誉机制

与法治机制相比，声誉机制是一种成本更低的维持交易市场秩序的机制，有时法律是无能为力的，只有信誉能起作用（王虎，李长健；2008）[1]。声誉机制发挥作用有四个条件：博弈是重复的；当事人必须重视长远利益；当事人的不诚实行为能够被及时观察到；当事人必须有足够的积极性和可能性对交易对手的欺骗行为进行处罚（张维迎，2002）[2]。经济学中标准的声誉模型是由克雷普斯等（Kreps et al.）创建的，旨在解决"连锁店悖论"，并对有限重复博弈中的合作行为做出解释。声誉交易理论的前提是将经济主体的声誉看成一种资产，声誉系统是一种信号发送机制，也是一种信号甄别和信号搜寻机制。声誉系统能够甄别出高质量的产品并提升它们的价格，有助于更加精确地搜寻到销售这种产品的销售商，对于社会而言，能够反映忠诚度的声誉系统通过迫使销售商更加诚实而提高了整个社会的福利水平

①　王虎，李长健. 主流范式的危机：我国食品安全治理模式的反思与重整［J］. 华南农业大学学报（社会科学版），2008，7（4）：132 – 140.

②　张维迎. 管制与信誉［J］. 中外管理导报，2002（7）：36 – 39.

（张维迎，1996）①。由于自身的组织化特性，企业置身长期博弈之中，使得未来交易机会与自身过去的行为紧密地联系在一起，交易对手会根据企业过去有关行为的声誉来决定是否继续合作，即声誉影响未来的交易机会（吴元元，2012）②。由于声誉机制产生的良好口碑或坏名声会直接影响到食品企业的经济收益，深入地作用于食品企业利益结构的核心部分，食品企业将会有动机履行良好的社会责任，保障食品安全，放弃潜在的不法行为，同时也分担了法治机制的一部分执法负荷，提高了执法绩效。声誉机制发挥作用的前提是信息机制的有效运行，只要食品企业的积极履行社会责任的信息或违背社会责任的信息能够及时进入消费者等公众的认知结构，迅速形成其他利益相关者的共识，通过启动市场机制，消费者将"用脚投票"，以"抢购"行为鼓励其他食品企业效仿履行社会责任或以"抵制购买"行为威慑其他食品企业放弃潜在的违背社会责任的动机。

第四节　食品企业社会责任协同治理机制运行的主体职能与前提条件

　　食品企业社会责任协同治理的主体包括政府、食品企业、消费者、行业协会、媒体和第三方组织等。其中，目前我国政府应当占据主导地位，其主要职责在于制定相关的法律、法规，带头组建协同治理运行的基本机制体系，确定其他治理主体在社会共治中的职能，对食品企业等进行安全检查并奖优罚劣等。消费者、行业协会、第三方组织和媒体等在遵守法律法规的前提下，直接或间接地促进着食品企业履行社会责任，同时加强自律。具体而言，政府应当根据比较优势原则确定各个治理主体的职责边界，其中，公众的职责边界主要为举报、监督、参与决策和表达诉求等；行业协会的主要职

---

　　① 张维迎. 所有制、治理结构及委托—代理关系——兼评崔之元和周其仁的一些观点 [J]. 经济研究，1996（9）：3-15，53.
　　② 吴元元. 信息基础、声誉机制与执法优化——食品安全治理的新视野 [J]. 中国社会科学，2012（6）：115-133，207-208.

责边界是制定科学的行业标准与食品安全标准，推进行业自律，加强行业内监管和对食品企业进行教育培训等；第三方组织的职责边界是开展产品质量认证、质量检测、信用评估和风险评估等；媒体的职责边界是曝光食品企业违背社会责任行为并跟踪其整改情况，通过舆论监督和引导食品企业履行社会责任，以及对公众和企业进行社会责任教育等。食品企业的职责边界是在政府、公众、行业协会、第三方组织和媒体的监督和自我道德约束下诚信经营、杜绝造假、生产控制和防范风险。此外，食品供应链上下游企业间也可以相互监管。被发现的概率和严厉的惩罚使得下游利益相关者有动机监督和发现上游利益相关者的行为，从而使得上游利益相关者妥协（陈彦丽，2014）①。

一、政府职能部门的"主导者"职能

从信息经济学理论来看，食品既是经验品又是信用品，该特性使得食品消费市场存在着严重的信息不对称，造成消费者的货币选择机制失灵（市场失灵）。政府代表的是公权力，政府主体能够对市场失灵进行一定程度的矫正。政府对社会资本具有强大的支配能力，在应对食品企业社会责任危机方面具有强制的执行力，因此政府在食品企业社会责任协同治理中发挥着"主导者"的职能，其主要为食品企业社会责任协同治理提供以下基础服务：确定食品企业社会责任协同治理的总体方向和法定标准；以法律、法规等形式保障各个治理主体的地位和职责分工；引导社会各界的多元主体参与协同治理；对各协同治理主体的治理行为提供基础服务；以法律法规为手段协调各方利益等。

二、非政府组织的"督导者"职能

非政府组织（如食品行业协会等）与政府、企业、消费者等治理主体保持相对独立的地位。非政府组织利用第三方所特有的公正性，能够以认

---

① 陈彦丽. 食品安全社会共治机制研究 [J]. 学术交流，2014（9）：122–126.

证、检测、评估、倡导等方式来督导食品企业的社会责任问题，并向社会披露公正、有效的信息，获得公信力，发挥着强大的"督导者"职能。与政府组织相比，非政府组织具有广泛的筹集社会公益资源的能力，非政府身份、非营利性特征与公益性职责赢得了广泛坚实的社会基础；同时，非政府组织汇聚了食品企业社会责任治理领域的专业知识、技术、人才以及特殊资源，能够利用其客观、专业、高效、灵活等特点，弥补政府与消费者参与食品企业社会责任治理资源的不足，激活政府所遗漏的"治理盲区"，提高协同治理效率。在食品企业社会责任协同治理结构中，政府与非政府组织不是支配与控制的关系，而是平等的互助合作关系。非政府组织的主要职责包括制定食品行业的社会责任标准，评估食品企业的社会责任履行情况，督促食品企业自律，引导消费者开展社会责任食品消费，负责不安全食品检验检测、提供食品社会责任的风险预警等，发挥认证者功能。

三、消费者的"货币选票者"职能

食品企业社会责任协同治理的主要目的是保护消费者的权益，同时让食品企业可持续发展。在食品市场上，食品企业具备信息优势，消费者处于信息劣势，这种严重的信息不对称情形易使消费者遭受不安全食品的危害，但消费者可以通过其他途径获得的信息及自身的经验判断来决定自己的货币选票，实现在食品市场上的"扬善除恶"，从经济上激励企业社会责任履行良好的食品企业，惩罚违背企业社会责任的食品企业。食品安全责任是食品企业社会责任的重要维度，消费者作为食品安全责任维度的最直接的利益相关者，他们通过能够在第一时间发现并举报食品安全事件，再经媒体披露后引起社会各方关注，由政府介入协同治理，最终可能促进食品企业社会责任治理法规制度的变革。

四、公众的"社会监督者"职能

公众是食品企业社会责任问题的潜在受害者，公众不仅面临不安全食品的威胁，还要承担食品信任危机带来的更高的交易成本。公众在食品安全治

理中主要是发挥监督者的作用：一方面监督食品生产者、经营者的行为，并把信息通报给消费者；另一方面监督政府、非政府组织的行为，并利用舆论的作用来施加影响。作为公众代表的大众媒体的有效监督可以增加食品企业履行社会责任的透明度，使食品企业社会责任负面事件得以早发现、早治理、早规范，减少信息不对称，促进食品质量安全。近年来一些有较大影响的食品安全事故，最终能够促使责任者被追究、受害者被补偿，媒体的披露是直接推动力。

五、食品企业的"自律者"职能

食品企业是食品企业社会责任的第一责任主体和内在治理主体，包括食品生产经营企业以及食品供应链上的其他企业。在经济利益最大化的驱动下，一些食品企业可能采取违法行为生产不安全食品或违背其他社会责任，也可能使监管者被其"俘获"，纵容其不法行为，食品安全很难实现。在食品企业社会责任协同治理体制下，食品企业变被动为主动，由单一的外在监督相对人变为同时也是社会责任治理的主动参与者，即一方面食品企业对自己的行为进行严格自律；另一方面其他食品企业对其进行相互监督、约束和控制。

第五节　食品企业社会责任协同治理机制的实证检验

为了给本章构建的我国食品企业社会责任协同治理机制（见图 4 - 3）提供实证检验，本部分以食品企业社会责任中的食品安全子维度为例对食品企业社会责任协同治理机制中的子机制的作用关系进行实证检验，实证检验以食品企业违背社会责任导致的食品安全事件为样本案例，侧重检验信息机制、市场机制、法治机制和声誉机制这四个协同治理子机制之间的作用方向与强度，为今后进一步完善和优化食品企业协同治理机制提供实证依据。其中，信息机制以代表社会意愿的大众媒体和代表政府意愿的官方权威媒体为表征变量，主要代表社会治理主体的信息供给行为；市场机制主要以代表投资者意愿的资本市场收益率和代表消费者意愿的销售增长率表征；法治机制以代表政府治理主体意愿的行政处罚、刑事处罚和经济处罚为变量表征；声誉机制则用涉事食品企业的社会责任履行程度为变量表征。

一、理论分析与研究假设

（一）信息机制对市场机制产生影响的性质

食品在经济学上属于经验品与信任品，安全的食品既需要食品企业通过自律提供，也需要政府采取监管方式来保证安全食品的有序供给，食品企业持续生产经营安全食品，积极履行食品安全责任的目的在于持续获取正当的经济利益，生产经营假冒伪劣食品、违背社会责任的目标在于对法律机制存在机会主义动机，以攫取短期的经济利益，即食品企业履行或违背社会责任，其背后均受到市场机制的强烈作用，即产品质量问题是企业行为、市场特征与政府管制之间的一个互动关系（李新春等，2013）[①]，严厉的市场惩罚可以完善政府监管，促使食品企业执行食品安全标准，防范食品安全事件的发生。当食品安全事件特别是重大食品安全事件发生时，通过信息机制传递到市场上，市场机制如果能够准确地辨别出其性质、特征和影响等，对食品安全的协同治理工作的方向更有针对性，治理措施也更具有效性。

如前所述，市场机制发挥作用的路径包括资本市场和要素市场。其中，资本市场对企业重大负面事件的反应已经引起学术界大量的关注，已有文献研究了企业因产品质量问题而召回事件对公司股价的影响。例如，唐蕾等（2017）[②] 按照上市公司在负面社会责任事件期内做出回应的先后顺序，将社会责任应对策略划分为快速回应型、中速回应型、慢速回应型及不回应型四种，并运用事件研究法结合山东疫苗事件对涉事公司进行了案例分析，研究发现：资本市场对采取不同社会责任应对策略上市公司的消极反应的强弱

---

① 李新春，陈斌. 企业群体性败德行为与管制失效——对产品质量安全与监管的制度分析 [J]. 经济研究，2013，48（10）：98－111，123.

② 唐蕾，章新蓉，陈煦江. 公司对社会责任负面事件的应对策略效应分析——基于上市公司对山东疫苗事件的回应时序 [J]. 财会月刊，2017（30）：31－36.

程度不同，并以 48 家疫苗生产批发上市公司数据为样本，进一步检验企业社会责任应对策略类型及回应态度与事件窗口内超额累计收益率之间的关系，发现事件期间内，资本市场对涉事公司以及整个疫苗生产批发行业都产生了显著的消极效应，但及时、积极、诚恳的回应策略能够减轻其负面影响程度。

当重大食品安全事件发生时，要素市场的反应体现在：在对销售收入的影响方面，直销市场上的消费者与间接销售市场上的代销商对涉事公司供给的食品产生失去信任，导致销售收入大幅下降，销售订单大幅减少及出现退单，产品市场份额快速大幅缩减，最终导致营业收入锐减。在对成本费用的影响方面，涉事公司将面临因食品安全事件导致的罚款、诉讼费、赔偿等额外支出，同时，为了挽回企业形象需要追加投入沟通费、广告费等，也将面临更严格、更频繁的政府监管与媒体追踪，需加大软硬件投入、人力投入等以执行更严格的食品安全标准和质量水准，这将大大提高当期和未来的成本费用。可见，要素市场上的收入减少和成本增加将会大幅降低涉事公司的净利润。

综上所述，媒体曝光食品安全事件后，一方面对涉事公司的股价带来负面影响，实质上是资本市场机制发挥了惩罚作用，通过股价的大幅下跌给涉事公司直接带来严重的负面影响，背后是投资者、债权人等广大治理主体对涉事公司的悲观预期；另一方面对涉事公司的净利润造成重大打击，实质上是要素市场机制发挥了惩罚作用，造成涉事公司财务绩效的大幅降低，对涉事公司的可持续经营带来挑战，背后是消费者、供应链等对涉事公司发挥了惩罚作用。涉事公司有市值管理动机与盈余管理的压力，为了挽回投资者和消费者的信任，涉事公司必须采取措施提升食品质量、杜绝食品安全问题的再次发生。这也体现了信息机制和市场机制对食品企业社会责任的协同治理作用。基于以上分析，本书提出假设 4-1。

假设 4-1：媒体曝光食品安全事件后，将会从资本市场和要素市场两个方面对涉事公司进行惩罚。

（二）信息机制对法治机制和市场机制产生影响的途径与程度

从现实情况来看，当食品安全事件发生后，众多媒体将对该事件进行围剿式报道，引起社会的广泛关注和政府部门的强制介入，最后引发法治机制的惩戒作用，对涉事公司等相关责任人进行相应惩罚。政府监管机构和执法部门的行动往往在媒体报道之后，即法治机制需要信息机制的信息输入才会启动并发挥作用，这反映了我国当前过分依赖政府的单一监管模式在现实中受到了有限执法资源和繁杂执法程序的约束，以大众媒体报道、消费者举报等社会监督手段为主的信息机制是发现食品安全事件、监督食品安全问题的先锋队。另外，媒体报道除了引起行政机构的介入进而强制涉事公司"改邪归正"之外，还会引起社会大众的关注从而形成对注重声誉的经理人行为的外部约束（郑志刚等，2012）[①]，即信息机制通过媒体关注促进食品公司完善公司治理，启动食品企业的自律机制，主动积极地履行社会责任。凭借其广泛的影响力和权威性，媒体所传递的观点会被投资者当作权威意见来接纳。换言之，媒体对食品安全事件的披露报道对投资者有着举足轻重的影响。媒体报道特征（报道的内容、频度、来源和持续性等）将在不同程度上直接影响投资者、债权人等利益相关者对涉事公司风险与收益进行重新评估，据此调整投资决策。

大众媒体和官方权威媒体由于职能分工不同，两者在短期和中长期起到的监督功能各有侧重，大众媒体作为新闻与文化行业的企业，遵循市场竞争机制，追求自身效用（主要是经济利益）最大化，倾向于追求短期的社会影响效应，更多地关大中型食品公司与敏感食品安全事件。但长期来看，当曝光后事件报道已被公众熟知时，多数大众媒体将随着新发事件而转移目标，即大众媒体的短期监督效果相对长期而言更加明显。因此，本书认为在食品安全事件经媒体曝光的短期内，大众媒体的关注度越高，将会导致涉事公司的股东权益损失越大，即监督效果越明显。大众媒体的持续关注起到外

---

① 郑志刚. 企业经济责任审计理论定位下的实务探究与启示//全国内部审计理论研讨优秀论文集2011［C］. 中国内部审计协会，2012：7.

部监督的良好作用，并且协同资本市场的激励机制致使涉事公司遭受重大损失，对涉事公司起到事中惩戒的作用，迫使涉事公司改正违规行为。官方权威媒体依赖政治权力等权威性资源，其公司治理作用的发挥通过引起相关行政机构的介入来实现，相关行政部门介入食品安全事件的查处和责任确认后，再由官方权威媒体深入报道事件进展和追根溯源，发挥作为党和国家的"耳目喉舌"的舆论引导和新闻宣传的作用（周开国等，2016）[①]。官方权威媒体通常对重大食品安全事件的前因后果、事件最终的解决途径、今后的政策变化等将进行跟踪报道，注重长期监督宣传。权威媒体往往不是披露食品安全事件的先锋，意见领袖身份和对于舆论的主导地位决定其相对谨慎的新闻报道特征。因此，事件曝光初期，权威媒体出于谨慎性以及为稳定社会情绪，监督效果不会凸显，但在事件后期通常能发挥显著的监督作用。基于以上分析，本书提出假设4-2～假设4-4。

假设4-2：媒体（包括大众媒体和官方权威媒体，下同）关注度越强，涉事公司的累计超常收益率损失越大。

假设4-3：政府惩罚力度越强，涉事公司的累计超常收益率损失越大。

假设4-4：媒体关注度与政府惩罚力度对涉事公司的累计超常收益率具有协同惩罚作用。

（三）信息机制与法治机制对涉事公司所在行业的市场机制产生的影响

不少文献发现公司事件公告会产生行业溢出效应（肖红军等，2010；陈煦江，2014）[②][③]。已有文献发现公司负面事件宣告事件存在传染效应（Roehm and Tybout，2006）[④] 或传染效应和竞争效应并存（Bittlingmayer and

　　① 周开国，杨海生，伍颖华. 食品安全监督机制研究——媒体、资本市场与政府协同治理 [J]. 经济研究，2016，51（9）：58-72.

　　② 肖红军，张俊生，曾亚敏. 资本市场对公司社会责任事件的惩戒效应——基于富士康公司员工自杀事件的研究 [J]. 中国工业经济，2010（8）：118-128.

　　③ 陈煦江. 企业社会责任战略选择效应——基于血铅电池事件研究 [J]. 中国人口·资源与环境，2014，24（2）：142-148.

　　④ Roehm M L, Tybout A M. When Will a Brand Scandal Spill Over, and How Should Competitors Respond? [J]. Journal of Marketing Research，2006，43（3）：366-373.

Hazlett，2000；王永钦等，2014)①②。从传染效应产生的过程来看，如媒体在食品安全事件曝光后对涉事公司缺乏特质信息披露，未能清晰地识别出"好公司"与"坏公司"时，信息不对称程度较高，市场机制可能对整个食品行业（通常是涉事公司所处的子行业）产生忧虑，采取停止购买同类产品或沽空同行业股票的行动表现悲观情绪，从而引发对整个食品子行业的信任危机，殃及其他无辜的食品企业，产生传染效应。从竞争效应产生的过程来看，如果媒体对食品安全事件报道的明晰度较高，涉事公司与同行业其他公司的特质信息被识别，即能够识别出"好公司"与"坏公司"时，市场的竞争性反而会提高同行业其他食品企业的营业利润和市场价值，从而产生针对涉事公司的竞争效应，有时还会形成马太效应。由此，本书提出假设4-5。

假设4-5：食品安全事件为相对独立事件时产生竞争效应，为子行业关联事件时产生传染效应，媒体报道的信息质量和政府惩罚的时效性会影响这两种效应的程度。

二、研究设计

（一）样本选取和数据来源

我国目前尚较权威、全面、系统的食品安全事件数据库，仅有中国食品安全网的"舆情监控"栏目以及人民网、新华网等政府官方网站，以及掷出窗外网的"中国食品安全问题新闻资料库（2004-2011）"栏目、新浪、网易、搜狐等民间大众媒体报道的食品安全事件信息，每个网站的报道都不够全面完整，食品安全事件信息分布零散。因此，为了尽量增加样本的完整性和全面性以增强实证检验结论的可靠性，本书团队按照我国食品行业上市公司名录通过百度、360等搜索引擎逐家手工检索和查阅食品安全事件的相

---

① Bittlingmayer G，Hazlett T W. DOS Kapital：Has Antitrust Action Against Microsoft Created Value in the Computer Industry？[J]. Journal of Financial Economics，2000，55（3）：329-359.

② 王永钦，刘思远，杜巨澜. 信任品市场的竞争效应与传染效应：理论和基于中国食品行业的事件研究 [J]. 经济研究，2014（2）：141-154.

关报道，整理涉事公司发生重大食品安全事件的内容、时间、被大众媒体和官方权威媒体报道的次数、受到的处罚类型。具体检索的情况为：本书以沪深股市2018年以前（因数据获取原因，不含2018年）上市的194家食品饮料业上市公司为研究样本，其中，食品制造业为40家，农副食品加工业为45家，农林牧渔业为52家，酒、饮料和精制茶业为44家，住宿和餐饮业为13家（公司的具体名录如表3-1所示）。经过检索筛选，共得到77家公司的147次被不同媒体报道的食品安全事件，时间跨度为2004年5月至2019年1月。此外，在实证分析中用到的案例公司及所处食品子行业的资本市场收益率、营业收入、营业成本、资产总额等财务数据检索自国泰安数据库（CSMAR）。

（二）事件窗口与回归模型的设定

由于本章研究的是信息机制对市场机制、法治机制、声誉机制等的作用关系与程度，根据事件研究法的要求，事件日的选取并非食品安全事件发生的当日，而是报道该事件的各家媒体的首次公开报道日，考虑到与资本市场收益率等数据在时间上匹配，首家媒体如果在股市开盘期间报道则取当日为事件日，如果在收盘之后报道则取下一个交易日；由于食品企业的食品安全事件在被外界发现之前存在高度的信息不对称，因此本书假定媒体曝光前不存在信息泄露，即不考虑食品安全事件发生日至首次被媒体公开报道日之间的信息影响，该假定也接近现实情况。

为了较全面地检验在食品安全事件发生以后媒体在不同时间区间的监督与协同治理效果，本书将事件被曝光当天设为第1天，将被曝光之后（含曝光当天）分别到第3、第10、第30、第60个交易日设定为四个事件窗口，并将其在资本市场上对应的累计超常收益率分别记为CAR(1，3)、CAR(1，10)、CAR(1，30)、CAR(1，60)，其中前两个事件窗口表征短期影响，后两个事件窗口表征长期影响。

现有文献采用过常均值调整模型、市场模型（风险调整模型）和市调整模型这三种方法计算累计超常收益率 CAR（王永钦等，2014）[①]。其中，常均值收益模型的基本假设是特定证券的平均收益不会随着时间发生变化；市场模型的基本假设是在市场性收益和特定证券收益之间存在着稳定的线性关系，由于市场组合的加权收益随时间的变化非常小，因此一般不会对经验研究产生影响，该模型通过消除收益中与市场收益相关的部分，会使超额收益的方差降低，从而提高检测事件影响结果的能力，与常均值模型相比有了比较显著的性能改善；市场调整模型与市场模型的区别在于检验统计量的计算公式不同。因此，本书使用市场模型计算各个交易日的超常收益率 AR，将事件窗口内各日的 AR 求和计算出累计超常收益率 CAR，在此基础上计算全样本的平均超常收益率 AAR 和累计平均超常收益率 CAAR。

本书为了检验信息机制（以大众媒体和官方权威媒体的关注度表征，下同）对市场机制（以超常收益率 CAR 表征，下同）的影响、信息机制对法治机制（以政府对涉事公司的处罚表征，下同）的影响进而对市场机制的影响，以及信息机制、市场机制和法治机制对声誉机制（以涉事公司是否再次发生食品安全事件表征）的影响，构建以下三个回归模型。

$$CAR_{it} = \alpha_0 + \alpha_1 MED_{it} + \alpha_2 ROA_{it} + \alpha_3 ALR_{it} + \alpha_4 LOGTA_{it} + \omega \quad (4.1)$$

$$CAR_{it} = \beta_0 + \beta_1 MED_{it} + \beta_2 LAW_{it} + \beta_3 MED_{it} \times LAW_{it} + \beta_4 ROA_{it}$$
$$+ \beta_5 ALR_{it} + \beta_6 LOGTA_{it} + \varphi \quad (4.2)$$

$$LOGIT_{it} = \gamma_0 + \gamma_1 MED_{it} + \gamma_2 LAW_{it} + \gamma_3 CAR_{it} + \gamma_4 MED_{it} \times LAW_{it} \times CAR_{it}$$
$$+ \gamma_5 ROA_{it} + \gamma_6 ALR_{it} + \gamma_7 LOGTA_{it} + \theta \quad (4.3)$$

其中，模型（4.1）中，CAR 为被解释变量；MED 为解释变量，分别以大众媒体报道次数、与官方权威媒体报道次数之和度量［模型（4.2）与模型（4.3）相同］，总资产报酬率 ROA、资产负债率 ALR 和总资产的自然对数 LOGTA 分别为控制财务绩效、财务风险与公司规模对 CAR 的影响，均以食品安全事件发生并被曝光的上一年度的财务指标计算［模型（4.2）与模型

---

① 王永钦，刘思远，杜巨澜. 信任品市场的竞争效应与传染效应：理论和基于中国食品行业的事件研究［J］. 经济研究，2014（2）：141－154.

（4.3）相同]。模型（4.2）中，CAR 为被解释变量；媒体关注度 MED 和法律处罚金额占涉事事件标的食品金额的占比 LAW 为解释变量（由于简化考虑，不再基于处罚刑事、行政与民事等性质设虚拟变量进行实证检验），交乘项 MED×LAW 测度媒体关注度与法治惩罚的调节程度，以检验信息机制与法治机制的协同作用程度。模型（4.3）中，被解释变量为反映涉事公司是否重复发生食品安全事件的二值 Logit 概率模型，同时以媒体关注度 MED、法律处罚金额 LAW 和超常收益率 CAR 为解释变量，并以交乘项 MED×LAW×CAR 测度媒体关注度、法律惩罚力度与超常收益率的调节程度，以检验信息机制、市场机制与法治机制对食品企业履行社会责任的协同作用程度。模型（4.1）～模型（4.3）中，α，β，γ 分别为待估计的回归系数；ω，Φ，θ 分别为随机误差项。

三、实证结论与分析

（一）描述性统计

如表 4-7 所示：涉事公司的超常收益率 CAR（1，3）、CAR（1，10）、CAR（1，30）、CAR（1，60）的均值分别为 -3.95、-4.36、-7.77 和 -10.54，表明食品安全事件在曝光后的不同时间窗口内均通过信息机制的作用在短期和长期内对涉事公司的市值均产生了显著的负面影响。涉事公司在 MED（1，3）、MED（1，10）、MED（1，30）、MED（1，60）这四个时间窗口内被媒体曝光次数的均值分别为 4.25 次、5.69 次、10.89 次和 15.42 次，其中最大值为 38 次，最小值为 1 次，表明不同公司发生的不同食品安全事件被媒体报道的次数差异较大，媒体对重大或敏感食品安全事件也有从众围剿行为，而对某些非重大或不敏感的食品安全事件毫无兴趣。食品安全事件发生后，涉事公司在 LAW（1，3）、LAW（1，10）、LAW（1，30）、LAW（1，60）四个时间窗口内的均值分别为 5.36 万元、6.85 万元、8.38 万元和 7.33 万元，表明在事件发生后涉事公司受到处罚的程度随着时间增加，也反映了目前政府职能部门在对事件的认定与处罚的时效性方面有待提高。从食品安全事情的重复发生情况来看，LOGIT（1，3）、LOGIT（1，10）、LOGIT

（1，30）和 LOGIT（1，60）的均值分别为 0.07 次、0.10 次、0.06 次、0.12 次，表明企业在食品安全事件发生后遭到市场机制、法治机制和声誉机制的惩罚，开始启动自律机制，加强了食品质量控制，降低了食品安全事件复发的概率。

表 4 - 7　　　　　　　　　　变量的描述性统计

变量	最大值	最小值	均值	中位数	标准差
CAR(1, 3)	10.25	-40.63	-3.95	-1.32	8.34
CAR(1, 10)	11.87	-46.98	-4.36	-2.11	9.10
CAR(1, 30)	13.63	-60.42	-7.77	-4.59	14.32
CAR(1, 60)	15.34	-67.93	-10.54	-6.78	19.74
MED(1, 3)（次）	8.00	1.00	4.25	4.00	1.42
MED(1, 10)（次）	12.00	1.00	5.69	6.00	1.57
MED(1, 30)（次）	25.00	2.00	10.89	11.00	1.96
MED(1, 60)（次）	38.00	3.00	15.42	14.00	1.34
LAW(1, 3)（万元）	9.62	0	5.36	5.99	3.66
LAW(1, 10)（万元）	10.02	0	6.85	7.14	2.45
LAW(1, 30)（万元）	9.97	0	8.38	8.00	3.79
LAW(1, 60)（万元）	8.96	0	7.33	6.71	4.02
LOGIT(1, 3)（次）	1.00	0	0.07	0	1.03
LOGIT(1, 10)（次）	1.00	0	0.10	0	1.32
LOGIT(1, 30)（次）	1.00	0	0.06	0	1.09
LOGIT(1, 60)（次）	1.00	0	0.12	0	1.42
ROA	0.05	0.02	0.03	0.03	1.20
ALR	0.87	0.25	0.63	0.59	1.63
LOGTA	29.85	2.12	14.14	13.54	20.55

注：表中的 LOGIT(1, 3)，LOGIT(1, 10)，LOGIT(1, 30) 和 LOGIT(1, 60) 在本表均以二值变量原始值做描述性统计，如果食品安全事件重复发生取 1，未重复发生取 0。CAR，ROA，ALR 为比率指标，LOGTA 为对数，均无单位；MED 和 LOGIT 的单位为次数；LAW 的单位为万元，但在回归分析中用法律处罚金额占涉事事件标的食品金额的占比量化，以缩小变量间的量级差异。

图 4 – 6 列示了全样本的累计平均超常收益率 CAAR 在事件曝光后 60 个交易日内的变动趋势。其趋势具有两个特征：一是从总体趋势上看，平均超常收益 CAAR 均为负值且呈显著的下降趋势，表明资本市场对食品安全事件信息做出了显著的负面评价且持续较长时间；二是在局部时间区间具有波动性，其中第 7 个交易日（CAAR 为 – 10.99）和第 30 个交易日（CAAR 为 – 14.35）是两个较明显的拐点，这可能与媒体报道和政府惩罚共同作用的时间周期有关。综上所述，结合表 4 – 7 的描述性统计和图 4 – 6 的趋势分析结果，表明食品安全事件被媒体曝光后，至少从资本市场方面对涉事公司进行了惩罚，本章提出的假设 4 – 1 成立（由于目前我国上市公司披露的财务数据的最快期间为季度报告，受财务数据的限制无法对要素市场受到的影响进行检验）。

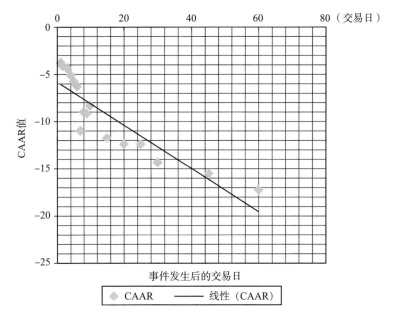

图 4 – 6　食品安全事件发生后的 CAAR 趋势

注：图中标示的时间节点为事件发生后的第 1 ~ 10、15、20、25、30、45、60 个交易日的 CAAR 值分别为 – 3.81、– 4.23、– 4.36、– 5.09、– 5.78、– 6.35、– 10.99、– 9.01、– 9.23、– 8.39、– 11.75、– 12.43、– 12.42、– 14.35、– 15.57 和 – 17.22。

（二）信息机制对市场机制产生影响的实证分析

为了检验信息机制对市场机制（资本市场）的影响方向与程度，本部分基于前述构建的模型（4.1）验证媒体曝光程度（表征信息机制）与累计超常收益率（市场机制）之间的关系。从计量经济学上看，由于本书的研究对象为 77 家食品上市公司发生的 147 次食品安全事件，样本量较小，因此我们采用了混合面板回归方法，并控制了异方差的影响［在模型（4.2）和（4.3）的回归分析采用一致的处理］，回归结果如表 4 - 8 所示。

根据表 4 - 8 可知，在 CAR(1，3)、CAR(1，10)、CAR(1，30)、CAR(1，60) 作为被解释变量的四个事件窗口期内，媒体关注度 MED 的系数均显著为负，其中，在 CAR(1，3)、CAR(1，10) 窗口内均在 1% 的水平上显著且回归系数的绝对值相比较大，在 CAR(1，30)、CAR(1，60) 窗口仅在 5% 水平上显著且回归系数的绝对值相比较小，表明在短期内媒体对食品安全事件的高频度曝光信息引起资本市场对涉事公司的价值做了显著的负面评价，但随着时间的流逝，媒体对该事件的关注有所减弱，投资者等利益相关者也开始对该事件"淡忘"，媒体关注度系数的显著性和绝对值均有所下降，反映了信息机制对市场机制同时具有"强化记忆"效应和"遗忘"效应。可见，在控制了总资产报酬率 ROA、资产负债率 ALR 和总资产的自然对数 LOGTA 对 CAR 影响后，发现媒体监督功能的发挥主要作用于短期，媒体曝光程度越高的涉事公司，累计超常收益率负向绝对值越大，该结果表明假设 4 - 2 成立。

表 4 - 8　　　　　　　　模型（4.1）的回归结果

变量		CAR(1，3)	CAR(1，10)	CAR(1，30)	CAR(1，60)
解释变量	截距	3.589 ** (0.041)	4.983 *** (0.001)	5.236 *** (0.000)	4.239 *** (0.001)
	MED	- 7.321 *** (0.000)	- 6.893 *** (0.001)	- 4.990 *** (0.001)	- 2.828 ** (0.005)

续表

变量		CAR(1, 3)	CAR(1, 10)	CAR(1, 30)	CAR(1, 60)
控制变量	ROA	-0.159 *** (0.001)	-0.203 *** (0.001)	-0.520 *** (0.000)	-0.429 *** (0.000)
	ALR	-0.026 ** (0.032)	-0.012 ** (0.024)	-0.590 *** (0.000)	-0.299 *** (0.001)
	LOGTA	0.005 *** (0.001)	0.013 *** (0.000)	0.020 ** (0.006)	0.019 *** (0.000)
拟合系数 R^2		0.712	0.874	0.805	0.869
样本观测值		147	147	147	147

注：***、**、* 分别表示在 1%、5%、10% 的水平上显著；括号内为 P 值。

（三）信息机制、法治机制及两者协同作用对市场机制产生影响的实证分析

为了检验信息机制、法治机制及两者协同作用对市场机制产生的影响，本书运用前述模型（4.2）验证表征这三个机制的媒体关注度 MED、法律惩罚力度 LAW 及两者的交乘项 MED × LAW 对市场超常收益率 CAR 的影响，回归结果如表 4 - 9 所示。

表 4 - 9　　　　　　　　　　模型（4.2）的回归结果

变量		CAR(1, 3)	CAR(1, 10)	CAR(1, 30)	CAR(1, 60)
解释变量	截距	2.223 *** (0.001)	4.219 ** (0.002)	3.236 ** (0.002)	5.461 *** (0.000)
	MED	-3.549 *** (0.000)	-5.100 *** (0.000)	-6.8580 *** (0.000)	-3.207 ** (0.004)
	LAW	-0.279 ** (0.050)	-0.335 *** (0.000)	-0.763 *** (0.000)	-0.769 *** (0.000)
	MED × LAW	0.031 *** (0.001)	0.033 *** (0.001)	0.065 *** (0.000)	0.078 *** (0.000)

续表

变量		CAR(1, 3)	CAR(1, 10)	CAR(1, 30)	CAR(1, 60)
控制变量	ROA	-0.457** (0.003)	-0.467** (0.002)	-0.412*** (0.001)	-0.471*** (0.000)
	ALR	-0.008** (0.044)	-0.007** (0.034)	-0.009** (0.045)	-0.016* (0.095)
	LOGTA	0.036* (0.079)	0.012 (0.201)	0.025** (0.043)	0.027** (0.020)
拟合系数 R^2		0.799	0.716	0.758	0.794
样本观测值		147	147	147	147

注：***、**、*分别表示在1%、5%、10%的水平上显著；括号内为P值。

　　根据表4-9可知，在控制涉事公司上年度的财务绩效（总资产报酬率ROA）、财务风险（资产负债率ALR）和公司规模（总资产的自然对数LOGTA）对累计超常收益率CAR的影响的前提下，样本公司在CAR（1，3）、CAR（1，10）、CAR（1，30）、CAR（1，60）四个事件窗口对应的回归模型中，媒体关注度MED、法律惩罚力度LAW均对累计超常收益率CAR产生了显著的负向影响，即被媒体曝光的次数越多、对涉事公司惩罚的额度越大，资本市场对涉事公司的负面评价越大（即CAR的绝对值越大），发挥的惩罚作用越强；交乘项MED×LAW的回归系数在上述四个事件窗口内均显著为正，表明在食品安全事件发生的短期和长期内，媒体关注度MED与法律惩罚力度LAW除本身与涉事公司的累计超常收益率CAR呈负相关外，两者还发挥了协同降低CAR的作用，即信息机制与法治机制对涉事公司的市场机制具有显著协同的治理作用（发生食品安全事件等社会责任负面事件为协同惩罚作用）。可见，从以上结论发现：政府惩罚力度越强，涉事公司的累计超常收益率损失越大；媒体关注度与政府惩罚力度对涉事公司的累计超常收益率具有协同惩罚作用。这表明前述假设4-2、假设4-3和假设4-4成立。

　　为了检验信息机制和法治机制对涉事公司所在行业（子行业）的市场

机制产生的震慑程度，是否达到了预期的监管效果与目的，本书进一步检验样本公司的食品安全事件可能产生的行业溢出效应。食品行业属于典型的信任品与经验品行业，目前有学者发现信任品行业中个别企业的丑闻会对其竞争对手企业产生"传染效应"和"竞争效应"这两种后果相反的效应。王永钦等（2014）[①] 基于监管制度视角研究发现：在一个监管制度较弱的市场环境中，涉事公司的食品安全事件将造成同行业竞争对手的股价也随之下降，带来"传染效应"，反映了市场对监管制度的不信任；而在一个监管制度较好的市场环境中，同行业的竞争对手的股价会逆势上涨，产生"竞争效应"，表明该监管制度发挥了有效识别了信任品行业中不同公司的"好坏"，得到了资本市场的信任，实现了奖罚分明。周开国等（2016）[②] 从媒体报道能否有效降低信息不对称程度视角研究发现，当媒体报道有效降低信息不对称程度时，溢出效应表现为竞争效应；否则，溢出效应表现为传染效应。目前学者大多从单一影响因素视角检验行业溢出效应，本书则从信息机制（以媒体关注度表征）和法治机制（以法律惩罚力度表征）两个主要影响因素对食品行业溢出效应的协同影响视角进行分析。

本书根据食品安全事件的重大程度进行样本选取，发现被选取的46起食品安全事件涉及的公司属于食品饮料业、农林牧渔业和酿酒业三个子行业（中国证监会的行业分类），本部分采用前述事件研究法中的市场模型，计算出涉事公司所在子行业的竞争对手受到事件冲击后的累计平均超常收益率情况，如表4-10和图4-7所示。

---

① 王永钦，刘思远，杜巨澜. 信任品市场的竞争效应与传染效应：理论和基于中国食品行业的事件研究 [J]. 经济研究，2014（2）：141-154.

② 周开国，杨海生，伍颖华. 食品安全监督机制研究——媒体、资本市场与政府协同治理 [J]. 经济研究，2016（9）：58-72.

表 4 − 10   食品安全事件对行业的溢出效应类别

效应类别	事件数量（起）	重要事件关键词
传染效应	18	午餐肉罐头事件、草莓活性乳酸菌质检不合格、纯牛奶"变质含毒"、冬虫夏草砷过量、瓜子喷香精、三聚氰胺牛奶、虾夷扇贝底播苗种造假、白酒勾兑大量添加酒精等事件
竞争效应	12	水饺系列事件、猪肉含非洲猪瘟病毒基因、鲜牛奶菌落总数不合格、问题稻种在多地出现绝收、大枣礼盒装发霉变质等事件
不确定	16	违规扩繁转基因玉米种、学生奶菌落总数超标、疫苗质量事件、加气红葡萄汁二氧化硫超标、红酒农残超标等事件

注：表中的 46 起食品安全事件是从 77 家样本公司于 2004 年 5 月至 2019 年 1 月间的 147 次食品安全事件中选取。

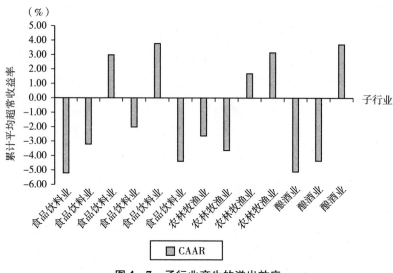

图 4 − 7   子行业产生的溢出效应

注：CAAR > 0 为竞争效应，CAAR < 0 为传染效应。

结合表 4 − 10 和图 4 − 7 可以发现，有约 1/3 的食品安全事件对子行业竞争公司的作用是不确定的，即行业溢出效应不显著，表明以媒体监督为主要途径的信息机制和以行政处罚为主要手段的法治机制未能实现对涉事公司所处子行业的治理效果。其原因可能来自以下两个方面：一是媒体报道未能

对事件信息进行精确识别、同一媒体前后报道的内容前后矛盾或不同媒体报道信息互相矛盾等，导致媒体不能降低甚至加大了信息不对称程度，信息机制未能发挥对食品行业的治理功能；二是政府职能部门未能在较快的时间内介入对食品安全事件进行追踪调查，并及时进行相应处罚，资本市场因缺乏政府处罚这一权威信息而对该食品安全事件持观望态度，未能及时对涉事公司本身或所处行业进行负面评价，这样政府职能部门也未能降低信息不对称程度，导致法治机制对涉事公司及其所处子行业的社会责任的治理功能受到限制。有约2/3的食品安全事件产生显著的冲击影响，并且表现为两种截然相反的溢出效应：有18起事件产生传染效应，有12起事件产生竞争效应。

通过对比两种效应所涉及的食品安全事件的原因和性质，本书发现其原因是在媒体报道保证真实性与一致性的前提下，所发生事件的性质和影响范围是关键，如果仅仅是一个涉事公司的个案而非所处子行业的通行做法或"潜规则"，该事件通常会产生竞争效应，例如，三全水饺霉变事件、隆平高科问题稻种绝收事件等；相反，如果事件的性质涉及整个子行业，则产生传染效应，例如，恰恰瓜子喷香精事件、三聚氰胺牛奶事件等。进一步研究发现，产生两种溢出效应的根本原因是食品案例事件自身的独立性与行业关联性，前者强则为竞争效应，后者强则为传染效应，媒体报道可能存在信息不实或偏差情况，这会引起涉事公司或所处子行业的累计超常收益率发生异常波动，但最终会因"真相大白"而回到正常水平；此外，政府惩罚通常是在以事实为依据的基础上进行的，其惩罚信息的公布将清晰地披露事件的原因与性质，便于资本市场正确地识别是竞争效应还是传染效应。根据以上分析可见，食品安全事件的独立性较强时产生竞争效应，与子行业的关联性较强时产生传染效应，媒体的信息质量与政府惩罚的时效性会强化或弱化这两种效应的程度，前述假设4-5得到支持。

（四）信息机制、市场机制和法治机制对声誉机制的作用效果检验

为了检验信息机制、市场机制和法治机制对声誉机制的作用效果，本书采用前述模型（4.3）进行检验。本部分首先采用伍德里奇（2003）的方法进行内生性检验，发现模型（4.3）的内生性问题在可接受范围，同时为了保持交乘项 MED × LAW × CAR 量纲的一致性，模型（4.3）中的变量采用标准化处理（该变量减去均值再除以标准差）。模型（4.3）采用 Logit 二值模型（BINARY，设定重复发生为 1，未重复发生为 0）的回归结果如表 4 – 11 所示。

表 4 – 11　　　　　　　　　　模型（4.3）的回归结果

变量		LOGIT(1, 30)	LOGIT(1, 60)
解释变量	截距	−7.611 (0.242)	−0.291 (0.221)
	MED	1.127 (0.013)	−0.001 (0.434)
	LAW	−0.885 *** (0.001)	−0.323 ** (0.003)
	CAR	−0.807 *** (0.000)	−0.115 ** (0.039)
	MED × LAW × CAR	−3.611 *** (0.000)	−2.391 *** (0.000)
控制变量	ROA	−0.003 ** (0.028)	−0.234 *** (0.0002)
	ALR	−0.013 ** (0.020)	−0.009 * (0.088)
	LOGTA	0.056 * (0.054)	0.059 ** (0.036)
拟合系数 R^2		0.471	0.487
样本观测值		147	147

注：*** 、 ** 、 * 分别表示在 1%、5%、10% 的水平上显著；括号内为 P 值。由于样本公司在 LOGIT(1, 3) 和 LOGIT(1, 10) 窗口只有 1 家公司再次发生了食品安全事件，不具备统计学意义，因此，本表仅做 LOGIT(1, 30) 和 LOGIT(1, 60) 窗口的回归分析。

　　根据表 4 – 11 可见，在控制了上年度的财务绩效（总资产报酬率 ROA）、财务风险（资产负债率 ALR）和公司规模（总资产的自然对数 LOGTA）等重要变量的影响的前提下，样本公司在 LOGIT（1, 30）和

LOGIT（1，60）两个事件窗口内，媒体关注度 MED 的系数值均不显著，即对涉事公司是"改邪归正"还是"旧病复发"没有影响，表明目前媒体（主要为大众媒体）主要对食品安全事件发生后进行短期追踪报道，不关注食品安全事件在长期内的发展及解决状况，即主要发挥着对食品企业社会责任的短期治理作用，缺乏参与长期治理的动机，这与大众媒体作为网络企业以追求经济利益为目标有关。相反，在 LOGIT（1，30）和 LOGIT（1，60）窗口内，法律惩罚力度 LAW、累计超常收益率 CAR（表征市场机制的惩罚程度）均与食品安全事件复发的概述负相关，表明在长期内法治机制与市场机制是治理食品企业履行社会责任的主要力量，这可能是因为我国目前《食品安全法》等法律法规日益完善，各级党委和政府及有关部门在实践中坚持"最严谨的标准、最严格的监管、最严厉的处罚、最严肃的问责"取得了一定成效；市场机制发挥作用的原因在于涉事公司出于追求经济利益的目标需要加强市值管理，复兴公司的形象。进一步发现，在上述两个事件窗口中，媒体关注度 MED、法律惩罚力度 LAW 和累计超常收益率 CAR 的交乘项的系数绝对值较各项变量系数的绝对值大且在 1% 的水平上显著为负，表明三者的协同监督是保障食品企业"不敢违规"的核心力量，即信息机制、法治机制和市场机制三者的协同共治是保障食品企业积极履行社会责任，严于自律，充分发挥声誉机制的长效机制系统。

第六节　本章小结

本章的研究目的在于对我国食品企业（包括食品行业上市公司和非上市的小微型食品企业，下同）社会责任的协同治理机制进行探索。首先，本章节在前述第三章对我国食品企业社会从责任治理、法律责任、食品安全责任、环境责任与经济责任进行系统评价五个维度评价的基础上，从食品企业与消费者、竞争者、政府、社区、投资者和供应链等治理主体的关系方面进行了理论分析与实证检验，找出了目前我国食品行业上市公司和小微型食品企业在处理与其他治理主体的关系中存在的成功与不足之处。其次，基于前述实证结论，本章结合协同治理理论与方法，构建了一个包括利益机制、信息机制、市场机制、法治机制、声誉机制和评价机制的六个子机制食品企业社会责任协同治理机制系统，并对各个机制之间的作用机理、各个治理主体职能与前提条件等进行了探索。最后，本书以手工收集的 77 家公司的 147 次被不同媒体报道的食品安全事件（时间窗口为 2004 年 5 月至 2019 年 1 月，详见附录 3）为样本观测值进行了实证检验，发现信息机制对市场机制具有显著影响（食品安全事件表现为市场惩罚，下同），信息机制、法治机制及两者协同作用对市场机制也具有显著影响，食品安全事件信息很可能对涉事公司所处子行业产生竞争效应与传染效应两种溢出效应（有约 2/3 的食品安全事件导致了两种效应，但有约 1/3 的食品安全事件产生的效应不确定），信息机制、市场机制和法治机制对食品企业的声誉机制具有显著的协同治理作用，表明六个子机制的有序协同运行是保障食品企业持续履行良好社会责任的长效治理路径。

第五章

食品企业社会责任协同治理机制实施路径研究

第一节　我国食品企业社会责任履行及其治理的现状概要

本书第三章分别对我国食品行业上市公司和小微型食品企业履行社会责任的现状进行了评价，其主要结论如下。

一、食品企业履行社会责任的现状概要

（一）食品行业上市公司履行社会责任的概况

根据本书第三章构建的食品企业社会责任评价五维度模型（责任治理、食品安全责任、法律责任、环境责任与经济责任，下同）及其社会责任的测量量表的调查分析结果来看：一方面，住宿和餐饮业，农牧食品加工业，酒、饮料和精制茶业，食品制造业和农牧渔业五个子行业上市公司的责任战略、质量责任、研发责任、食品安全管理、合法经营、违法违规、环境管理、节能降耗八个二级 CSR 维度的均值均在李克特五点计分的中值（2.5分）以上，可见在整个食品行业的上市公司中这八个方面表现较好；但是，责任管理、责任考评、责任报告、减排降污、社会公益、股东与债权人责任、供应商与客户责任、政府与职工责任八个 CSR 子维度的均值均在中值（2.5分）以下，表明整个食品行业的上市公司中这八个方面表现较差。另一方面，在全部十六个企业社会责任子维度中，均值较高的为研发责任和违法违规，可见目前食品行业的上市公司对研发的投入十分重视，注重新技术、新产品的竞争力；在遵守法律法规的"红线"问题方面加强了管理，近年的违法违规行为与程度大大降低，同时也表明我国目前的食品安全法律法规日益完善和严厉；均值较低的是质量责任、社会公益、供应商与客户责任，表明目前我国食品行业上市公司对食品药品及相关服务的内部质量管理与控制尚处于较低水平，对食品安全相关的公益活动有所忽视，存在利用供应链或平台企业的优势地位剥夺供应商与消费者的权益或利益的现象。

从上述五个子行业上市公司履行社会责任的差异来看：总体上五个子行业上市公司履行社会责任的水平相差不大，反映了我国食品行业上市公司履

行社会责任相对均衡的情况，其原因可能是目前我国上市公司大多履行了由上海和深圳证券交易所强制性要求披露的社会责任信息，对其他需要自愿性披露的企业社会责任信息提供不足；在五个企业社会责任一级维度中，法律责任履行最好，均值均在 3 以上，达到李克特五点计分的及格水平（60%），表明目前我国食品行业上市公司的守法意识和行动水平均有大幅度提高；责任治理履行最差，均值在 2 左右，仅为李克特五点计分的 40%，表明目前我国食品行业上市公司对社会责任的治理关注不够，还未从战略整合或综合治理这一高层级的角度设计企业社会责任的理论框架与实践机制；食品安全责任、环境责任和经济责任三个子维度的履行情况介于法律责任和责任治理之间，处于均值水平左右，有待强化提升。

总体上看，当前我国食品行业上市公司的法律责任表现最优，责任治理表现最差（具体为责任管理、责任考评、责任报告子维度履行不足），食品安全责任趋于良好，环境责任（减排降污和社会公益子维度表现较差）表现一般，经济责任（股东与债权人责任、供应商与客户责任、政府与职工责任等子维度表现均较差）反而面临较严峻的挑战。

（二）小微型食品企业履行社会责任的概况

根据本书第三章构建的食品企业社会责任评价五维度模型及对我国不同区域的小微型食品企业履行社会责任的测量量表调研分析结果来看：一方面，重庆市、四川省、山东省、其他省区市和全样本（前四个地区之和）五个区域的小微型食品企业履行社会责任的均值总体较低，但不存在显著差异，表明目前地域因素（背后是不同行政区划的政策制度与实践行动）不是影响我国小微型食品企业履行社会责任的敏感因素，各地区主要执行了《食品安全法》等国家宏观层面的法律法规，缺乏有针对性的适应本地区小微型食品企业社会责任特征的具体制度供给与经验探索，此外，尚需调研探索不同区域间的食品文化差异、不同行政区划间的具体法规制度差异等其他重要影响因素，才能为制定相关治理政策提供参考。另一方面，在每个样本地区的五个企业社会责任维度中，履行状况由优到次的顺序为责任治理、经济责任、食品安全责任、环境责任与法律责任，表明我国小微型食品企业开始注重包括社会责任治理在内的企业管理，并取得了较好的治理效果；同样，作为市场经济的产物，小微型食品企业将经济责任置于首要地位，以营利作为企业生存和发展的前提，表明小微型食品企业的认识和行动已日趋具备经济人理性；食品安全责任维度仅次于经济责任维度，表明食品安全问题作为困扰我国小微型企业发展的难题开始受到重视，已经认识到食品安全问题与经济利益甚至企业生死存亡的重要关联性；环境责任与法律责任是表现最差的两个社会责任子维度，表明我国大多数小微型食品企业的"保护绿水青山"等环境保护意识和行动较弱，对法律法规的认识也处于较低水平，甚至存在不少违法违规问题。

综上所述，目前我国各地区的小微型食品企业履行社会责任的总体水平较低但区域差异不显著；在五个企业社会责任维度中，责任治理履行最好，法律责任履行最差，经济责任、食品安全责任和环境责任表现居于中间水平。

二、食品企业社会责任治理的现状概要

本书第四章基于治理主体间的关系分别对我国食品行业上市公司和小微型食品企业社会责任治理的现状进行了评价，其主要结论如下。

（一）食品行业上市公司社会责任治理的主要评价结论

根据本书第四章基于测量量表的调研数据，采用结构方程模型检验的食品行业上市公司治理主体间的关系发现：目前在食品行业上市公司社会责任的治理主体中，政府、投资者、供应链对公司社会责任的治理发挥着重要作用。其中，政府代表行政权力，投资者与供应商代表直接的经济利益相关者，即目前对公司社会责任治理产生正向促进作用的主要是行政权力与经济利益；而直接受公司社会责任行为产生重要影响的消费者和社区参与治理的积极作用的发挥十分有限，表明代表社会权力的消费者和社区在企业社会责任治理中发挥的作用不足；此外，同行业竞争者对企业社会责任发挥的治理作用最弱，表明目前市场竞争中主要为传统产品的成本价格等经济属性的竞争，缺乏产品承载的企业社会责任属性的竞争，即目前我国食品行业的要素

市场与资本市场对企业社会责任治理尚未发挥良好的治理作用。

（二）小微型食品企业社会责任治理的主要评价结论

根据本书第四章基于测量量表的调研数据，采用结构方程模型检验的小微型食品企业社会责任治理主体间的关系发现：目前在我国小微型食品企业社会责任的治理主体中，政府、投资者和职工的治理发挥着主要作用。其中，政府代表行政权力，是投资者与职工代表直接的经济利益相关者，即目前对企业社会责任治理产生正向促进作用的主要是行政权力的干预与经济利益的驱使；而直接受企业社会责任行为产生重要影响的消费者、供应链（包括供应商和销售商）参与治理的积极作用发挥十分有限，即代表社会权力的消费者和对共创共享经济利益分配起重要作用的供应链在公司社会责任治理中发挥的作用不足；此外，社区对小微型食品企业履行社会责任发挥的治理作用最弱，尚未发挥社区这一治理主体的地域与文化、治理成本和治理效率优势。

第二节　我国食品企业社会责任协同治理机制的实施路径

基于上述现状分析，目前我国食品企业（包括食品行业上市公司与小微型食品企业）应当全面强化履行企业社会责任，提升企业社会责任水平；各个治理主体（特别是目前发挥治理作用有限的主体）应当立足于新时代背景、结合新经济模式与公司新发展战略及其商业模式，大力探索企业社会责任协同治理机制实施的新路径，充分发挥我国食品企业社会责任协同治理机制的系统性功能，加强利益机制、信息机制、市场机制、法治机制、声誉机制和评价机制六个子机制的协同运行。

一、各个治理主体的自组织实施路径

食品企业社会责任的协同治理不仅包括政府、食品企业、社会等多元主体的协同治理，各个治理主体内部组织之间的协同也不可或缺。过往文献主要聚焦于从治理理论与协同手段视角研究政府与企业、社会之间的协同治

理，以及政府职能部门之间的大部制整合等形式化改革的协同治理问题，而对各个治理主体系统内部各子系统的协同，尤其是对各个治理主体的自组织性研究不足。所谓系统的自组织性，就是指系统在没有任何外力干预的情况下自发形成由无序转向有序的功能或过程（Haken，1989）①，即系统有其自身发展的内在规律性。协同理论认为，系统的序参量（即关键变量）是系统自组织过程中的主导因素，它们决定着系统的前进方向或结构性质。可见，目前应当探索我国食品企业社会责任各个协同治理主体系统的序参量，并进一步释放和优化各个治理主体自身的自组织功能，解决好各个治理主体自身的治理功能缺失或不力等问题。根据本书第四章构建的我国食品企业社会责任协同治理机制框架分析，该框架包含的利益机制、信息机制、市场机制、法治机制、声誉机制和评价机制六个子机制的协同问题不仅适用于食品企业、政府与社会等不同治理主体之间，也适用于各个治理主体内部。结合本章对我国食品行业上市公司和小微型食品企业社会责任治理的现状分析，主要有文化、利益、权责、制度等序参量影响甚至决定着各个治理主体的社会责任治理水平，当然不同的治理主体有其特定的序参量，各个序参量的重要性也存在差异，需要进行差异化改进。

（一）食品企业：加强社会责任的"短板"维度建设

1. 食品行业上市公司和自组织建设

食品行业上市公司应当充分释放自组织功能，加强企业社会责任治理，尤其应当改进企业社会责任的管理水平、责任考核与奖惩、信息报告的内容与质量等当前存在的"短板"问题。

在加强与优化企业社会责任管理方面，食品上市公司应当明确其企业责任理念、中长期的社会责任议题并制定持续可行的企业社会责任规划，尤其应当结合我国社会主义核心价值观中的"法治、诚信、友善"等具体要求，结合公司自身所处的"一带一路""长江经济带""京津冀首都经济圈"等

---

① H. Haken，R. Haas，W. Banzhaf. A new Learning Algorithm for Synergetic Computers［J］. Biological Cybernetics，1989，62（2）.

经济社会战略区域发展目标，以及公司自身的发展目标加以制定。

在企业社会责任的治理组织方面，公司应当改变目前普遍由财务部门兼任社会责任管理部门的现状，建立由公司领导层与决策层负责管理的社会责任专设管理部门（如设立"社会责任管理部"等，并在各级管理部门中设置专兼职人员具体负责社会责任的管理工作），同时，制定并动态修订社会责任管理制度，定期组织人员参加社会责任管理培训。例如，在"三聚氰胺"事件后，蒙牛集团设立了"公司社会责任委员会—社会责任工作办公室—社会责任联络员"的三级社会责任管理组织，取得了实效。

在社会责任考核方面，应当放弃目前食品行业上市公司大多以经济绩效为考核依据、发生社会责任负面事件则一票否决的现状，可以结合国际上的ISO 26000 等国际标准和国内中国社会科学院企业社会责任研究中心研制的系列考核指标，制定适合本公司的社会责任考核理论、方法与指标体系及奖惩制度；例如，华润集团在 2014 年探索构建了一个包括七大社会责任领域、27 项议题和 103 个考核指标的社会责任绩效考核体系，对公司履行社会责任的事前、事中、事后的监控中发挥了重要作用。

在企业社会责任沟通方面，目前大多数食品上市公司仅仅是通过股东大会、工厂开放日与利益相关者进行简要沟通，应当采用信息化、智能化技术，创办企业社会责任内部刊物、建立并更新公司网站上的社会责任专栏、主办企业社会责任交流会与知识竞赛等，加强与各个利益相关的双向和多向沟通互动。

在企业社会责任报告方面，目前大多数食品公司仅在年度财务报告的附着中的"社会责任"部分轻描淡写地披露达到何种标准，通过何种质量论证，更多地披露了捐款、扶贫等慈善责任信息；也有部分公司披露了单独的《社会责任报告》《可持续发展报告》等信息，但其内容以定性的理念文化描述为主，定量的过程性与结果性信息较少，信息的性质大多是"报喜不报忧"，甚至对近期本公司发生的食品安全事件避而不谈，其实质就是另一条为公司做广告的途径，这些问题，需要由国家市场监督管理总局、国务院食品安全管理委员会、中国证监会、学术界与实务界共同研究并强制实施相对统一可比的食品行业上市公司社会责任报告，并与公司财务报告一并披露，并针对重要的社会责任事件议案实施临时披露与质询制度。

此外，已有文献发现中国共产党党组织（以下简称党组织）嵌入上市公司的董事会和监事会显著地提高了企业社会责任履行水平，但当党组织嵌入日常管理层时未能显著地提高企业社会责任履行水平（于连超等，2019）[①]；目前，党组织嵌入显著地提高了国有企业的社会责任水平，但未能显著地提高民营企业社会责任水平（徐光伟等，2019）[②]。因此，目前大多数国有（含国有控股）食品行业上市公司已经根据《中华人民共和国公司法》和《上市公司治理准则》（2018 年 9 月修订）的相关规定，结合企业股权结构、经营管理等实际，把党建工作有关要求写入了公司章程，但应进一步明确党组织在公司文化与战略等方面的领导作用与公司管理层在社会责任具体推进等方面实践作用的分工协同，明确党组织与管理层的责权利；民营食品上市公司也就好积极借鉴国有食品上市公司的成功经验，设立党组织，在公司章程中明确各个治理主体的责权利，充分发挥党组织对社会责任的治理作用。

2. 小微型食品企业的自组织建设

对于我国的小微型食品企业，在企业社会责任的五个维度中，目前责任治理维度表现最佳，反映了目前小微型食品企业业主较普遍地认识到"做良心食品"等社会责任意识的重要性；但法律责任履行效果最差，近几年小微型食品企业业主违法违规较多，"酒肉穿肠过，佛祖心中留""行不由衷"的现象大量存在，造成其社会责任总体履行较差。2008 年发生的震惊中外的"三聚氰胺"事件，就是由于不法奶农为攫取经济利润向鲜牛奶中掺入大量三聚氰胺，涉嫌制造和销售含三聚氰胺的三位奶农被判处死刑，其他参与人员也受到法律责任的制裁。因此，目前小微型食品企业就应当首要

---

① 于连超，张卫国，毕茜. 党组织嵌入与企业绿色转型［J］. 中南财经政法大学学报，2019（3）：128 - 137，160.

② 徐光伟，李剑桥，刘星. 党组织嵌入对民营企业社会责任投入的影响研究——基于私营企业调查数据的分析［J］. 软科学，2019（8）：1 - 11.

将社会责任理论切实地转化为实践行动，积极学习《食品安全法》《中华人民共和国农产品质量安全法》等相关法律法规，依照法律、法规和食品安全标准从事生产经营活动，保证食品安全，诚信自律，对社会和公众负责，接受社会监督，承担社会责任；目前小微型食品企业应当基于《中华人民共和国食品安全法实施条例》的相关规定结合自身的情况进行社会责任设计规划，在整个食品生产经营作业环节中保障食品安全。此外，目前我国的小微型食品企业的环境责任也有待加强，现实中主要是由"小散乱脏"的"三无"路边摊店造成了大量环境污染。因此，小微型食品企业应当学习"绿水青山就是金山银山"的科学论断，自觉保护生态环境，控制污染，积极参与垃圾分类管理等环境保护活动。

（二）政府部门：优化各职能部门之间的无缝协作

在食品企业社会责任的五个维度中，食品安全责任是目前我国政府主导各个治理主体参与协同治理的最重要、最紧迫、最敏感的维度。自从 2012 年国务院印发《国务院关于加强食品安全工作的决定》以来，国务院首次明确将食品安全纳入地方政府年度绩效考核内容，并将考核结果作为地方领导班子和领导干部综合考核评价的重要内容。新《食品安全法》（2018 年 12 月 29 日主席令第 22 号修正）进一步明确了中央到地方各级政府在食品安全治理中的职责和权限：在中央政府层面，《食品安全法》规定国务院设立食品安全委员会，其职责由国务院规定；国务院食品安全监督管理部门对食品生产经营活动实施监督管理；国务院卫生行政部门组织开展食品安全风险监测和风险评估，会同国务院食品安全监督管理部门制定并公布食品安全国家标准；国务院其他有关部门承担有关食品安全工作。在地方政府层面，《食品安全法》规定县级以上地方人民政府对本行政区域的食品安全监督管理工作负责，县级以上地方人民政府确定本级食品安全监督管理、卫生行政部门和其他有关部门的职责，有关部门在各自职责范围内负责本行政区域的食品安全监督管理工作；县级人民政府食品安全监督管理部门可以在乡镇或者特定区域设立派出机构。就各级职能部门的分工而言，农业部门负责食用农产品从种植养殖环节到进入批发、零售市场或生产加工企业前的质量安全，以及畜禽屠宰和生鲜乳收购环节的质量安全监管；食品药品监管部门负责食品生产经营环节以及食用农产品进入批发、零售市场或生产加工环节后的质量安全监管；卫生和计划生育部门负责食品安全风险评估，并会同食品药品监管部门制定公布食品安全标准，制定实施食品安全风险监测计划；检验检疫部门负责进出口食品安全质量监督检验和监督管理；质量监督部门负责食品相关产品生产加工的监督管理；工商行政管理部门按照《中华人民共和国广告法》的要求负责广告活动的监督检查；食品药品监管部门负责保健食品广告审查，对违法广告进行通报并提出处理建议；公安部门负责刑事司法工作。

可见，我国的食品安全监管模式已经由过去的分段监管模式变革为食品药品监管部门统一负责的多部门协同监管模式，该模式明确了从中央到地方直至基层的食品药品安全监管体制，以及各个相关部门的职责分工，增强了食品安全监管的科学性和有效性。但目前尚有两大问题需要改进：一是对以小微型食品企业集聚为主的县乡镇的食品安全监管力量不足（目前的派出机构通常是在乡镇政府中设置几位食品安全工作人员），目前还主要是以事后监管为主，需要加强广大乡村食品安全监管的执法力量和基础设施建设，堵死"问题食品下乡""黑作坊进村"的新近违法现象。二是对跨行政区域的食品安全监管乏力，目前各省区市已经对各自行政辖区内的食品安全监管进行了系统化管理，其监管的效率和效果是以本行政辖区内的上下级行政权力为依托的；目前对跨行政区域的食品安全监管乏力，日常监管主要是一些临近的省区市通过定期召开食品安全监管联席会议等方式来进行，其效果因缺乏领头的省区市和平行的行政权力分布而大多流于形式；一旦某一行政区域发生食品安全事件，临近行政区域通常采取"禁入"的方式应对危机，缺乏协同治理的长效方式。这就需要国务院食品安全管理委员会下设跨区域的分会，可以基于"一带一路""长江经济带""京津冀""珠三角"等具有经济、社会、地域和文化发展纽带关系的区域设置区域性食品安全管理委员会，充分利用各区域内的食品安全责任、经济责任、环境责任、法律责任、责任治理五个社会责任维度的一体化治理平台进行协同治理。

（三）社会力量：实现多层次主体的协同

社会力量是指除了食品企业和政府之外的相对独立的第三方治理主体的统称，包括法人层面的食品行业协会、消费者协会、中国食品安全发展联盟及其他民间社会责任友好组织等非营利性组织，以及食品企业社会责任相关签证组织、大众媒体等营利性组织，也包括自然人层面的广大消费者和社会公众等。因此，目前社会力量的自组织问题，应当重点解决非营利性社会组织、营利性社会组织、自然人这三个层面的治理主体的纵横协同。

就目前来看，食品行业协会、消费者协会等法人层面的非营利性社会力量已经成为有效承接政府公共管理职能外包的重要力量，在食品企业社会责任协同治理中发挥着重要作用。但目前这些组织的工作重点也主要是协同参与食品企业社会责任的监督问题，作为食品企业社会责任协同治理主导者的政府如何科学赋予这些组织的专业性服务权限（如食品企业社会责任标准的制定与修订等、食品安全事件的等级认定及预警等），并制定相关政策明确专业性治理工作协同的责权利规则等，是当前亟待解决的问题。

大众媒体、食品安全认证组织、食品企业社会责任评价组织等营利性社会组织存在自身的经济利益与社会责任取舍度的权衡问题。例如，现实中存在一些食品上市公司花钱购买论证的现象，即少数第三方的社会责任认证组织存在有失职业公允性和职业道德以其资质换取短期经济利益的行为。再如，大众媒体在我国目前的食品安全监管方面发挥着重要的监督功能，能有效地约束食品企业积极地履行社会责任；但作为食品安全问题的主要揭露者，大众媒体为了突破浏览量、赚取经济利益而忽视了报道内容的真实性、专业性和社会影响，对社会责任负面事件的曝光也存在"抢风头""打了一枪就走"等现象，缺乏履行社会责任的持续性，因此，大众媒体应当与食品行业协会、食品安全协会等专业性组织协同工作，做到信息报道实事求是、去伪存真、善始善终，在事件曝光后通过持续跟踪报道等方式发挥长效监督作用。

消费者与社会公众是食品企业社会责任的直接受益者（受害者）和监督者，消费者在遭受食品安全等负面社会责任的伤害后，一方面，通常采取在朋友圈流传、向政府职能部门举报或向媒体反映等方式进行监督；另一方面，消费者通常采取"用脚投票"等方式借助声誉机制对食品企业履行或违背社会责任实施激励或惩罚，直接影响到食品企业的市场竞争力和财务绩效，这对追求经济利益的食品企业而言是极具威慑力的。我国历史上发生的"三鹿奶粉"事件、"双汇瘦肉精"事件、"河南南阳毒韭菜"事件、"甘肃平凉牛奶亚硝酸盐中毒"事件、"青岛福尔马林浸泡小银鱼"事件、"染色馒头"事件、"沈阳毒豆芽"事件、"宜昌毒生姜"事件、"塑料珍珠奶茶"事件等无一不是由消费者首先受害后举报，或由媒体代其曝光发现的。但是，由于目前我国广大消费者的文化程度相差很大，特别是在广大的农村，尚存相当部分的老年消费者不认字，不了解《食品安全法》等法律法规，更不了解在遭受食品安全事件危害时如何去维权，维权的高昂成本也不是个体消费者愿意负担的。因此，在现实中自发形成了一些新的旨在监督食品企业积极履行社会责任、维护消费者权益的非正式自然人组织。政府相关职能部门、食品行业协会等治理主体一方面应当鼓励这类非正式的自然人组织的合法设立，另一方面应为他们参加相关法律法规与专业知识学习提供条件，并实现与正式的法人治理主体与非法人主体之间的协同治理。

肖红军（2018）[①] 将改革开放以来我国国有企业社会责任的发展与演进划分为四个阶段：不完全企业下的责任错位阶段（1978～1993年）；真正意义企业下的责任弱化阶段（1994～2005年）；现代意义企业下的责任重塑阶段（2006～2013年）；企业新定位下的责任创新阶段（2014年至今）。现阶段，国有企业正积极探索经济功能与社会功能相互融合创新、企业嵌入社会并与社会资本协同创新、多元化社会责任（包括经济责任、环境责任等）推进创新、新时代新经济背景下的商业模式创新等多方面多领域创新。

根据中华全国工商业联合会（2018）的总结：改革开放40年来我国民营企业从小到大、由弱变强，从国内走向国际，取得了巨大成绩；随着民营

---

① 肖红军. 改革开放40年国有企业社会责任的发展与演进［J］. 当代中国史研究，2018，25（6）：118.

企业的发展壮大，民营企业家的社会责任意识不断增强，民营企业履行社会责任的能力和水平不断提高，涌现出很多积极履行社会责任的好企业和好模式；踊跃参加"西部大开发""一带一路""光彩行""脱贫攻坚"等倡议和国家战略建设，履行了良好的社会责任。

除了前述规模以上的国有企业和民营企业外，我国大量的中、小、微型企业在履行社会责任方面也做出了重要贡献。李京文等（2011）[①] 对浙江省中小企业社会责任调查报告显示，中型企业已经成为承担社会责任方面的主体力量，小微型企业在承担社会责任上也发挥了重要作用，成长期的中小企业承担社会责任的动力更强。

在当今新经济发展背景下，消费者需求的多元化、信息化、智能化与动态性等新特性催生了不同食品企业在市场竞争中能够生存并发展壮大的创新型商业模式，学术界与实业认为将食品企业社会责任嵌入其商业模式并进行整合协同创新是一条可行路径，但现有研究对"企业社会责任是如何嵌入以及怎样影响商业模式创新"等问题仍然探讨甚少（王雪冬等，2019）[②]。因此，在规模上无论是大、中、小、微型企业；在投融资环境上是上市公司还是非上市公司；在所有权性质上是国有企业还是民营企业，都处在现有的商业模式中进行持续经营，除了自身内部要履行好传统意义上的单一主体的社会责任之外，还需要结合各自所采用的商业模式来探索履行社会责任的新路径。具体而言，这些企业可以将企业社会责任实施机制整合到以下商业模式中去。

二、食品供应链社会责任协同治理路径

供应链是现代企业（包括小微型企业）最常见、最基本的商业模式之一，是融合多行业背景的由大、中、小、微型企业遵循供应作业生态原理形

---

① 李华燊，吴家曦，李京文. 浙江省中小企业社会责任调查报告［J］. 管理世界，2011（9）：1－6，73.

② 王雪冬，匡海波，董大海. 企业社会责任嵌入商业模式创新机理研究［J］. 科研管理，2019，40（5）：47－56.

成的上下游纵向合作组织。现实中的企业大多处于某条供应链的特定节点，供应链成员企业积极履行企业社会责任有助于提升整条供应链上各个环节产品或服务的质量（范建昌等，2019）。基于本书第四章构建的我国食品企业社会责任协同治理机制，结合我国食品供应链的现状分析，目前需要在以下几个方面探索协同治理路径：

（一）利益机制与评价机制的重构

承担责任就意味着成本投入，供应链上各成员企业应该共同承担，以合作的形式来解决责任分担的问题，但没有哪一个企业愿意只承担责任而不分享利益，所以利益分配问题随之而来，因此需要确立公平合理的利益分配因子来协调和激励供应链上的各成员企业积极参与协同治理是解决供应链社会责任缺失问题的关键（曾珍香等，2019）[①]。在整条供应链上，各成员企业（包括核心企业）履行社会责任的程度存在较大差异，承担较多较大社会责任的成员企业一方面投入了较大成本，另一方面却因良好的社会责任具有"公共外溢性"，使整条供应链受益，而投入者未必获得保证其合理利润甚至能够补偿投入成本的收益，这种贡献与受益的严重错位会抑制各成员企业履行社会责任的积极性，滋生"搭便车"的机会主义行为发生。因此，目前我国供应链社会责任的有效履行及协同治理首要应当解决好利益机制问题，需要由核心企业主导各成员企业制定整条供应链社会责任的协同履行制度，重点是设计整条供应链上各成员企业履行社会责任的成本分担系数与利益分享系数。供应链利益机制的重构成功与否需要以评价机制为基础，作为供应链的主导者，核心企业应当牵头制定由整条供应链上各成员企业认可的社会责任评价机制，对成员企业对供应链履行社会责任的程度与质量进行定量评价，具体可以按供应链的作业承接关系设计兼顾个体与集体评价的供应链平衡计分卡等方式进行较为全面系统的评价，主要从供应链社会责任治理的综合绩效、社会服务、治理主体、治理流程、学习成长五个维度构建系列

---

① 曾珍香，张云飞，王梦雅. 供应链社会责任协同治理机制研究——基于复杂适应系统视角[J]. 管理现代化，2019，39（3）：98－104.

指标进行评价。

（二）信息机制与市场机制的再造

供应链上的核心企业通常为大型企业或上市公司，充当着整条供应链社会责任的主要责任人，当然是政府监管和社会监督的重点企业，易受到较供应链上的其他成员企业更广泛的社会关注、舆论监督与披露制度的约束。核心企业之外的成员企业通常规模较小，多数为非上市公司或小微型企业，受到的政府与社会的关注度较低，目前我国对其履行社会责任的情况无强制性披露要求，可能导致部分成员企业为了攫取短期经济利益而产生违背社会责任的机会主义行为，造成食品安全事件、违反劳工权利保障和环境保护等法律责任的事件甚至丧失伦理道德责任的行为发生，这些社会责任负面事件在发生之前由于信息不对称，导致核心企业很难发现以采取预警措施，造成整条供应链的社会责任信息形成"孤岛"与"黑箱"问题，这种信息不对称与治理责任归属的错位给核心企业进行协同治理带来巨大挑战。因此，首先需要建立并完善供应链社会责任的信息披露制度，需要供应链上所有成员企业共同研究并认可披露的目标、范围、信息质量要求、内容和渠道等要素，确保供应链上各企业社会责任信息披露的全面性和高效性。目前可以采取在核心企业网站或新建该供应链网站设置社会责任信息披露专栏，通过智能化云手段等进行公开披露与动态更新，建立供应链微平台（如 QQ 群体、微信群等）方法等进行包括商业秘密的链内信息披露。加强供应链上各成员企业社会责任信息披露，不仅有利于供应链上各成员企业之间相互监督、协同履行社会责任，还是根据我国《食品安全法》的规定构建食品安全全程追溯制度的重要基础。

（三）声誉机制与法治机制的强化

根据本书第四章构建的我国食品企业社会责任协同治理机制框架，食品企业在市场信息机制（如媒体报道）、市场机制和法治机制的协同监督压力下，以及自身具有追求经济利益的最大化与持续性目标，需要加强声誉机制建设，在企业形象与企业文化中更多地融入社会责任元素。在食品供应链中，由于各成员企业面临的来自社会、政府与市场的压力不同，声誉管理水平也各有差异，即供应链中各成员企业的"荣辱观"不同，这就需要核心企业带领整条供应链成员构建"供应链一体化"的声誉机制，协同统一各成员企业的声誉管理，诱导各成员形成统一的供应链文化、伦理道德与互信机制，真实做到食品企业"不愿违规"，切实履行"从农田到餐桌"的全过程的社会责任。要保障食品企业重声誉、强自律，持续性地履行社会责任，做到"不敢违规"，离不开社会监督与政府监管。在社会监督方面，基于本书第四章构建的食品企业社会责任协同治理机制分析，社会监督需要充分利用消费者、媒体、公众和第三方非政府组织等社会力量，协同监督、引导和规范核心企业及成员企业协同履行良好的供应链社会责任；在政府监管方面，应当利用政府职能部门在正式制度创新与执行方面的优势，充分发挥法律法规政策对食品供应链企业履行社会责任的强制监管功能。当前亟待基于现行《食品安全法》等法律法规体系进一步制定适合于食品供应链企业的社会责任评估制度、监管制度、补贴制度、税收优惠制度与惩罚制度等，协同核心企业加强对供应链成员企业的监管和执法力度，强化对整条供应链的系统监管和整合能力，使食品供应链真正成为一个包括经济责任、食品安全责任、法律责任、环境责任与公益责任的利益共同体。

三、食品产业集群社会责任协同治理路径

食品产业集群是以一个食品的生产、加工、经营等产业为主业，由大量相互竞争与合作的食品企业以及相关组织机构在特定地域空间上形成的集聚群落。企业社会责任是我国产业集群风险形成的重要因素，对推进我国产业集群治理不可或缺（吴定玉等，2017）。马西莫·巴塔利等（Massimo Battaglia et al.，2010）① 认为，产业集群社会责任是对传统企业社会责任进入的拓展和创新，应当将企业社会责任作为一个新变量引入产业集群治理模型中去，使其成为集群企业生产体系的一个有机构成部分协同运行，才能够有效

---

① Massimo Battaglia, Lara Bianchi, Marco Frey, Fabio Iraldo. An Innovative Model to Promote CSR among SMEs Operating in Industrial Clusters: Evidence from an EU Project [J]. Corporate Social Responsibility and Environmental Management, 2010, 17 (3).

地根治产业集群在发展过程中产生的重大结构性风险。当前，我国食品产业集群社会责任的载体是"食品社会责任共建联盟"，例如，2014 年，以济南市为中心的 100 多家主营食品生产加工及流通、餐饮、种植养殖、生态饲料、生物药肥技术的企业组成的"山东食品产业诚信品牌联盟"正式成立；2019 年 1 月，中国石油与正大集团共建了一个包括 20 多家、涉及 100 多种热销产品生产经营的安全健康食品产业联盟。从我国发生的重大食品安全事件来看，大多数食品安全事件是以"集群潜规则"的方式存在的，例如，"苏丹红""瘦肉精""白酒塑化剂""三聚氰胺牛奶""敌敌畏咸鱼"等大型恶性食品安全事件无一不是出自某一食品产业集群，这些"潜规则"很快被全国其他集群仿效甚至进行"升级"。可见，加强食品集群的社会责任协同治理至关重要。本书基于第四章构建的食品企业社会责任协同机制及我国食品集群的特色，建议从以下方面展开探索改进我国食品集群社会责任的协同治理。

（一）创新利益机制与评价机制

集群中每个成员企业履行集群赋予的社会责任，能够实现两个层面的利益：一是能够获得集群层面的利益。因为各个成员都在集群的督导下履行良好的食品安全、生态环境、法治伦理等方面的社会责任，能够降低成员企业违背社会责任的风险，避免因食品安全事件具有"传染效应"的社会责任负面事件发生，对集群造成"一颗老鼠屎毁掉一锅汤"的后果，从而保障整个集群的可持续竞争优势，这也是集群推行社会责任的根本目标所在。二是能够获得成员企业层面的利益。具体包括两种资本形态的利益：首先是取得集群及外部网络认同的社会资本，这通常是集群成员积极参与集群社会责任、实现协同互动的内在动力。这是因为，成员企业一旦参加了集群社会责任网络系统，就可以充分利用集群网络平台与集体内其他成员企业展开深层次的合作，并与集群外的社会资源产生更多更强的联结，扩展成员企业的社会网络，获得超额社会资本，这对成员企业的核心竞争力的形成与强化具有重要意义；同时，产业集群社会责任协同治理网络会在集群内形成一个"朋友圈"，如果某一成员企业不加入或违背规则，就会失去与其他成员之间的合作而被集群孤立。其次是分享集群剩余形成的财务资本，集群剩余是各个成员企业履行良好社会责任，在集团层面发挥了协同效应，产生了超额的市场份额、无形资产、集群声誉等短期或长期的财务资本。现实中，集群成员在社会责任协同治理中的贡献和地位等因素决定了其获取集群剩余份额的水平，集群剩余分享的公平性矛盾就产生了，这又反过来影响集群社会责任协同治理的可持续性。从现实中不少"好吃一条街""土特产生产区"等小微型集群的成员企业"我行我素"，社会责任问题频发，其中的主要原因就是利益分配不公，付出与回报错位等，这就亟待创新集群剩余公平的共享机制，其前提是需要建立科学有效的集群社会责任协同治理评价机制。

目前，我国食品集群社会责任协同治理的评价机制基本为空白，其难点在于评价主体的确定与集群成员企业间在竞争与合作关系上的记录与考核。在评价主体方面，本书认为应当由集群的食品社会责任共建联盟来担任，具体可以由集群中的权威企业来主导，由各成员企业共同参与；可以采取从集群与各成员企业两个层面建立社会责任平衡计分卡来进行，重点对成员企业遵照集群社会责任导向实施社会责任行动的程度与质量进行定量评价，具体可以按集群中各成员企业的竞争与合作事项设计平衡计分卡指标体系进行全面系统的评价，从集群社会责任治理的综合绩效、社会服务、治理主体、治理流程、学习成长五个维度构建系列指标进行评价。

（二）信息机制与声誉机制的构建

由于集群内的成员企业既具有依赖整个集群的优惠进行"抱团取暖"的合作动机，也具有同地域、同质化、模仿型等特殊的同业竞争关系。由于竞争关系的存在，为防止成员企业以牺牲社会责任为代价攫取短期的经济利益的行为发生，在集群层面进行信息披露机制构建十分必要。我国服装行业在产业集群社会责任信息披露方面实践较早，福建省石狮市于 2013 年首次公开发布了石狮服装产业集群社会责任报告，成为我国首批向全球发布社会责任报告的集群（《石狮日报》，2013）[1]，之后在浙江省嘉兴市等服装产业

---

① 石国庆，秦晶．石狮首次发布服装产业集群社会责任报告 [N]．石狮日报，2013 – 10 – 08．

集群中得到借鉴推广，但我国食品业集群至今鲜见发布社会责任报告等信息披露形式，由于目前服装业集群社会责任报告主要是定期发布的集群履行社会责任的总体结果情况，缺少对集群成员日常履行社会责任的信息过程性收集与适时监督，其全面性与动态性不足。本书建议食品行业集群应当在借鉴服装业集群的基础上进行如下改进：首先，由集群（如食品社会责任共建联盟负责）研究制定适用本集群的社会责任信息报告框架，并构建信息共享平台；其次，由集群督导所有成员企业在履行社会责任的过程中自主编制社会责任报告，对其履行或违背社会责任行为进行及时披露；最后，再由集群对所有成员企业的社会责任报告进行确认、归类、整理汇集等，最终通过公开媒体向社会披露，接受社会与政府等协同治理主体的监督。同时，食品行业集群应当加强集群的社会责任声誉管理。集群的声誉管理也包括两个层面：一方面是督导成员企业形象日益加强企业文化、企业形象与企业美誉度建设；另一方面，食品行业集群作为一个地域性经济文化组织，应当以集群内或同行业声誉管理先进的企业为标杆铸造良好的集群声誉，并将该集群声誉机制作为成员企业在集群准入与退出机制的重要决策因素，最大限度地防范成员企业在集群美誉度的光环下违背社会责任以攫取经济利益的机会主义行为发生。

（三）法治机制与市场机制的强化

在法治机制建设方面，我国涉及产业群体的法律法规较少，目前在国家层面主要施行了《工业和信息化部关于进一步促进产业集群发展的指导意见》《国家发展改革委关于促进产业集群发展的若干意见》等少数"指导性意见"，在地方层面主要有广东、浙江等省基于上述指导意见制定并施行了规范本地区集群的指导性意见。如前所述，由于我国不少食品安全事件等社会责任负面事件是以"行业集群潜规则"的形式存在的，集群组织在其中担当了重要的民事或刑事行为主体，因此，本书建议我国尽快制定产业集群管理相关法律，对包括食品产业在内的所有集群的生产经营行为、履行社会责任等进行明确规定。在市场机制建设方面，集群作为一个了解成员企业信息的中介性社会责任协同治理主体，应当与证券交易所、商业性银行等资本市场治理主体，以及与集群进行交易的供应商、销售商、工商管理部门、消费者等要素市场治理主体进行协同治理，为履行良好社会责任的成员企业提供更有利的市场条件和更多的交易机会，限制或禁止违背社会责任的成员企业的市场行为发生。

四、跨区域食品企业社会责任协同治理路径

进入 21 世纪以来，我国经济区域化发展战略得到大力推进。继较早建设的长三角、珠三角等区域经济体以来，京津冀、长株潭、成渝等一大批城市群也迅速发展壮大起来，我国"十三五"规划提出要以"一带一路"、长江经济带为引领形成沿海、沿江、沿线经济带为主的纵向、横向经济轴带。上述各经济区域具有横跨多个地域和行政区域的特点，在企业社会责任推进机制建设方面，尽管部分地区已经把企业社会责任理念上升到区域整体可持续发展的战略高度，但目前各经济区域内部及相互之间均缺乏实质性的协同，制约着我国区域经济的整体性发展质量、水平和速度（臧雷振、翟晓荣，2018）[①]。这就需要各个治理主体做好各区域性组织内部的社会责任协同治理，在此基础上逐步实现跨区域的社会责任协同治理。食品企业社会责任的区域协同治理需要在传统协同治理理论与方法中嵌入跨行政区域、跨文化等变量，具有治理主体多元化、行政科层交错性、关系复杂性、问题广泛性、模式多样性等特征。结合本书第四章构建的我国食品企业社会责任协同治理机制框架与我国经济区域发展的特征，本书建议从以下三个方面探索跨区域食品企业社会责任协同治理机制。

（一）矫正利益机制与评价机制

根据新公共治理理论，政府是一个以服务公众为主要目标的社会责任主体，其主要责任包括发展本国或本行政区域的经济责任，并承担提供服务于本国或本行政区域的公共物品等非经济责任（如环境保护、社会安定、发

① 臧雷振，翟晓荣. 区域协同治理壁垒的类型学分析及其影响——以京津冀为例 [J]. 天津行政学院学报，2018，20（5）：31 – 39.

展教育、扶贫济困等）。根据地方政府竞争理论，由于当前在我国中央政府对地方政府的"考核锦标赛"中以 GDP 为核心的经济绩效占了绝大部分比重，使得在经济利益的驱动下，各地方政府通常会优先承担本行政区域的经济责任，大力发展本地经济。同时，由于政府对治理污染、防范食品安全等社会责任事务的投入具有较强的空间溢出效应，本行政区的努力可能会被邻里行政区免费"搭便车"，或因邻里行政区的不作为甚至放纵企业违背社会责任而抵消本行政区的履行社会责任所做的努力。其后果是，不少地方政府不惜以牺牲社会责任（非经济责任）为代价取得外地资本入驻、人才流入和技术引进等本地经济发展所需资源，导致本行政区域的环境恶化、食品安全事件频发、劳工事件不断等社会问题日益严重，并向邻里行政区进行空间外溢，产生负外部性，最终导致"逐底竞争"（刘华军、彭莹，2019）[①]。可见，在经济区内将食品企业的社会责任治理由"属地管理"升级为"区域协同治理"已是现实所需。当然，强调区域协同治理并非否定属地管理，而是在属地管理的基础上的区域协同治理，实现属地管理与区域协同治理联动协同。利益机制的核心是解决经济区域内食品企业社会责任的系统性与所属地方利益分割化之间的冲突，以及各主体参与社会责任治理的成本与收益不对等之间的矛盾。目前大多数经济区内各地方政府间主要通过联席会议进行事务交流，在管理上处于"群龙无首"的状态，缺乏国家层面的主导组织和正式制度安排，导致各地方政府间自发协商的成本较高，降低了协同治理的收益。因此，当前亟待探索区域内食品企业社会责任治理的成本共担和收益共享机制，保障各个治理主体的积极性，可以根据"谁出事、谁主治、谁受益、谁付费"的原则构建区域社会责任协同治理成本与收益的分摊机制。

在评价机制建设方面，本书认为应当由国家食品安全委员会下专设直接管理"一带一路""长江经济带""京津冀"等经济区的专门委员会，由该

---

① 刘华军，贾文星，彭莹，等. 区域经济的空间溢出是否缩小了地区差距？——来自关系数据分析范式的经验证据 [J]. 经济与管理评论，2019，35（1）：124 – 135.

专业委员会与经济区内的食品企业社会责任联席会和代表性食品企业共同组成，由区内的其他各个治理主体共同参与。结合本书第四章构建的评价机制，可以采取从经济区总体、各行政区与各成员企业三个层面建立社会责任平衡计分卡来进行评价。在评价维度方面，可以借鉴上海市浦东新区创建的政府、企业、社会组织和公众"四位一体"的企业社会责任推进模式，实现了"评价企业社会责任"与"评价企业社会责任与评价区域责任竞争力"并重的评价模式；其中金桥经济技术开发区和康桥工业区在全国率先发布了区域责任竞争力指数报告，该指数由经济发展责任、区域管理责任、商务服务责任、企业社会责任、环境保护责任和社区发展责任六个方面构成（于志宏、李小林，2013）[①]，我国各经济区可以根据食品行业的特点，借鉴这六个维度进行构建。此外，烟台经济技术开发区推行的"企业责任、政府责任、农村责任、社区责任、公民责任"五位一体的地区社会责任发展模式也可为平衡计分卡的维度设计提供参考（于志宏，2010）[②]。

（二）重构信息机制与声誉机制

目前，各经济区内行政主体对食品企业社会责任主要是处于"碎片化"体制下的"信息孤岛"式治理，主要是由于各行政主体的食品安全事件、执法情况等相关信息收集更新缓慢，导致区域层面的相关信息收集、加工、传播与共享不足，尚未实现区域内各个治理主体的信息共享。区域内食品企业社会责任协同治理信息机制的完善，现行的大数据、云计算和智能化技术条件已经具备，各区域也具备相应的经济能力，问题的关键在于在观念上和制度上要打破现有的属地治理屏障和行政区利益保护的藩篱，当务之急是要在经济区由各个行政主体共同制定并施行一个标准统一的区内食品企业社会责任信息披露与共享制度。同时，经济区应当加强食品企业的社会责任声誉治理建设，其声誉治理包括三个层面：首先，经济区内各食品企业应当加强

---

① 于志宏，李小林. 金桥、康桥两家开发区在全国率先发布区域责任竞争力指数报告 浦东新区整体推进区域社会责任建设 [J]. WTO 经济导刊，2013（4）：50 - 51.

② 于志宏，王开峰，王先知，马双军. "五位一体"立体推进 烟台打造责任开发区 [J]. WTO 经济导刊，2010（5）：27 - 30.

社会责任建设，既包括上市公司、非上市的大中型食品企业的文化、形象、美誉度等建设，也包括小微型食品企业的良知、诚信等建设；其次，作为现行属地管理的权威治理主体的地方政府应当引导本行政区内的食品行业协会、消费者协会及食品企业共同制定食品企业社会责任声誉管理制度，并与奖罚等利益机制相挂钩；最后，经济区作为一个地域性大型经济社会组织，应当加强本区域的食品企业社会责任特色声誉制度建设，具体包括特色食品文化、地主土特产声誉、特色饮食伦理习俗等非正式制度建设，从文化层面加强食品企业积极履行社会责任的"初心"建设。

（三）夯实市场机制与法治机制

在市场机制建设方面，我国各经济区内食品企业社会责任协同治理的市场机制建设可以从以下两方面开展：一是通过建立市场主导的跨行政区食品质量等级定价与交易机制来实现食品的市场化配置，采取市场手段禁止不安全食品的交易，利用市场方式配置不同等级与社会责任属性的食品供给与需求，实现对优质食品供给方的补偿与对劣质食品供给方的惩罚，如通过建立经济区内的食品企业社会责任治理专项基金等方式实施；二是从经济区内的资本市场与要素市场方面对食品企业履行社会责任的行为进行调控，将食品企业的社会责任履行绩效作为其取得筹资机会、申请政府补助、获得民间公益资金和参考优质供应链等事项的必要条件，即在经济区内将食品企业的社会责任作为一种无形资产进行评价与交易。

在法治机制建设方面，目前我国各经济区内主要是由各行政区对食品企业违反社会责任的行为采取"运动式"治理，一方面是对区域突发的重大食品安全事件、环境污染事件等进行应急性"围追堵截"，虽然对重大社会责任事件具有事后治理的必要性，但易造成高昂的执法成本并给关联产业带来一定的经济损失；另一方面是由各行政区的职能部门对食品企业履行社会责任的情况进行小样本抽查，其中对街头路边店的执法成了城管与摊贩之间展开的"猫抓老鼠"游戏，收益甚微。可见，"运动式"执法导致了执法效果的短暂性和违法事件复发的周期性，因此，转型至"常态化"协同执法势在必行。具体可以在经济区内建立食品企业社会责任事件协防制度、联合执法与交叉执法制度等，确立区域内食品企业社会责任治理的重点事项与日常协作事项的协同立法、执法清单。在法治工具的采用方面，应当由"单一型"政策工具向"复合型"政策工具转化，组合采用管制型政策工具、经济激励型政策工具（税收、收费、补贴等）和自愿参与型政策工具，发挥工具间的优势互补与协同作用（王家庭、曹清峰，2014）①。

五、平台型食品企业社会责任协同治理路径

近年来，集成了互联网、云计算、大数据、智能化等技术的共享经济业态与新兴商业模式开始流行，涌现出了阿里巴巴、京东、美团等一大批平台企业。这些平台企业是通过购置硬软件设施、制定商品交易规则、设计信息沟通渠道、明确契约责任等构建能够为供给侧与需求侧双边市场主体实现精准式对接与公允交易的条件，从而节省市场交易费用，并从中获利的一种网络交易集散地组织。平台企业能够跨时空聚合大量的供给侧与需求侧的交易主体与高频的交易行为，节省买卖双方的交易成本，获得规模经济效应和超额收益。不少平台企业在经济上取得了巨大成功，但却暴露出大量的社会责任问题。此外，由于平台内各成员（尤其是买卖双方）的企业社会责任存在较强的异质性，导致违背社会责任的事件时有发生，例如，平台或卖方营造虚假的点击数据和评价数据，平台与买方合谋让买方成为平台的虚假用户或网络水军，供需双方合谋舞弊交易数据，卖方通过好评返现、送红包等方式购买虚假好评误导其他买方的决策，卖家违法威胁报复做出客观评价的买家，等等。可见，加强平台企业社会责任治理成为当务之急。

平台企业的社会责任具有区别于单一企业、供应链企业与集群企业社会责任的特殊性，它是在传统的针对经典单一企业的点对点式社会责任治理、针对供应链的直线式社会责任治理、针对集群的整合式社会责任治理的基础上，发展到点、线、面与立体化并存的网状型的社会责任治理。因此，需要

---

① 王家庭，曹清峰. 京津冀区域生态协同治理：由政府行为与市场机制引申［J］. 改革，2014（5）：116–123.

探索实施适应其特征的社会责任协同治理路径。首先，平台企业的社会责任具有作为企业个体对社会承担的责任、作为平台运营商对平台商业生态圈承担的责任、作为平台运营商对社会承担的责任三个层次（肖红军、李平，2019）①，平台企业的社会责任的影响具有连带性，平台企业的声誉受到平台内各交易主体社会责任行为的牵连影响，任何主体违背社会责任都很可能给平台企业带来负面影响。其次，平台企业需要应对供给侧与需求侧双边主体的关系，其社会责任具有同边网络效应和跨边网络效应双重性，其在履行对供给方（或需求方）的社会责任时，应当考虑对供给方（或需求方）其他企业及需求方及需求方其他企业（或供给方及供给方其他企业）承担社会责任的影响，以及可能出现的连锁循环影响（阳镇、许英杰，2018）②。此外，食品平台企业还具有与其他平台企业不同的特殊性：一是存在大量专业性食品外卖平台企业，这些专业性外卖平台又采用了自建外卖配送平台、第三方外卖配送平台、加盟外卖配送平台等多种商业模式，不同商业模式面临的社会责任风险差异很大，要求匹配的协同治理模式应当有别；二是存在包含食品经营在内的综合性交易平台，目前这些平台缺乏食品安全等方面的社会责任专业性治理条件，面临的社会责任风险同样较大；三是存在日益兴起的小微型企业以及网红等自然人以微信朋友圈、QQ群等方式销售水果、自制食品等情况，其中不乏"三无"食品交易，这些交易一旦出现食品质量问题往往引发食品安全谣言等负面舆情，其社会责任风险高、治理难度大。针对以上平台企业社会责任的特征，运用本书第四章构建的食品企业社会责任协同治理机制，本书从以下三个方面探索食品平台企业社会责任的协同治理实施路径。

（一）创新利益机制与评价机制

在利益机制的创新方面，应当根据"谁投入，谁受益；投入大，收益

---

① 肖红军，李平. 平台型企业社会责任的生态化治理 [J]. 管理世界，2019，35（4）：120 - 144，196.

② 阳镇，许英杰. 平台经济背景下企业社会责任的治理 [J]. 企业经济，2018，37（5）：78 - 86.

大"的原则进行。只有平台企业及平台中的成员企业（包括供给侧与需求侧企业）以整个平台的愿景为目标持续地履行社会责任，才能保证整个平台合法持续地运行，这就一方面需要平台企业自身投入相当水平的社会责任成本，包括自身社会责任的建设成本和监管平台中的成员企业履行社会责任的成本等直接成本与间接成本；另一方面需要各个成员企业积极投入成本加强社会责任建设，使自身的社会责任水平达到甚至优于整个平台的要求。可见，社会责任成本投入是以平台企业为主体、其他成员共同参与的状况，对应的利益就不应当由平台企业或成员企业所独占，而应当在平台企业与共同参与的成员企业之间按成本投入程度进行合理分享。平台企业及其成员企业履行社会实现的利益包括财务形态的利益与非财务形态的利益两种，前者主要包括整个平台创造实现的收入与资产增长、费用与负债降低、利润与现金流量增长等财务状况的改善，这些改善包括平台企业与各个成员企业独立创造的经济价值之和与因平台节省交易费用、产生协同作用等创造的超额价值两个部分，该总经济利益应当全部纳入共享分配范围；非财务形态的利益主要包括优良的平台美誉度、广泛的社会认可度、较高的平台品牌价值等影响整个平台价值与可持续发展的要素构成，该部分利益应当由前期共同参与创造的平台企业和所有成员企业以优先续约平台参与权和"平台期权"等方式实现共享。

评价机制的创新需要从三个方面展开。平台中包括成员企业的社会责任、平台企业对平台商业生态圈的社会责任和整个平台对社会承担的责任三个层次（肖红军、李平，2019）[①]，对应着平台的社会责任评价包括成员企业、平台企业和社会（第三方）三方。其中各个成员企业应当根据自身的社会责任总体履行情况进行自我评价，其评价范围是企业的整体行为，并不局限于平台中的交易行为。平台企业既是市场经济的"运动员"又是"裁判员"，其充当"运动员"角色表现在为平台中的成员企业提供相关服务并

---

① 肖红军，李平. 平台型企业社会责任的生态化治理［J］. 管理世界，2019，35（4）：120 - 144，196.

获取经济利益，本质上仍然是一个"经济人"，履行相应的个体社会责任，平台企业充当"裁判员"角色表现在其具有对成员企业在平台范围内履行社会责任情况进行评价的"准第三方"（有别于不存在经济利益关联的第三方）权责，具有"社会人"属性，只有这样才可能防范整个平台发生重大企业社会负面事件，最终保障消费者的生命健康等权益；在具体操作上，平台企业可以在采用大数据、智能化与云计算等技术跟踪分析平台内供需双边的交易行为的基础上，综合对各成员企业按期提供的社会责任报告（在平台中应当统一标准）提供的信息，编制各成员企业履行社会责任的平衡计分卡并汇总综合成整个平台的社会责任平衡计分卡以实现从平台成员企业与整个平台两个层面进行定量评价。社会第三方与平台应保持经济等关系上的独立，对整个平台履行社会责任的情况可以进行相对公允、客观、科学的评价，如中国社会科学院企业社会责任研究中心自 2009 年以来每年发布的《中国企业社会责任研究报告》，其中对国有、民营和外资 100 强企业履行社会责任的情况以指数形式进行了全面系统的评价等。

（二）革新信息机制与声誉机制

在信息机制的革新方面，在目前的平台交易场景下，平台企业仅仅是基于成员企业在平台上的交易记录、供需双方的评价记录、投诉与纠纷处理记录等进行业务监督与社会责任行为审查，其缺陷表现在：一是通常在发生社会责任负面事件后才根据信息记录进行事后监督，缺乏事中阻止、事前防范，未能实现"损失最小化"；二是仅仅根据成员企业在平台上发生的交易记录进行社会责任评价与监督，未能获得成员企业在其他平台或线下的生产、经营、管理等反映其社会责任全貌的信息，造成平台企业仅能对成员企业进行社会责任的局部监督；三是存在社会责任监督盲区，结合成员企业（或其职工）留下违背社会责任的机会主义空间，以外卖平台为例，目前存在自建外卖配送平台、第三方外卖配送平台、加盟外卖配送平台等多种商业模式，这些商业模式在食品安全、生态环境保护、法律责任（如保障消费者的人身安全与财产安全等）等方面存在种种隐患，造成近年来地沟油快餐、快递员侵犯买家等违法案例时有发生。针对上述不足，本书建议我国食品平台企业通过以下路径再造信息机制：首先，由平台企业、食品行业等制定统一的食品企业社会责任报告标准，具体可以借鉴中国社会科学院企业社会责任研究中心发布的《中国企业社会责任报告编写指南 3.0 之食品行业》等指南，并结合平台经济的特殊性进行研究设计，要求各成员企业定期如实编制社会责任报告并提交平台企业以平台为报告主体进行定期披露与临时重大事件公告，保障在平台层面的企业社会责任信息具备全面性、充分性与动态性。例如，饿了么首次发布了我国外卖行业的社会报告（《2017 年度企业社会责任报告》），但其内容仅涉及对其职工权益的保障情况；美团发布了其首份《美团点评 2018 企业社会责任报告》，列报了其践行"帮大家吃得更好，生活更好"目标的社会责任情况，其中将社会责任分为保证必尽责任（包括用户隐私、食品安全、交通安全、社区和谐四个方面）、践行应尽责任（包括"青山计划"环保和"城市新青年"就业两个方面）和善尽愿尽责任（社会公益）三个层次构成的金字塔，这是目前我国外卖行业较全面的社会责任报告之一，但存在定量信息不足等问题，与上述信息机制的革新要求存在较大差距。其次，平台应当针对外卖人员、食品药品快递人员等与消费者生命安全与健康等方面相关的经办人员通过大数据、云计算、GPS 定位等技术建立动态管控信息系统，针对买卖双方建立诚信档案进行社会责任管理。

声誉机制应当在信息机制革新的基础上实现。从新制度经济学角度来看，利益机制、评价机制、信息机制、市场机制和法治机制属于正式制度（规则），其具有强制性变迁、显性化等特征的"硬性"激励与约束功能；而声誉机制是一种非正式制度（规则），包括食品文化伦理、习俗、道德等具有诱致性变迁、隐性化特征的"柔性"激励与约束功能。可见，声誉机制是其他五个社会责任协同治理机制的补充性机制，其作用不可或缺，它能够诱导平台企业和供需双方主动追求"隐性激励"。当前，淘宝、京东、美团等商业平台为登录者提供了快捷的信息表达模块，为社会责任声誉机制的畅通运行提供了条件，但由于平台企业与成员企业已经成为一个社会责任声

誉的共同体（汪旭晖、张其林，2017）①，导致其声誉机制建设需要在多元化主客体、多向度价值观、多文化多信仰背景下求同存异，并树立平台的主流声誉导向。声誉机制要求平台企业将社会责任声誉与针对卖方和买方的管理、奖惩关联起来，依据声誉水平对卖方和买方进行分类管理，并分别予以不同等级的"待遇"，发挥社会责任声誉的隐性约束与激励作用（肖红军、李平，2019）②。在约束作用方面，应当充分发挥信息机制对声誉机制的促进作用，对社会公众发现的企业社会责任缺失和寻租等事件进行曝光，对整个平台价值进行声誉惩罚，充分发挥声誉机制的内驱治理效应；在激励作用方面，需要建立、完善、更新平台企业与成员企业的声誉数据库，并进行科学的声誉评级与声誉预警，促进平台整体声誉的提升产生超额价值溢价，使平台企业与所有成员企业均能从中受益，从而形成声誉激励效应，声誉激励作用的充分、持续发挥可以从根本上治理社会责任缺失、异化行为，节省监管成本。

（三）完善市场机制与法治机制

市场机制的完善可以从资本市场和要素市场两个方面探索实施路径。在完善资本市场方面，除了充分发挥外部证券市场的调节功能，对社会责任履行良好的平台企业及其成员企业提供更优的融资与投资环境和机会，对违背社会责任的情况进行市场惩罚外，更需要发掘平台的内部资本市场功能。例如，可以通过构建平台的内部金融模式，将平台积累的平台交易资金以设立合法财务公司等方式为社会责任表现优秀的企业提供优厚的筹资机会；可以设立平台战略投资公司，对平台内存在需求匹配度高、对接性高、互补性强的成员企业提供以履行社会责任为前提的优先投资机会与融资机会等。要素市场的完善可以通过以下途径实现：充分利用平台内集聚了大量成员企业的规模化优势与各成员的差异化特色，借鉴传统的线下供应链模式和产业集群

　　① 汪旭晖，张其林．平台型电商声誉的构建：平台企业和平台卖家价值共创视角［J］．中国工业经济，2017（11）：174－192.

　　② 肖红军，李平．平台型企业社会责任的生态化治理［J］．管理世界，2019，35（4）：120－144，196.

模式，在平台内部采用大数据、智能化与云计算等技术组建联系更为紧密诚信的网络供应链、网络产业集群等商业模式，在经济业务与社会责任方面实现共链、共群、共平台的"命运共同体"，构建具有纵向、横向、斜向联系的平台型食品企业社会责任协同治理生态圈。

法治机制的完善主要从宏观与微观两个层面开展。在宏观层面上，我国政府是平台企业社会责任协同治理主体中唯一具有法律法规这种强制性正式制度供给与变迁的外部主体，政府作为公共物品的提供者，有权责为当前新兴的平台企业社会责任治理营造规范的法制环境。具体而言，建议政府根据平台企业的营业范围、产权性质、商业模式类型与特殊权责体系等进行调研，制定既有统一规范作用的法律法规，又配备具有差异化和实效性的实施细则，以实现对不同类型的平台企业社会责任进行有效治理。在具体手段上可以设立负面社会责任清单制度，推动政府与其他不同治理主体（如平台企业、媒体等社会第三方）之间在治理工具上的衔接，精准治理各类平台企业及其成员企业的社会责任缺失与寻租行为（阳镇、许英杰，2018）①。2016 年国家食品药品监督管理总局首次发布《网络食品安全违法行为查处办法》，对当前网络食品新业态下食品企业的社会责任从法律维度方面进行了较全面的强制性规范；自 2018 年 1 月 1 日开始，由国家食品药品监督管理总局颁布的《网络餐饮服务食品安全监督管理办法》开始实施，其中明确规定了外卖平台对食品安全的责任，之后不少省份据此制定了适用于本行政区的网络订餐食品安全监督管理办法。在微观层面上，由于平台企业在社会责任治理中兼具"类政府"（在平台范围内制定强制性的规则等）与"类社会"（不参与平台成员的交易但需对平台成员进行监督）治理特征，可以在平台中制定与社会责任相捆绑的平台准入与退出制度、平台评价与认证制度、平台激励与惩罚制度、平台投资与融资制度、平台社会责任协同治理制度、平台社会责任报告制度等系列制度对成员的社会责任进行协同治理。

---

① 阳镇，许英杰. 平台经济背景下企业社会责任的治理 ［J］. 企业经济，2018，37（5）：78－86.

六、食品企业社会责任的境外协同治理路径

目前，国内不少食品企业与美洲、欧洲、非洲、大洋洲、亚洲等多个国家与地区开展了食品的国际化生产与贸易。当前的"一带一路"倡议从东南亚、东北亚国家通向欧洲形成了欧亚大陆经济融合体，并以海上丝绸之路联通欧亚非三个大陆，形成陆海合力的可持续发展国际化大格局。其中，亚欧陆路经济带集合了我国西部欠发达地区，这些地区农业与食品产业资源丰裕、特产丰富；海路集合了我国东部发达的沿海省份，这些省份具有农业集约化和食品工业信息化优势，可见，农业与食品合作是"一带一路"建设的重要支撑，加快推进"一带一路"沿线国家农业与食品共同发展是"一带一路"倡议中的重要领域，但该领域面临着较其他产业更为严峻的食品安全等社会责任问题挑战，主要表现在以下三个方面：一是受我国历史上发生的"三聚氰胺"等极端食品事件的负面影响，食品安全成为某些国外政府、媒体或组织打压甚至妖魔化我国食品企业在国际上发展的借口；二是"一带一路"涉及 65 个国家、40 多亿人口，具有多元复杂的地缘、政治、法治、文化、习俗、宗教等元素，导致我国食品企业在不同国家或地区的发展可能面临着影响食品安全等社会责任的多样化、随机性甚至极端性的风险因素；三是"一带一路"沿线的内陆国家多为生态环境脆弱、生态破坏较严重、自然资源粗放式开采过度的发展中国家，对我国食品企业在境外发展的环境责任提出了新的要求。为了有效防范上述风险，本书建议从以下三个方面研究探索我国食品企业在"一带一路"建设中的社会责任协同治理实施路径。

（一）全面保障企业社会水平并动态优化企业社会责任结构

目前，"一带一路"建设中的企业主要面临食品安全、环境保护、属地法律、社区关照、职工薪酬、生产安全、物种多样性、慈善捐赠等一系列社会责任问题，其中只要发生一类负面事件就可能给企业的经济利益、社会声誉与可持续发展机会造成重大不利影响。可见，我国参加"一带一路"建设的食品企业应当将其企业社会责任问题提升到先行战略高度，结合国际标

准和国家或地区标准（包括我国和东道国或地区）全面履行良好的企业社会责任。

另外，我国食品企业在"一带一路"建设中，在全面保障其总体社会责任水平的基础上，应当科学权衡自身的财力、预算底线与东道国（或地区）最敏感、最突出的社会责任问题之间的关系，有针对性地强化某些企业社会责任维度，动态优化企业社会责任结构，实现在经济利益与社会责任上的"双赢"。例如，欧洲和北美地区对我国食品企业的农药残留、病原微生物防控、农药兽药滥用、重金属污染等指标对应的食品安全问题异常关注，对此我国食品企业就应当提早谋划，从供应链的始端就对这些指标进行严格控制；在"一带一路"沿线国家和地区中，穆斯林人口占据了世界穆斯林总人口的65%（零点有数集团，2018），与清真食品相关的特有食品安全问题就成为我国食品企业面对的最敏感的社会责任问题，就需要以我国宁夏民族特色清真食品的生产与加工技术为基础进行质量提升，等等。可见，由于不同国家或地区对不同社会责任维度的关注度与敏感性存在差异，食品企业应当"因地制宜"地筹划其社会责任战略，科学权衡各个社会责任的全面性与重要性矛盾，保持动态优化的企业社会责任结构。

（二）全方位加强信息机制建设

目前，我国主导的信息机制建设主要开展了信息平台建设工作。2015年12月1日，由生态农业与食品安全论坛创建的"一带一路"农业与食品交易信息平台（网站名"天下丰收"）在中国人民对外友好协会和平宫发布上线（李朝民、刘婉婷，2015）[①]，并于2016年3月25日正式运营（刘乐、孙稳，2016）。同时，国家质检总局技术性贸易措施企业服务协作组"一带一路"农业与食品安全交易信息平台技术性贸易措施企业服务办公室于2017年8月15日在京成立（葛亮亮，2017）[②]。该平台以"绿色、有机、安

---

① 李朝民，刘婉婷．"一带一路"农业与食品交易信息平台上线［EB/OL］．［2015 – 12 – 02］．http：//www. dzwww. com/xinwen/guoneixinwen/201512/t20151202_13431945. htm.

② 葛亮亮．"一带一路"农业与食品安全交易信息平台技术性贸易企业服务办公室成立［EB/OL］．［2017 – 08 – 18］．http：//politics. people. com. cn/GB/n1/2017/0818/c1001 – 29480395. html.

全"为核心价值，运用"互联网＋大数据"技术建立产品征集、交易、追溯及监管机制，线上整合推广"一带一路"沿线国家和地区涉农产品和食品信息，解决交易各方信息不对称问题，增进各方互信，降低交易成本，旨在为"一带一路"沿线国家和地区人民提供更安全、更绿色、更健康的涉农产品和食品。目前，该平台（具备英文版和俄文版）已经实现企业入驻、产品发布及推广、农业和食品信息共享、在线交易、一体化产品追溯、移动客户端等功能，同时还将开展线下"农业与食品'一带一路行'"活动，实现在农业与食品领域的多层次、全方位交流合作。

但该信息平台还存在以下四个方面的不足：一是各成员国和地区尚未达到食品质量认证体系等方面的共识信息；二是缺乏各成员国和地区共同认可的食品企业社会责任评价体系；三是该平台尚未集成沿线国家和地区参与"一带一路"建设的企业的社会责任报告信息，不能反映成员企业履行社会责任的全面信息；四是各成员国和地区均开展着不同程度的工业化与城市化建设，网络订餐平台的需求日益增大，但该平台尚未涉及这种新兴的网络食品业态。因此，建议各成员国和地区政府与具有国际影响力的企业进一步就食品质量认证体系、食品企业社会责任评价体系、食品企业社会责任报告框架与网络订餐等新业态协同研究并达成共识。例如，我国的饿了么、美团、百度外卖等互联网订餐平台具有引领该业态发展的丰富经验，2016 年我国食品药品监督管理总局也发布了《网络食品安全违法行为查处办法》等制度，能够为"一带一路"共建互联网订餐业态担当引领示范作用。

（三）持续推进法制机制创新

近年来，"一带一路"倡议实施中出现了大量法律现制度机制失灵问题（刘露，2017）[1]，从新制度经济学视角来看，这主要是由于"一带一路"沿线上不同国家和地区的法律法规等正式制度存在较大差异，尤其是各成员国或地区的民族、宗教、文化、伦理、习俗、意识形态等非正式制度方面具有多元化、复杂性等特征，从两方面造成我国食品企业与东道国或地区的社会

---

① 刘露．"一带一路"与企业社会责任的法律实现［J］．法制与社会，2017（36）：86 – 88.

责任沟通存在较大障碍。本书建议从以下两个方面探索实施路径加以解决。

在正式制度建设方面：首先，由我国主导倡议创立多边企业社会责任协同治理制度。在该制度框架下，建立双边或多边的企业社会责任协调机制，协调内容包括食品安全责任、经济责任、法治责任、环境责任、职工权益、社区公益责任等企业社会责任的各个维度，实现在第一时间以最小损失解决企业社会责任争端。其次，建议我国商务部与中国社会科学院企业社会责任研究中心联合设立"一带一路"企业社会责任治理机构，该机构的职能主要包括：在对"一带一路"沿线各成员国和地区企业社会责任的影响因素进行系统研究的基础上，结合我国企业在对外投资中的社会责任表现，发布企业社会责任专业报告；制定对外投资企业社会责任相关指导性文件，包括"农产品与食品监管的国际合作""生态农业保障食品安全""标准与认证认可促进农产品和食品进口贸易"等，引导企业在对外投资过程中积极、有针对性地履行社会责任；通过鼓励龙头企业分享海外履责经验，推广先进成熟的实践操作方法，将"走出去"的企业打造成为区域企业社会责任体系建设标杆，带动"一带一路"上沿线国家和地区共同推进企业社会责任建设，建设"一带一路"社会责任同盟（陈淑梅，2015）[1]，使我国企业推进社会责任建设的成果普惠"一带一路"沿线各成员国和地区。

在非正式制度建设方面：非正式制度包括宗教、文化、道德、伦理、习俗、意识形态等，其对食品企业社会责任具有价值观意义上的本源性内在影响。"一带一路"沿线东亚、西亚、南亚、中亚、中欧、东欧等多个国家和地区的宗教、文化、意识形态等十分复杂，我国食品企业在不同的东道国和地区应当有针对性地研究其特有的非正式制度，制订与其非正式制度不相抵触的社会责任发展计划，以节省发展成本，降低投资风险。其中，宗教是食品企业履行社会责任的一大敏感的非正式制度，"一带一路"沿线国家和地区的民众大多信奉伊斯兰教和佛教，因此，我国参与"一带一路"建设的食品企业需要在充分吸收伊斯兰教文化和佛教文化的基础上进行创新、生产

---

① 陈淑梅."一带一路"上的企业社会责任［N］.社会科学报，2015 – 11 – 26（002）.

与经营，例如，宁夏回族自治区生产的清真食品在阿拉伯国家和地区市场具有很强的竞争力，近年来宁夏回族自治区和阿拉伯国家之间的食品贸易及其他商品贸易也呈现出增长势头。当然，我国参与"一带一路"建设的食品企业，也肩负着传承中华食品文明的光荣使命，引领世界健康饮食。

第三节　本章小结

本章首先根据第三章对我国食品行业上市公司和小微型食品企业履行社会责任的概况进行简要总结。其次，基于上述现状分析，从协同学理论的自组织视角探索了目前我国食品企业（包括食品行业上市公司与小微型食品企业）全面强化履行企业社会责任、提升企业社会责任水平的实施路径；最后，本章探索了食品企业等各个社会责任协同治理主体应当立足于新时代背景、结合新经济模式与公司新发展战略及其商业模式，大力探索企业社会责任协同治理机制实施的新路径，充分发挥我国食品企业社会责任协同治理机制的系统性功能，分别基于食品供应链、食品产业集群、跨区域食品企业、平台型食品企业与境外经营食品企业五种商业模式探索了利益机制、评价机制、信息机制、声誉机制、市场机制、法治机制六个食品企业社会责任子机制的协同实施路径。

附录1 食品行业上市公司社会责任测量量表

公司名称（　　　　　　　） 证券代码（　　　　　　）

评价人员（　　　　　　　） 评价日期（　　　　　　）

一、责任治理（RG）

1. 责任战略

（1）公司社会责任理念（Q_1）

很不明确（　　） 较不明确（　　） 一般（　　）

较明确（　　） 很明确（　　）

（2）公司社会责任规划（Q_2）

很不清晰（　　） 较不清晰（　　） 一般（　　）

较清晰（　　） 很清晰（　　）

（3）公司社会责任主题（Q_3）

很不明确（　　） 较不明确（　　） 一般（　　）

较明确（　　） 很明确（　　）

2. 责任管理

（1）公司社会责任管理制度（Q_4）

很不规范（　　） 较不规范（　　） 一般（　　）

较规范（　　） 很规范（　　）

（2）公司社会责任管理机构（Q_5）

很不完善（　　） 较不完善（　　） 一般（　　）

较完善（　　） 很完善（　　）

（3）公司社会责任管理人员（Q_6）

很不完备（　　）　　　　较不完备（　　　）　　　　一般（　　）

较完备（　　）　　　　很完备（　　　）

3. 责任考评

（1）公司社会责任考评制度（Q_7）

很不健全（　　）　　　　较不健全（　　　）　　　　一般（　　）

较健全（　　）　　　　很健全（　　　）

（2）公司社会责任考评结果（自评、第三方评价等）（Q_8）

很差（　　）　　　　较差（　　　）　　　　一般（　　）

较强（　　）　　　　很强（　　　）

4. 责任报告

（1）公司发布社会责任报告的渠道（单独或合并报告、官网 CSR 专栏等）（Q_9）

很少（　　）　　　　较少（　　　）　　　　一般（　　）

较多（　　）　　　　很多（　　　）

（2）公司社会责任报告披露的定性和定量信息（Q_{10}）

很少（　　）　　　　较少（　　　）　　　　一般（　　）

较多（　　）　　　　很多（　　　）

二、食品安全责任（SR）

1. 质量责任

（1）食品合格率（Q_{11}）

很低（　　）　　　　较低（　　　）　　　　一般（　　）

较高（　　）　　　　很高（　　　）

（2）食品投诉事件（Q_{12}）

很多（　　）　　　　较多（　　　）　　　　一般（　　）

较少（　　）　　　　很少（　　　）

（3）食品质量认证（Q_{13}）

很少（　　）　　　　较少（　　　）　　　　一般（　　）

较多（　　）　　　　　　很多（　　）

2. 研发责任

（1）♥研发投入与营收的占比（Q_{14}）

很少（　　）　　　　　较少（　　）　　　　　一般（　　）

较多（　　）　　　　　很多（　　）

（2）专利技术（Q_{15}）

很少（　　）　　　　　较少（　　）　　　　　一般（　　）

较多（　　）　　　　　很多（　　）

（3）科技奖项（Q_{16}）

很少（　　）　　　　　较少（　　）　　　　　一般（　　）

较多（　　）　　　　　很多（　　）

3. 食品安全管理

（1）食品安全管理体系（Q_{17}）

很不健全（　　）　　　较不健全（　　）　　　一般（　　）

较健全（　　）　　　　很健全（　　）

（2）食品安全教育开展（Q_{18}）

很少（　　）　　　　　较少（　　）　　　　　一般（　　）

较多（　　）　　　　　很多（　　）

三、法律责任（LR）

1. 合法经营

（1）守法合规保障（制度、人员等）（Q_{19}）

很不健全（　　）　　　较不健全（　　）　　　一般（　　）

较健全（　　）　　　　很健全（　　）

（2）守法合规教育开展（Q_{20}）

很少（　　）　　　　　较少（　　）　　　　　一般（　　）

较多（　　）　　　　　很多（　　）

2. 违法违规

（1）♥罚没支出与营收的占比（Q_{21}）

| 很高（　　） | 较高（　　） | 一般（　　） |

较低（　　）　　　　　很低（　　）

（2）非经济处罚（Q_{22}）

很重（　　）　　　　　较重（　　）　　　　　一般（　　）

较轻（　　）　　　　　很轻（　　）

四、环境责任（EPR）

1. 环境管理

（1）环境管理体系（Q_{23}）

很不健全（　　）　　　较不健全（　　）　　　一般（　　）

较健全（　　）　　　　很健全（　　）

（2）环境保护教育开展（Q_{24}）

很少（　　）　　　　　较少（　　）　　　　　一般（　　）

较多（　　）　　　　　很多（　　）

2. 节能降耗

（1）单位产值的能耗（Q_{25}）

很高（　　）　　　　　较高（　　）　　　　　一般（　　）

较低（　　）　　　　　很低（　　）

（2）循环经济的实施（Q_{26}）

很差（　　）　　　　　较差（　　）　　　　　一般（　　）

较好（　　）　　　　　很好（　　）

3. 减排降污

（1）♥"三废"排放（Q_{27}）

很高（　　）　　　　　较高（　　）　　　　　一般（　　）

较低（　　）　　　　　很低（　　）

（2）♥环保罚款（Q_{28}）

很多（　　）　　　　　较多（　　）　　　　　一般（　　）

较少（　　）　　　　　很少（　　）

（3）环保投入（Q_{29}）

很少（　　）　　　　较少（　　）　　　　一般（　　）

较多（　　）　　　　很多（　　）

4. 社会公益

（1）♥对外捐赠（Q_{30}）

很少（　　）　　　　较少（　　）　　　　一般（　　）

较多（　　）　　　　很多（　　）

（2）公益活动（Q_{31}）

很少（　　）　　　　较少（　　）　　　　一般（　　）

较多（　　）　　　　很多（　　）

五、经济责任（ER）

1. 股东与债权人责任

（1）♥每股净收益（Q_{32}）

很低（　　）　　　　较低（　　）　　　　一般（　　）

较高（　　）　　　　很高（　　）

（2）♥息税前盈余（Q_{33}）

很低（　　）　　　　较低（　　）　　　　一般（　　）

较高（　　）　　　　很高（　　）

（3）♥公司可持续经营能力（Q_{34}）

很差（　　）　　　　较差（　　）　　　　一般（　　）

较强（　　）　　　　很强（　　）

2. 客户与供应商责任

（1）♥与客户、供应商的合作信誉度（应收款项与应付款项的周转率

等）（Q_{35}）

很低（　　）　　　　较低（　　）　　　　一般（　　）

较高（　　）　　　　很高（　　）

（2）客户与供应商的投诉（Q_{36}）

很多（　　）　　　　较多（　　）　　　　一般（　　）

较少（　　）　　　　很少（　　）

3. 政府与职工责任

（1）♥应交税费与税前利润的占比（Q_{37}）

很低（　　）　　　　　较低（　　）　　　　　　一般（　　）

较高（　　）　　　　　很高（　　）

（2）♥职工薪酬与利润总额的占比（Q_{38}）

很低（　　）　　　　　较低（　　）　　　　　　一般（　　）

较高（　　）　　　　　很高（　　）

注：1. 所有题项均为单项选择。2. 带♥题项根据公司年度财务报告数据计算后分5档确定，其余题项根据公司网站、公司社会责任报告、公司临时公告等定性和定量信息评比确定。

附录2　小微型食品企业社会责任测量量表

调研编号＿＿＿＿＿＿＿＿＿＿＿调研地点＿＿＿＿＿＿＿＿＿＿

调研日期＿＿＿＿＿＿＿＿＿＿＿调研人员＿＿＿＿＿＿＿＿＿＿

1. 企业的社会责任观念（如对消费者讲良心、为社区服务等）（Q_1）

没有考虑（　　）　　　　偶尔考虑（　　）　　　　一般（　　）

经常考虑（　　）　　　　时刻考虑（　　）

2. 企业的社会责任管理制度（如对加工食品的卫生管理、对客户的服务管理等）（Q_2）

没建立（　　）　　　　　不完善（　　）　　　　　一般（　　）

较完善（　　）　　　　　很完善（　　）

3. 企业社会责任考核（如对员工的工作业绩考核、工作态度考核等）（Q_3）

很少（　　）　　　　　　较少（　　）　　　　　　一般（　　）

较多（　　）　　　　　　很多（　　）

4. 企业与工商管理人员、食品安全管理人员的交流（Q_4）

很少（　　）　　　　　　较少（　　）　　　　　　一般（　　）

较多（　　）　　　　　　很多（　　）

5. 相比本地同行业其他企业，本企业员工的工资（Q_5）

很低（　　）　　　　　　较低（　　）　　　　　　相近（　　）

较高（　　）　　　　　　很高（　　）

6. 本企业员工每个月的休假天数（Q_6）

很少（0~1 天）（　　）

较少（2~3 天）（　　）

一般（4~5 天）（　　）

较多（6~7 天）（　　）

很多（8 天以上）（　　）

7. 企业组织员工学习法律法规（如学习食品安全法、食药监局的政策等）（Q_7）

很少（　　）　　　　　较少（　　）　　　　　一般（　　）

较多（　　）　　　　　很多（　　）

8. 与城管等监管部门发生的冲突（Q_8）

很多（　　）　　　　　较多（　　）　　　　　一般（　　）

较少（　　）　　　　　很少（　　）

9. 供应商（如个体、超市等）给本企业供货（如食材、佐料等）的质量（Q_9）

很差（　　）　　　　　较差（　　）　　　　　一般（　　）

较好（　　）　　　　　很好（　　）

10. 供应商（如个体、超市等）给本企业供货（如食材、佐料等）的价格（Q_{10}）

很低（　　）　　　　　较低（　　）　　　　　一般（　　）

较高（　　）　　　　　很高（　　）

11. 企业的"回头客"或"老客户"（Q_{11}）

很少（　　）　　　　　较少（　　）　　　　　一般（　　）

较多（　　）　　　　　很多（　　）

12. 消费者对企业的误解或发生的矛盾（Q_{12}）

很少（　　）　　　　　较少（　　）　　　　　一般（　　）

较多（　　）　　　　　很多（　　）

13. 当地主管部门（如食药监局等）公示的本企业食品安全等级（Q_{13}）

很差（1 星）（　　）　　　较差（2 星)（　　）

一般（3 星）（　　）　　　　较好（4 星）（　　）

很好（5 星）（　　）

14. 企业检查天然气灶、灭火器等安全生产设备的次数（Q_{14}）

很少（　　）　　　　较少（　　）　　　　一般（　　）

较多（　　）　　　　很多（　　）

15. 企业组织员工学习、切磋提高职业技术水平的机会（Q_{15}）

很少（　　）　　　　较少（　　）　　　　一般（　　）

较多（　　）　　　　很多（　　）

16. 企业每年要求员工进行体检的次数（Q_{16}）

很少（0 次）（　　）　　　　较少（1 次）（　　）

一般（3 次）（　　）　　　　较多（4 次）（　　）

很多（5 次以上）（　　）

17. 企业的水、电、气用量（Q_{17}）

很少（　　）　　　　较少（　　）　　　　一般（　　）

较多（　　）　　　　很多（　　）

18. 企业的废水、废气和垃圾的排放量（Q_{18}）

很少（　　）　　　　较少（　　）　　　　一般（　　）

较多（　　）　　　　很多（　　）

19. 企业的对外捐赠（如接济他人、救灾捐款等）（Q_{19}）

很少（　　）　　　　较少（　　）　　　　一般（　　）

较多（　　）　　　　很多（　　）

20. 企业参加的公益宣传或爱心活动（Q_{20}）

很少（　　）　　　　较少（　　）　　　　一般（　　）

较多（　　）　　　　很多（　　）

21. 相比本地同行业其他企业，本企业的盈利状况（如销售收入、利润等）（Q_{21}）

很差（　　）　　　　较差（　　）　　　　相近（　　）

较好（　　）　　　　很好（　　）

22. 企业的负债程度（如承担银行贷款、私人借款等）（Q_{22}）

很轻（　　）　　　　　较轻（　　）　　　　　　一般（　　）

较重（　　）　　　　　很重（　　）

23. 消费者（或客户）的满意度（Q_{23}）

很不满意（　　）　　　较不满意（　　）　　　　一般（　　）

较满意（　　）　　　　很满意（　　）

24. 企业交纳税费的程度（Q_{24}）

很低（　　）　　　　　较低（　　）　　　　　　一般（　　）

较高（　　）　　　　　很高（　　）

25. 本企业在当地（如小区、城区等）的知名度（Q_{25}）

很小（　　）　　　　　较小（　　）　　　　　　一般（　　）

较大（　　）　　　　　很大（　　）

注：所有题项均为单项选择。

参考文献

[1] 陈佳贵，黄群慧，彭华岗，等．中国企业社会责任研究报告（2009）[M]．北京：社会科学出版社，2009.

[2] 陈淑梅．“一带一路”上的企业社会责任 [N]．社会科学报，2015－11－26（2）.

[3] 陈旭东，余逊达．民营企业社会责任意识的现状与评价 [J]．浙江大学学报（人文社会科学版），2007，37（2）：69－78.

[4] 陈煦江．企业社会责任战略选择效应——基于血铅电池事件研究 [J]．中国人口·资源与环境，2014，24（2）：142－148.

[5] 陈彦丽．食品安全社会共治机制研究 [J]．学术交流，2014（9）：122－126.

[6] 陈彦丽．食品安全治理利益机制研究 [J]．哈尔滨商业大学学报（社会科学版），2016（1）：28－36.

[7] 陈永清．公司声誉资本的建立与维护 [J]．企业经济，2009（12）：77－79.

[8] 陈永清．基于胜任力的企业绩效管理系统的构建 [J]．企业经济，2009（5）：24－26.

[9] 邓刚宏．构建食品安全社会共治模式的法治逻辑与路径 [J]．南京社会科学，2015（2）：97－102.

[10] 董淑兰，李卓奚．基于投影寻踪模型的食品企业社会责任信息披露评价 [J]．生产力研究，2013（9）：162－164.

[11] 董淑兰，王思盈．食品企业社会责任评价体系的构建 [J]．中国

农业会计, 2014 (2): 56－59.

[12] 董淑兰, 严秀丽. 国有企业与民营企业社会责任评价比较——来自中国 500 强企业的经验数据 [J]. 财会月刊, 2013 (24): 22－24.

[13] 葛亮亮. "一带一路"农业与食品安全交易信息平台技术性贸易企业服务办公室成立 [EB/OL]. [2017－08－18]. http://politics. people. com. cn/GB/n1/2017/0818/c1001－29480395. html.

[14] 贺正楚, 张训. 电力企业社会责任评价体系及实例分析 [J]. 财经理论与实践, 2011, 32 (4): 119－123.

[15] 侯晓红, 岳文. 我国煤炭企业社会责任绩效评价体系设计 [J]. 煤炭经济研究, 2008 (6): 22－25.

[16] 黄巨臣. 农村教育"技术治理"精细化: 表现、局限及其应对——基于协同治理理论的视角 [J]. 湖南师范大学教育科学学报, 2018, 17 (4): 93－99.

[17] 姜亦炜. 地方政府社会职能转变的逻辑与路径——基于协同治理理论的思考 [J]. 湖州师范学院学报, 2018, 40 (3): 71－78.

[18] 李朝民, 刘婉婷. "一带一路"农业与食品交易信息平台上线 [EB/OL]. [2015－15－02]. http://www. dzwww. com/xinwen/guoneixinwen/201512/t20151202_13431945. htm.

[19] 李华燊, 吴家曦, 李京文. 浙江省中小企业社会责任调查报告 [J]. 管理世界, 2011 (9): 1－7.

[20] 李珂. 消费者参与企业品牌监督评价问题研究——以建立企业社会责任利益相关者评价机制为研究视角 [J]. 理论月刊, 2014 (1).

[21] 李立清. 企业社会责任评价理论与实证研究: 以湖南省为例 [J]. 南方经济, 2006 (1): 105－118.

[22] 李年琴, 姜启军. 基于食品供应链的核心企业社会责任评价指标及权重研究 [J]. 中国农学通报, 2014, 30 (3): 302－307.

[23] 李新春, 陈斌. 企业群体性败德行为与管制失效——对产品质量安全与监管的制度分析 [J]. 经济研究, 2013, 48 (10): 98－111.

[24] 李勇. 煤炭企业社会责任评价研究 [J]. 煤炭经济研究，2012，32（3）：39-41.

[25] 李云宏，逄淑丽，王莹，等. 钢铁企业社会责任评价指标的测定分析 [J]. 会计之友，2014（3）：56-60.

[26] 李正辉，李春艳. 两型社会视角下工业企业社会责任的评价模型研究 [J]. 统计与信息论坛，2010，25（6）：32-38.

[27] 李正，宓纯琦. "一带一路" 实施过程中的企业社会责任问题及对策 [J]. 财务与会计，2018（3）.

[28] 李正. 企业社会责任与企业价值的相关性研究——来自沪市上市公司的经验证据 [J]. 中国工业经济，2006（2）：77-83.

[29] 梁星. 基于模糊 AHP 的煤炭企业社会责任综合评价 [J]. 会计之友，2009（33）：95-97.

[30] 梁星，张雅军. 基于环境协调发展的煤炭企业社会责任综合评价研究 [J]. 煤炭经济研究，2011（3）：31-34.

[31] 廖建军. 垄断行业企业社会责任评价体系研究——以烟草行业为例 [J]. 产经评论，2014，5（3）：82-94.

[32] 刘华军，贾文星，彭莹，等. 区域经济的空间溢出是否缩小了地区差距？——来自关系数据分析范式的经验证据 [J]. 经济与管理评论，2019，35（1）：124-135.

[33] 刘露. "一带一路" 与企业社会责任的法律实现 [J]. 法制与社会，2017（36）：86-88.

[34] 刘淑华，孙志梅. 企业社会责任绩效评价模型构建 [J]. 统计与决策，2013（12）：182-185.

[35] 刘伟玲. 我国食品企业社会责任指标评价体系研究 [J]. 食品工业科技，2013，34（19）：24-27.

[36] 刘雯雯，赵远，管乐. 中国林业企业社会责任评价实证研究——基于利益相关者视角 [J]. 林业经济，2013（8）：60-64.

[37] 刘霞. 基于企业社会责任视角的食品安全问题浅析 [J]. 商场现

代化，2007（4）：354－354.

［38］刘艳. 道德治理视角下的中国食品安全问题研究 ［D］. 上海：上海师范大学，2014.

［39］骆蕾. 我国食品企业社会责任现状研究 ［J］. 山东行政学院学报，2010（5）：52－54.

［40］骆南峰，周祖城. 企业社会业绩评价体系研究 ［J］. 统计与决策，2009（22）：36－39.

［41］买生，匡海波，张笑楠. 基于科学发展观的企业社会责任评价模型及实证 ［J］. 科研管理，2012，33（3）：148－154.

［42］买生. 企业社会责任绩效评价研究 ［D］. 大连：大连理工大学，2012.

［43］买生，汪克夷，匡海波. 一体化企业社会责任管理体系框架研究 ［J］. 科研管理，2012，33（7）：153－160.

［44］那保国. 粗糙集－模糊积分模型：一种评价企业社会责任的新方法 ［J］. 统计与决策，2012（3）：103－106.

［45］牛亮云. 食品安全风险社会共治：一个理论框架 ［J］. 甘肃社会科学，2016（1）：161－164.

［46］庞永师，王莹. 基于粗糙集的建筑企业社会责任评价指标权重确定 ［J］. 工程管理学报，2012，26（3）：109－113.

［47］齐二石，朱永明，焦馨锐. 基于灰色理论的煤炭企业社会责任绩效评价研究 ［J］. 商业研究，2011（10）：12－16.

［48］齐丽云，魏婷婷. 基于ISO 26000的企业社会责任绩效评价模型研究 ［J］. 科研管理，2013（3）：84－92.

［49］齐丽云，魏婷婷. 企业社会责任战略模式演进的案例研究——以中远集团为例 ［J］. 管理案例研究与评论，2013，6（4）：296－310.

［50］齐文浩，刘禹君. 食品类企业社会责任评价指标体系构建及其实证检验——以沪深股市中食品类上市公司为分析对象 ［J］. 科学与管理，2012（6）：34－43.

[51] 沈洪涛. 国外公司社会责任报告主要模式述评 [J]. 证券市场导报, 2007 (8): 7-13.

[52] 石国庆, 秦晶. 石狮首次发布服装产业集群社会责任报告 [N]. 石狮日报, 2013.

[53] 宋建波, 盛春艳. 基于利益相关者的企业社会责任评价研究——以制造业上市公司为例 [J]. 中国软科学, 2009 (10): 153-163.

[54] 宋强, 耿弘. 整体性治理——中国食品安全监管体制的新走向 [J]. 贵州社会科学, 2012 (9): 86-90.

[55] 苏蕊芯, 仲伟周. 中国企业社会责任测量维度识别与评价——基于因子分析法 [J]. 华东经济管理, 2014 (3): 109-113.

[56] 谭杰, 杨立社. 基于利益相关者理论的企业社会责任评价量表的构建与检验 [J]. 现代物业 (中旬刊), 2010, 9 (10): 16-19.

[57] 汤亚莉, 陈自力, 刘星, 等. 我国上市公司环境信息披露状况及影响因素的实证研究 [J]. 管理世界, 2006 (1): 158-159.

[58] 唐蕾, 章新蓉, 陈煦江. 公司对社会责任负面事件的应对策略效应分析——基于上市公司对山东疫苗事件的回应时序 [J]. 财会月刊, 2017 (30): 31-36.

[59] 田虹, 姜雨峰. 网络媒体企业社会责任评价研究 [J]. 吉林大学社会科学学报, 2014 (1): 150-158.

[60] 汪旭晖, 张其林. 平台型电商声誉的构建: 平台企业和平台卖家价值共创视角 [J]. 中国工业经济, 2017 (11): 174-192.

[61] 王邦兆, 邓婷婷. 消费者视角下的食品企业社会责任 [J]. 科技管理研究, 2012 (19): 191-194.

[62] 王丹, 朱波强. 基于熵值法的我国企业社会责任评价研究——以矿产资源型企业为例 [J]. 会计之友, 2014 (30): 8-12.

[63] 王虎, 李长健. 主流范式的危机: 我国食品安全治理模式的反思与重整 [J]. 华南农业大学学报 (社会科学版), 2008, 7 (4): 132-140.

[64] 王怀明, 姜涛. 食品企业社会责任分析与评价———基于利益相

关者理论 [J]. 南京农业大学学报（社会科学版），2013（4）：104 - 110.

[65] 王家庭，曹清峰. 京津冀区域生态协同治理：由政府行为与市场机制引申 [J]. 改革，2014（5）：116 - 123.

[66] 王璟珉. 中国企业社会责任财务绩效评价模型研究 [J]. 中国人口·资源与环境，2010，20（2）：162 - 166.

[67] 王露璐. 经济伦理视野中的企业社会责任及其担当与评价次序 [J]. 伦理学研究，2011（3）：91 - 94.

[68] 王晓丽，李磊. 基于食品安全视角的食品企业社会责任浅析 [J]. 价值工程，2009，28（11）：22 - 24.

[69] 王璇，辛春林. 基于结构方程模型的企业社会责任评价——以石化行业为例 [J]. 中国流通经济，2013，27（6）：74 - 79.

[70] 王雪冬，匡海波，董大海. 企业社会责任嵌入商业模式创新机理研究 [J]. 科研管理，2019，40（5）：47 - 56.

[71] 王永钦，刘思远，杜巨澜. 信任品市场的竞争效应与传染效应：理论和基于中国食品行业的事件研究 [J]. 经济研究，2014（2）：141 - 154.

[72] 王竹泉，王凤华. 利益相关者视角下的企业社会责任绩效模糊综合评价 [J]. 公司治理评论，2011（2）：152 - 163.

[73] 吴元元. 信息基础、声誉机制与执法优化——食品安全治理的新视野 [J]. 中国社会科学，2012（6）：115 - 133，207 - 208.

[74] 肖红军. 改革开放40年国有企业社会责任的发展与演进 [J]. 当代中国史研究，2018，25（6）：118.

[75] 肖红军，李平. 平台型企业社会责任的生态化治理 [J]. 管理世界，2019，35（4）：120 - 144，196.

[76] 肖红军，张俊生，曾亚敏. 资本市场对公司社会责任事件的惩戒效应——基于富士康公司员工自杀事件的研究 [J]. 中国工业经济，2010（8）：118 - 128.

[77] 徐光华，陈良华，王兰芳. 战略绩效评价模式：企业社会责任嵌入性研究 [J]. 管理世界，2007（11）：166 - 167.

［78］徐光华. 企业社会责任的战略绩效评价体系研究［J］. 现代经济探讨, 2007 (5): 71-74.

［79］徐光伟, 李剑桥, 刘星. 党组织嵌入对民营企业社会责任投入的影响研究——基于私营企业调查数据的分析［J］. 软科学, 2019, 236 (8): 30-35, 42.

［80］徐泓, 董雪雁. 企业社会责任绩效评价指标研究［J］. 甘肃社会科学, 2013 (3): 187-190.

［81］徐泓, 朱秀霞. 低碳经济视角下企业社会责任评价指标分析［J］. 中国软科学, 2012 (1): 153-159.

［82］阳秋林, 代金云. "两型社会"背景下的企业社会责任评价指标体系及其运用研究——以湖南企业为例［J］. 湖南社会科学, 2012 (3): 114-117.

［83］阳镇, 许英杰. 平台经济背景下企业社会责任的治理［J］. 企业经济, 2018, 37 (5): 78-86.

［84］杨春方. 中小企业社会责任的评价模式及其影响测度［J］. 改革, 2013, (10): 135-141.

［85］杨嵘, 沈幸. 利益相关者视角的石油企业社会责任评价指标选择［J］. 商业会计, 2011 (3): 33-35.

［86］佚名. 中国100强企业社会责任发展状况评价［J］. 中国工业经济, 2009 (10): 23-35.

［87］尹佳云. 我国保险公司社会责任表现与财务绩效关系的实证研究［D］. 成都: 电子科技大学, 2014.

［88］尤嘉勋, 么丽欣, 白辰. 基于熵权 TOPSIS 法的中国汽车企业社会责任评价研究［J］. 汽车工业研究, 2013 (7): 21-25.

［89］于连超, 张卫国, 毕茜. 党组织嵌入与企业绿色转型［J］. 中南财经政法大学学报, 2019 (3): 128-137, 160.

［90］于志宏, 李小林. 金桥、康桥两家开发区在全国率先发布区域责任竞争力指数报告 浦东新区整体推进区域社会责任建设［J］. WTO 经济导

刊，2013（4）：50-51.

［91］于志宏，王开峰，王先知，马双军."五位一体"立体推进 烟台打造责任开发区［J］.WTO 经济导刊，2010（5）：27-30.

［92］臧雷振，翟晓荣.区域协同治理壁垒的类型学分析及其影响——以京津冀为例［J］.天津行政学院学报，2018，20（5）：31-39.

［93］曾平，许岩，曾繁荣.平衡计分卡下企业社会责任绩效评价体系构建［J］.财会通讯，2012（5）：48-49.

［94］曾珍香，张云飞，王梦雅.供应链社会责任协同治理机制研究——基于复杂适应系统视角［J］.管理现代化，2019，39（3）：98-104.

［95］张彩庆，曹萌萌，谢萍.电网企业社会责任的模糊综合评价［J］.中国电业（技术版），2011（8）：68-70.

［96］张红凤，陈小军.我国食品安全问题的政府规制困境与治理模式重构［J］.理论学刊，2011（7）：63-67.

［97］张坤，章辉美.基于熵权基点理论的企业社会责任评价实证研究［J］.系统工程，2013（8）：118-122.

［98］张立军，陈跃，袁能文.基于信度分析的加权组合评价模型研究［J］.管理评论，2012，24（5）：170-176.

［99］张立军，马霄，李敏.低碳经济背景下企业社会责任评价体系研究［J］.科技管理研究，2013，33（5）：67-70.

［100］张维迎.管制与信誉［J］.中外管理导报，2002（7）：36-39.

［101］张维迎.所有制、治理结构及委托—代理关系——兼评崔之元和周其仁的一些观点［J］.经济研究，1996（9）：3-15，53.

［102］赵杨，孔祥纬.我国企业社会责任履行绩效评价体系构建研究——基于利益相关者理论及分项评价模式［J］.北京工商大学学报（社会科学版），2010，25（6）：48-55.

［103］赵越春.食品企业社会责任行为表现评价及消费者响应［D］.南京：南京农业大学，2013.

［104］赵越春，王怀明.食品企业社会责任表现与消费者响应——基

于江苏消费者的问卷调查［J］. 福建论坛（人文社会科学版），2013（7）：57 - 63.

［105］赵越春，王怀明. 食品企业社会责任评价指标体系的构建及其应用——基于层次分析法［J］. 青海社会科学，2013（6）：47 - 53.

［106］郑志刚. 企业经济责任审计理论定位下的实务探究与启示//全国内部审计理论研讨优秀论文集2011［C］. 中国内部审计协会，2012：7.

［107］周红英，贺正楚，张训. 战略性新兴产业与我国产业结构优化升级［J］. 经济地理，2011，31（12）：2060 - 2064.

［108］周开国，杨海生，伍颖华. 食品安全监督机制研究——媒体、资本市场与政府协同治理［J］. 经济研究，2016（9）：58 - 72.

［109］周兰，肖琼宇. 基于信息披露视角的企业社会责任评价体系设计［J］. 北京工商大学学报（社会科学版），2012（3）：10 - 16.

［110］周祖城，王旭. 企业社会业绩内部评价体系研究［J］. 管理学报，2010，7（3）：338.

［111］朱永明，许锦锦. 国有大中型企业社会责任评价体系研究——以中国银行为例［J］. 工业技术经济，2013（2）：27 - 32.

［112］Alexiadou A. Left Dislocation (including CLLD)［M］. The Blackwell Companion to Syntax，2007.

［113］Alin A，Ali M M. Improved Straightforward Implementation of a Statistically Inspired Modification of the Partial Least Squares Algorithm［J］. Pakistan Journal of Statistics，2012，28（2）：217 - 229.

［114］Anderson L K. Functional Literacy：The Definition，Need for Measurement and Local Efforts. Occasional Paper［J］. Competency Based Education，1980：25.

［115］Ansell S M，Armitage J O. Management of Hodgkin Lymphoma［J］. Mayo Clinic Proceedings，2006，81（3）：419 - 426.

［116］ArchieB. Carroll. Stakeholder Thinking in Three Models of Management Morality：A Perspective with Strategic Implications［C］. University of To-

ronto Press, 1998: 139 – 170.

[117] Aupperle K E, Acar W, Booth D E. An Empirical Critique of In Search of Excellence: How Excellent are the Excellent Companies? [J]. Journal of Management, 1986, 12 (4): 499 – 512.

[118] Bittlingmayer G, Hazlett T W. DOS Kapital: Has Antitrust Action Against Microsoft Created Value in the Computer Industry? [J]. Journal of Financial Economics, 2000, 55 (3): 329 – 359.

[119] Booth N E. Quasiparticle Trapping and the Quasiparticle Multiplier [J]. Applied Physics Letters, 1987, 50 (5): 293 – 295.

[120] Brown D W, Agnew S R, Bourke M A M, et al. Internal Strain and Texture Evolution During Deformation Twinning in Magnesium [J]. Materials Science & Engineering A, 2005, 399 (1): 1 – 12.

[121] Carroll A B, Hoy F. Integrating Corporate Social Policy into Strategic Management [J]. Journal of Business Strategy, 1984, 4 (3): 48 – 57.

[122] Carroll A R, Wagner R R. Role of the Membrane (M) Protein in Endogenous Inhibition of in Vitro Transcription by Vesicular Stomatitis Virus [J]. Journal of Virology, 1979, 29 (1): 134 – 42.

[123] Carroll K R. Small-signal Analysis for dc SQUID Amplifiers [J]. Journal of Low Temperature Physics, 1991, 82 (5 – 6): 257 – 277.

[124] Carroll L J, Drmedsc L W H, Hogg – Johnson S, et al. Course and Prognostic Factors for Neck Pain in Whiplash – Associated Disorders (WAD) [J]. Journal of Manipulative & Physiological Therapeutics, 2008, 17 (1): 75 – 82.

[125] Carroll M A, Martín – Santamaría S, Pike V W, et al. An ab Initio and MNDO – d SCF – MO Computational Study of Stereoelectronic Control in Extrusion Reactions of R_2I – F Iodine (Ⅲ) Intermediates [J]. Journal of the Chemical Society Perkin Transactions, 1999, 12 (12): 2707 – 2714.

[126] Carroll S M. Quintessence and the Rest of the World [C]. American Institute of Physics, 1999.

［127］Carroll, Matthew. Student Pieces: Idealist, Crazy, Selfless, Naive, Self-righteous, and … ［J］. Conversations on Jesuit Higher Education, 2008, 15 (11): 3746.

［128］Chan T M, Zhang J, Pu J, et al. Neighbor Embedding Based Super-resolution Algorithm Through Edge Detection and Feature Selection ［J］. Pattern Recognition Letters, 2009, 30 (5): 494 –502.

［129］Chaoniruthisai P, Punnakitikashem P, Rajchamaha K. Challenges and Difficulties in the Implementation of a Food Safety Management System in Thailand: A survey of BRC certified food productions ［J］. Food Control, 2018.

［130］Chen, ChiChungShih, JouChenChang, et al. Trade Liberalization and Food Security: A Case Study of Taiwan using Global Food Security Index (GFSI) ［C］. Aaea & Waea Joint Meeting, 2015.

［131］Cochran P L, Wartick S L, Wood R A. The Average Age of Boards and Financial Performance, Revisited ［J］. Quarterly Journal of Business & Economics, 1984, 23 (4): 57 –63.

［132］Cope R B, Fabacher D L, Lieske C, et al. Resistance of a Lizard (the Green Anole, Anolis carolinensis; Polychridae) to Ultraviolet Radiation-induced Immunosuppression ［J］. Photochemistry & Photobiology, 2010, 74 (1): 46 –54.

［133］Corrado L, Fingleton B. Where is the Economics in Spatial Econometrics? ［J］. Sire Discussion Papers, 2012, 52 (2): 210 –239.

［134］Davis D R. Revision of the Moths of the Subfamily Prodoxinae (Lepidoptera: Incurvariidae) ［J］. Journal of Zoology, 1967.

［135］Davis M. A Computing Procedure for Quantification Theory ［J］. Journal of the Acm, 1960, 7 (3): 201 –215.

［136］Demet S, Michael W, Florian W, et al. Correction: Prediction and Analysis of the Modular Structure of Cytochrome P450 Monooxygenases ［J］. BMC Structural Biology, 2012, 12 (1): 4.

[137] Depalma A T, Leavitt L A, Hardy S B. Electromyography in Full Thickness Flaps Rotated Between Upper and Lower Lips [J]. Plastic & Reconstructive Surgery & the Transplantation Bulletin, 1958, 21 (6): 448 –452.

[138] Dillaway R, Messer K D, Bernard J C, et al. Do Consumer Responses to Media Food Safety Information Last? [J]. Applied Economic Perspectives & Policy, 2011, 33 (3): 363 –383.

[139] Donal E, Coquerel N, Bodi S, et al. Importance of Ventricular Longitudinal Function in Chronic Heart Failure [J]. European Journal of Echocardiography the Journal of the Working Group on Echocardiography of the European Society of Cardiology, 2011, 12 (8): 619 –627.

[140] Donaldson T, Preston L. Dialogue: Reply to Jacobs and Getz [J]. Academy of Management Review, 1995 (4): 795 –796.

[141] Donaldson W A, Hughes R P. Mechanism of Formation of (η 3 – oxocyclobutenyl) Cobalt Compounds from [Co(CO)4] – and Cyclopropenium Cations [J]. Journal of the American Chemical Society, 1982, 104 (18): 4846 –4859.

[142] Drucker D C, Woodward W B. Interpretation of Photoelastic Transmission Patterns for a Three – Dimensional Model [J]. Journal of Applied Physics, 1954, 25 (4): 510 –512.

[143] Drucker P F. Converting Social Problems into Business Opportunities: The New Meaning of Corporate Social Responsibility [J]. California Management Review, 1984, 26 (2): 53 –63.

[144] Dzifa, Afonu. Hip-hop as Community Psychology?: A Participatory Research Project with Adolescent Co-researchers [D]. London: University of East London, 2011.

[145] Edwards L, Jeffreys E. Celebrity in China [M]. Celebrity in China, 2010.

[146] Elkington A R. Ocular pain: A casualty study. The Spectrum and

Prevalence of Pain in Acute Eye Disease [J]. Eye, 1997, 11 (3): 342.

[147] Elkington J. Towards the Sustainable Corporation: Win – Win – Win Business Strategies for Sustainable Development [J]. California Management Review, 1994, 36 (2): 90 – 100.

[148] Elodie, Abib, Steffen, et al. AFC (AREVA Fatigue Concept) – An Integrated and Multi – disciplinary Approach to the Fatigue Assessment of NPP Components [J]. 能源与动力工程: 英文版, 2012, 6 (5): 695 – 702.

[149] Epstein A J, Chittipeddi S, Miller J S. Ferromagnetism in Molecular Decamethylferrocenium Tetracyandethanide (DMeFc) (TCNE) [J]. Le Journal De Physique Colloques, 1987, 49 (8): 811 – 812.

[150] Feil R, Fraga M F. Epigenetics and the Environment: Emerging Patterns and Implications [M]. Continuous Pseudometrics, 2012.

[151] Frederiek. The Growing Concern over Business Responsibility [J]. California Management Review, 1960, 2 (4): 54 – 61.

[152] Freeman J L. Ambulatory Visit Groups: A Framework for Measuring Productivity in Ambulatory Care [J]. Health Services Research, 1984, 19 (4): 415 – 437.

[153] Freeman R B. Longitudinal Analyses of the Effects of Trade Unions [J]. Journal of Labor Economics, 1984, 2 (1): 1 – 26.

[154] Friedman M, Krull L H, Cavins J F. The Chromatographic Determination of Cystine and Cysteine Residues in Proteins as S – beta – (4 – pyridylethyl) Cysteine [J]. Journal of Biological Chemistry, 1970, 245 (15): 3868.

[155] Friedman M. The Interpolation of Time Series by Related Series [J]. Journal of the American Statistical Association, 1962, 57 (300): 729 – 757.

[156] Fuhrhop J H, Kadish K M, Davis D G. The Redox Behavior of Metallo Octaethylporphyrins [J]. Journal of the American Chemical Society, 1973, 95 (16): 5140 – 5147.

[157] Gioia D. Lewis Turco Wins the Second John Ciardi Award for Lifetime

Achievement in Poetry [J]. Italian Americana, 1999, 17 (1): 94 –94.

[158] Gkogka, Reij, M. W, et al. The Application of the Appropriate Level of Protection (ALOP) and Food; Safety Objective (FSO) Concepts in Food Safety Management, Using; Listeria Monocytogenes in Deli Meats as a Case Study [J]. Food Control, 2013, 29 (2): 382 –393.

[159] Glaser B G, Strauss A L. Temporal Aspects of Dying as a Non – Scheduled Status Passage [J]. American Journal of Sociology, 1967, 71 (1): 48 –59.

[160] Gonzalezmoreno O, Lecanda J, Green J E, et al. VEGF Elicits Epithelial-mesenchymal Transition (EMT) in Prostate Intraepithelial Neoplasia (PIN) – like Cells via an Autocrine Loop [J]. Experimental Cell Research, 2010, 316 (4): 554 –567.

[161] H. Haken, R. Haas, W. Banzhaf. A New Learning Algorithm for Synergetic Computers [J]. Biological Cybernetics, 1989, 62 (2).

[162] Henson R K. Understanding Internal Consistency Reliability Estimates: A Conceptual Primer on Coefficient Alpha [J]. Measurement & Evaluation in Counseling & Development, 2001, 34 (3): 177 –189.

[163] Hoffmann, Engers. TIAM1 (T – cell lymphoma invasion and metastasis 1) [J]. Atlas of Genetics & Cytogenetics in Oncology, 2009, 12 (7): 11 – 14.

[164] Imca E, Polak J, et al. Adipose Tissue Secretion and Expression of Adipocyte-produced and Stromavascular Fraction-produced Adipokines Vary During Multiple Phases of Weight-reducing Dietary Intervention in Obese Women [J]. Journal of Clinical Endocrinology & Metabolism, 2012, 97 (7): 1176 –1181.

[165] Jones T M, Wicks A C. Letter to AMR Regarding "Convergent Stakeholder Theory" [J]. Academy of Management Review, 1999, 24 (4): 621 –623.

[166] Kaler J. Morality and Strategy in Stakeholder Identification [J].

Journal of Business Ethics, 2002, 39 (1 – 2): 91 – 100.

［167］Kaplan R S, Norton D P. The Strategy Map: Guide to Aligning Intangible Assets ［J］. Strategy & Leadership, 2013, 32 (5): 10 – 17.

［168］Kapla M S, Sahu G K, Goyal J K. Response Monitoring of a Concrete Bridge during Rehabilitation ［J］. Iabse Congress Report, 2000, 16 (9).

［169］Khan M A, Nichols T A. Hounsfield Unit (HU) ［M］. Springer Berlin Heidelbery, 2013.

［170］Kirezieva K, Bijman J, Jacxsens L, et al. The Role of Cooperatives in Food Safety Management of Fresh Produce Chains: Case Studies in four Strawberry Cooperatives ［J］. Food Control, 2016, 62: 299 – 308.

［171］Knudsen M T, Qiao Y H, Yan L, et al. Environmental Assessment of Organic Soybean (Glycine max.) Imported from China to Denmark: A Case Study ［J］. Journal of Cleaner Production, 2010, 18 (14): 1431 – 1439.

［172］Koutsoumanis K P, Gougouli M. Use of Time Temperature Integrators in Food Safety Management ［J］. Trends in Food Science & Technology, 2015, 43 (2): 236 – 244.

［173］Ksenija, Dragana P. Detection of Ustilago Nuda (Jensen) Rostrup in Winter Barley Seed ［J］. Field & Vegetable Crops Research, 2011, 48 (1): 179 – 182.

［174］Loring B J, Curtis E T. Routine Vaccination Coverage of 11 Year Olds, by Ethnicity, Through School-based Vaccination in South Auckland ［J］. N Z Med J, 2009, 122 (1291): 14 – 21.

［175］Loring P A, Gerlach S C. Food, culture, and Human Health in Alaska: An Integrative Health Approach to Food Security ［J］. Environmental Science & Policy, 2009, 12 (4): 466 – 478.

［176］Luning P A, Kirezieva K, Hagelaar G, et al. Performance Assessment of Food Safety Management Systems in Animal-based Food Companies in View of Their Context Characteristics: A European Study ［J］. Food Control,

2015, 49 (Sp. Iss. SI): 11 – 22.

[177] Luning P A, Marcelis W J, Luning P A, et al. Food Quality Management: Technological and Managerial Principles and Practices [J]. Scitech Book News, 2009, 34 (1).

[178] Maloni M J, Brown M E. Corporate Social Responsibility in the Supply Chain: An Application in the Food Industry [J]. Journal of Business Ethics, 2006, 68 (1): 35 – 52.

[179] Marcoux C H. Merchant Marine at War [J]. World War Ⅱ, 2000.

[180] Marcoux D. Appearance, Cosmetics, and Body Art in Adolescents [J]. Dermatologic Clinics, 2000, 18 (4): 667 – 673.

[181] Marion, J. W, Lef, et al. Association of Gastrointestinal Illness and Recreational Water Exposure at an Inland U. S. Beach [J]. Water Research, 2010, 44 (16): 4796 – 4804.

[182] Marion, Rosa M, Strati, et al. Telomeres Acquire Embryonic Stem Cell Characteristics in Induced Pluripotent Stem Cells [J]. Cell Stem Cell, 2009, 4 (2): 141 – 154.

[183] Mason C, Simmons J. Embedding Corporate Social Responsibility in Corporate Governance: A Stakeholder Systems Approach [J]. Journal of Business Ethics, 2014, 119 (1): 77 – 86.

[184] Massimo Battaglia, Lara Bianchi, Marco Frey, Fabio Iraldo. An Innovative Model to Promote CSR among SMEs Operating in Industrial Clusters: Evidence from an EU Project [J]. Corporate Social Responsibility and Environmental Management, 2010, 17 (3).

[185] Mcfrederick Q S, Lebuhn G. Are Urban Parks Refuges for Bumble Bees Bombus Spp. (Hymenoptera: Apidae)? [J]. Biological Conservation, 2006, 129 (3): 0 – 382.

[186] McGuire J W. Business and society [J]. Encyclopedia of Corporate Social Responsibility, 1963, 4 (3): 59 – 80 (22).

［187］ Meehan W J, Badreshia S, Mackley C L. Successful Treatment of Delusions of Parasitosis With Olanzapine ［J］. Digest of World Core Medical Journals, 2006, 142 (3): 352 - 355.

［188］ Michie S, Fixsen D, Grimshaw J M, et al. Specifying and Reporting Complex Behaviour Change Interventions: The Need for a Scientific Method ［J］. Implementation Science, 2009, 4 (1): 1 - 6.

［189］ Mikaelsson, Allan M. Foetal Programming of Brain Function and Behaviour: A Behavioural and Molecular Characterisation of a Murine Placental Imprinted Gene Deletion Model ［J］. Cardiff University, 2010.

［190］ Nesvetailova A. Conclusion ［J］. Fragile Finance, 2007, 147 - 155.

［191］ Petit T A. Conceptual Foundations of Business by Richard Eels; Clarence Walton ［J］. Journal of Finance, 1962, 17 (1): 53 - 60.

［192］ Pinkston T M, Baylor S J. Parallel Processor Memory Reference Analysis: Examining Locality and Clustering Potential ［C］. Siam Conference on Parallel Processing for Scientific Computing. 1991.

［193］ Porter M E. Creating Shared Value: Redefining Capitalism and the Role of the Corporation in Society ［J］. Journal of Consumer Studies, 2011, 25 (3).

［194］ Preston L E, Post J E. Private Management and Public Policy ［J］. California Management Review, 1981, 23 (3): 56 - 62.

［195］ Prestonwhyte R A. A Note on Some Bioclimatic Consequences of Coastal Lows ［J］. South African Geographical Journal Being A Record of the Proceedings of the South African Geographical Society, 1975, 57 (1): 17 - 25.

［196］ Qin B, Zhu G, Gao G, et al. A Drinking Water Crisis in Lake Taihu, China: Linkage to Climatic Variability and Lake Management ［J］. Environmental Management, 2010, 45 (1): 105 - 112.

［197］ Reed I S, Yin X, Truong T K. Algebraic Decoding of the (32, 16, 8) Quadratic Residue Code ［J］. IEEE Transactions on Information Theory, 1990, 36 (4): 876 - 880.

［198］Roehm M L, Tybout A M. When Will a Brand Scandal Spill Over, and How Should Competitors Respond？［J］. Journal of Marketing Research, 2006, 43 （3）：366 – 373.

［199］Satish B, Bunker M, Seddon P. Management of Thoracic Empyema in Childhood：Does the Pleural Thickening Matter？［J］. Archives of Disease in Childhood, 2003, 88 （10）：918 – 921.

［200］Smith, Jay E. Cullmann, Oscar （1902 – 1999）［M］. The Encyclopedia of Christian Civilization, 2011.

［201］Sodano V, Fritz M, Rickert U, et al. Innovation and Food System Sustainability：Public Concerns vs Private Interests［J］. International Journal Occupation, 2008, 11 （4）：444 – 445.

［202］Sternberg R J. Making School Reform Work：A "Mineralogical" Theory of School Modifiability. Fastback 467［M］. Bloomington：Phi Delta Kappa International, 2000.

［203］Steve T, Fiona S, et al. Systematic Review and Meta-analysis of the Diagnostic Accuracy of Ultrasonography for Deep Vein Thrombosis［J］. BMC Medical Imaging, 2005, 5 （1）：6.

［204］Todt U, Netzer C, Toliat M, et al. New Genetic Evidence for Involvement of the Dopamine System in Migraine with Aura［J］. Human Genetics, 2009, 125 （3）：265.

［205］Trejo F, Ancheyta J, Rana M S. Structural Characterization of Asphaltenes Obtained from Hydroprocessed Crude Oils by SEM and TEM［J］. Energy & Fuels, 2009, 23 （1）：429 – 439.

［206］Urs Markus Nater, Roberto La Marca, Ladina Florin, et al. Stress-induced Changes in Human Salivary Alpha-amylase Activity – Associations with Adrenergic Activity［J］. Psychoneuroendocrinology, 2006, 31 （1）：49 – 58.

［207］Vieira V. Lepidopteran fauna from the Sal Island, Cape Verde （Insecta：Lepidoptera）［J］. Shilap Revista De Lepidopterologia, 2008, 36 （142）：

243 – 252.

［208］Waddock S, Bodwell C. Managing Responsibility： What Can Be Learned from The Quality Movement? ［J］. California Management Review, 2004, 47 (1)： 25 – 37.

［209］Waddock S. Building a New Institutional Infrastructure for Corporate Responsibility ［J］. Academy of Management Perspectives, 2008, 22 (3)： 87 – 108.

［210］Walton J N. Control and Innervation of Skeletal Muscle： By B. L. Andrew (ed.), 203 pages, E. and S. Livingstone Ltd. Edinburgh and London, 1966, 30s ［J］. Journal of the Neurological Sciences, 1967, 5 (2)： 396 – 396.

［211］Wartick S L, Cochran P L. The Evolution of the Corporate Social Performance Model ［J］. Academy of Management Review, 1985, 10 (4)： 758 – 769.

［212］White, William B, Grady, et al. A Cardiovascular Safety Study of LibiGel (testosterone gel) in Postmenopausal Women with Elevated Cardiovascular Risk and Hypoactive Sexual Desire Disorder ［J］. American Heart Journal, 2012, 163 (1)： 27 – 32.

［213］Wood A. North – South Trade and Female Labour in Manufacturing： An Asymmetry ［J］. Journal of Development Studies, 1991, 27 (2)： 168 – 189.

［214］Wood D J. Corporate Social Performance Revisited ［J］. Academy of Management Review, 1991, 16 (4)： 691 – 718.

［215］Wood D M. Soil Behaviour and Critical State Soil Mechanics ［J］. Soil Behaviour & Critical State Soil Mechanics, 1991.

［216］Zhang X, Burger M, Osher S. A Unified Primal – Dual Algorithm Framework Based on Bregman Iteration ［J］. Journal of Entific Computing, 2011, 46 (1)： 20 – 46.

后　记

《食品企业社会责任评价与协同治理机制研究》是国家社科基金西部项目"食品企业社会责任评价与协同治理机制研究"（项目批准号：14XSH014）的最终结项成果，是在吸收五位国家社科基金成果鉴定专家的修改意见后完成出版的，我们对各位专家和经济科学出版社辛勤付出的老师们致以衷心感谢。

本书有幸得到重庆工商大学"资本市场财务与会计研究"科研团队建设项目的资助，特别感谢该团队的负责人黄辉教授、会计学院的罗惠玉书记和罗勇院长。

衷心感谢各位项目组成员的积极参与。他们是重庆工商大学会计学院的章新蓉教授、陈兴述教授、王杏芬教授、谷丰讲师和崔飚副教授，以及来自实业界的王平高级工程师。

本书的第一、第三、第四章由陈煦江教授撰写，第二章由焦佳讲师撰写，第五章由唐嘉忆讲师撰写，重庆工商大学研究生刘婷婷和沈径参与了其中的案例分析，审校修正工作由经济科学出版社的何宁女士和陈煦江教授协同完成。

陈煦江

2020. 12. 9